Peter B. Steiner

Glaubensästhetik

Peter B. Steiner

Glaubensästhetik

Wie sieht unser Glaube aus?
99 Beispiele und einige Regeln

SCHNELL + STEINER

Bibliografische Informationen der Deutschen Bibliothek.
Die Deutsche Bibliothek verzeichnet diese Publikation in der Deutschen
Nationalbibliografie; detaillierte bibliografische Daten sind im Internet
über http://dnb.ddb.de abrufbar.

1. Auflage 2008
© 2008 Verlag Schnell & Steiner GmbH,
Leibnizstraße 13, 93055 Regensburg
Umschlaggestaltung: Anna Braungart, Tübingen
Satz und Druck: Erhardi Druck GmbH, Regensburg
ISBN 978-3-7954-2100-7

Weitere Informationen zum Verlagsprogramm erhalten Sie unter:
www.schnell-und-steiner.de

Inhalt

Einführung

Mit dem Untertitel „Wie sieht unser Glaube aus?" ist die Bedeutung des Titels „Glaubensästhetik" eingeengt. Das dem 18. Jahrhundert entstammende Wort Ästhetik hat heute im Wesentlichen zwei Bedeutungen:

1. Die Lehre vom Kunstschönen, die Kunstphilosophie, so wird es seit Georg Friedrich Wilhelm Hegel gebraucht. Erfunden wurde das Wort 1735 von Alexander Gottlieb Baumgarten. Er leitete es von dem griechischen Verb aisthanomai (= ich nehme wahr) ab. Für Baumgarten war Ästhetik die Wissenschaft vom sinnenhaften Erkennen. Er wollte gegenüber einer Philosophie der Vernunft, wie sie Descartes und Leibniz begründet hatten, das Erkenntnispotential der Sinne betonen.[1]
2. meint Ästhetik Prinzipien der Gestaltung: Wir bezeichnen eine Türklinke oder einen Flachbildfernseher als ästhetisch, bzw. sie werden uns als ästhetische verkauft. Ästhetik ist im 20. Jahrhundert als Warenästhetik zum entscheidenden Verkaufsargument, zu einem wesentlichen Wirtschaftsfaktor geworden.[2] Im wirtschaftlichen, politischen und sozialen Leben spielt die Medienästhetik eine immer wichtigere Rolle.[3] Waren werden wegen ihres Aussehens, ihrer Verpackung gekauft oder liegen gelassen, Politiker wegen ihrer Plakate, Kleidung, Frisur und ihres Auftretens im Fernsehen gewählt oder nicht gewählt.

Der Theologe Aloys Goergen hat den Begriff der „Glaubensästhetik" geprägt, weil ihn, den Assistenten von Romano Guardini und Präsidenten der Münchner Kunstakademie, Liturgie und Kirche ebenso umtrieben wie Kunst und Philosophie.[4] Er umschrieb mit dem Begriff Glaubensästhetik „das Paradox der Erfahrung des unsichtbaren Gottes im kultischen Akt"[5]. Als Wissenschaft müsste Glaubensästhetik gegenüber einer dogmatisch

---

[1] Stefan Majetschak, Ästhetik, zur Einführung, Hamburg 2007
[2] Wolfgang Fritz Haug, Kritik der Warenästhetik, Frankfurt 1971; Hg. W.F. Haug, Warenästhetik. Beiträge zur Diksussion, Weiterentwicklung und Vermittlung ihrer Kritik, Frankfurt 1975; Wolfgang Welsch, Grenzgänge der Ästhetik, Stuttgart 1996; Bernd Guggenberger, Sein oder Design, Im Supermarkt der Lebenswelten, Hamburg 1998
[3] Ralf Schnell, Medienästhetik. Zu Geschichte und Theorie audiovisueller Wahrnehmungsformen, Stuttgart 2000
[4] Aloys Goergen, Glaubensästhetik. Aufsätze zu Glaube, Liturgie und Kunst, Hg. Albert Gerhards und Heinz R. Schlette, = Aesthetik–Theologie–Liturgik 34, Münster 2005; Hermann M. Stenger, Vom Sichtbarwerden des Unsichtbaren. Von der Glaubensästhetik Aloys Goergens zur Pastoralästhetik, in: Pastoralästhetik, Die Kunst der Wahrnehmung und Galtung in Glaube und Kirche, Hg. Walter Fürst, Freiburg 2002, Quaestiones disputatae 199. Von der Pastoralästhetik wie sie dieser Band in 23 theologischen Beiträgen entfaltet, unterscheidet sich dieses Buch durch den von der Kunstwissenschaft geprägten Standpunkt, den Bezug zur anschaulichen Praxis und die journalistische Form.
[5] Aloys Goergen, Glaubensästhetik, wie Anm. 3, S. 53

begrifflichen Theologie die sinnliche Wahrnehmung als Quelle des Glaubens thematisieren. „Die Dominanz von Dogma und Moral hat bei vielen Zeitgenossen den Eindruck erweckt, als gäbe das Christentum nur zu denken und zu tun. Der Glaube gibt auch zu sehen. (vgl. Joh 8,38, Joh 12,38–41, 1 Joh 1,1)"[6] Die wenigsten Christen realisieren, daß Theos (und Deus) die gleiche Sprachwurzel hat wie Theorie und Theater nämlich theastai = sehen. Gott ist für Griechen und Lateiner der, zu dem wir die Augen erheben. Theologie heißt demnach wörtlich übersetzt „Sehkunde". Davon hat sie sich seit Scholastik und Reformation weit entfernt. Auch darum erreicht die katholische Kirche in Deutschland mit ihrer Semantik und Ästhetik nur noch das schrumpfende Segment (14%) der „Traditionsverwurzelten" in unserer Gesellschaft, wie eine Untersuchung des Sinus Instituts Heidelberg 2005 festgestellt hat.[7]

Eine praktische Glaubensästhetik hat zwei Seiten. Die eine ist die Außenansicht[8]: Wie sehen die anderen uns? Ist das, was wir tun, überzeugend? Glaubwürdig? Einladend? Mitreißend? Oder harmlos, langweilig, abstoßend, Subkultur?

Die zweite ist die Innenansicht: Was bewirkt das, was die Gläubigen, die Teilnehmer am Gottesdienst, sehen, für ihre Teilnahme? Wird ihre Teilnahme, ihre Identifikation, angeregt, vertieft, intensiviert, verflacht oder fehlgeleitet? Mit diesen Fragen bleiben wir im Vorhof einer Glaubensästhetik, wie sie Goergen verstand. Unsere 99 Beispiele, von Monstranz und Mitra bis zum Kreuz im Krankenzimmer, an denen wir exemplarisch Bedingungen einer möglichen Glaubensästhetik aufzeigen, sind eine Art Vorschule.

Es geht uns dabei nicht nur darum, den Glauben nach außen ansprechender, für mehr als 14 % der Bevölkerung attraktiv darzustellen, im Sinn von Warenästhetik „den Glauben besser zu verkaufen", sondern, wie Goergen, die schöpferische Kraft der Kunst für den Glauben zu gewinnen und ihn so auf der Höhe der Zeit zu erneuern. Dies war auch das Anliegen der Dominikaner Alain Couturier und Pie Regamey mit der Zeitschrift L'Art sacré nach dem Zweiten Weltkrieg.[9] In ihrem Orden und einigen ostfranzösischen Bistümern fanden sie Unterstützer. So konnten sie führende Künstler wie Georges Rouault, Henri Matisse, Fernand Leger, Germaine Richier oder Le Corbusier für kirchliche Projekte gewinnen. Ihre Impulse strahlten

[6] Hans Jochen Höhn, „Ansichtssache" Ästhetik zwischen Zeitdiagnose und Sozialanalyse, in: Fürst Pastoralästhetik, wie Anm 4, S. 75f
[7] Sinus Sociovision, Hsg. Medien Dienstleistungs Gesellschaft, Religiöse und kirchliche Orientierung in den Sinus Milieus, Heidelberg/München 2005
[8] Zum „Imageproblem" der Kirche: Walter Fürst, Was veranlasst die Praktische Theologie heute Pastoralästhetik zu betreiben?, in: Fürst wie Anm. 4, S. 31
[9] Pie Regamey, Kirche und Kunst im XX. Jahrhundert, eingeleitet von Hugo Lang OSB, Graz/Wien/Köln 1954
Die französische Originalausgabe erschien in Paris 1953

auf den Kirchenbau weltweit aus; zunächst in der Schweiz, dann in Deutschland, Österreich und Italien. Und es ist kein Zufall, daß der päpstliche Nuntius in Frankreich, Angelo Roncalli, der diesen theologisch-künstlerischen Aufbruch aus der Nähe erlebt hat, als Papst Johannes XXIII. das Zweite Vatikanische Konzil einberufen hat, um eine an die Vergangenheit geklammerte Kirche in die Gegenwart zu führen.[10]

In vier Schritten nähern wir uns dem Thema der Glaubensästhetik heute: einem Sachstandbericht über die katholische Kirche und die zeitgenössische Kunst in Deutschland erstens; er ist aus über 30 Jahren Berufsarbeit auf diesem Gebiet erfahrungsgesättigt und subjektiv. Einer Ausführung über die Flüchtigkeit des Schönen zweitens, das Umdenken als künstlerische Methode drittens und den Anspruch an die Ästhetik unseres Glaubens viertens. Daraus werden einige zusammenfassende Regeln abgeleitet.

Kirche und zeitgenössische Kunst

Eine Übersicht über das Themenfeld Katholische Kirche in Deutschland und die zeitgenössische Kunst ist notwendig, weil die Maßstäbe der Ästhetik von der Kunst entwickelt werden. Sie ist möglich, weil es seit 2002 fünf Symposien in Berlin, Münster, München und Stuttgart zu diesem Thema gab, veranstaltet vom Verein Ausstellungshaus für christliche Kunst in München und den jeweiligen katholischen Akademien.[11]

Mehrere Akademien und andere Bildungseinrichtungen der Kirche bemühen sich mit Ausstellungen und Tagungen um Kontakte zur lebendigen Kunst. Dies geschieht ernsthaft, mit professioneller Beratung aber nur an wenigen Häusern, z. B. in Münster, in Weingarten und seit 2000 in München. Oft bleibt es bei einer wechselnden Dekoration der Gänge vor den Seminarsälen und einer Auswahl von Zufallsbekanntschaften mit lokal verwurzelten Künstlern und Hobbymalern. Im Gegensatz dazu stehen die Ausstellungen und Aktionen, die P. Friedhelm Mennekes SJ vor 30 Jahren in Frankfurt begonnen und danach in der Kunststation St. Peter in Köln weitergeführt hat; es sind Ereignisse, die von der Kunstwelt und den Feuilletons wahrgenommen, beachtet werden. Seine in vielen Büchern veröffent-

---

[10] Das Klammern an der Vergangenheit nannte der Kirchenhistoriker Hubert Jedin, „die defensive Kräftekonzentration" und überschrieb damit die Epoche von Pius IX. zu Pius XII. Couturier schrieb dazu „die Kirchen von Assy(Richier), Audincourt(Leger) und Vence(Matisse) haben Breschen, große Öffnungen, in eine erstickende Mauer geschlagen". L'Art sacré, 3–4 1951, S. 30. Auch die Liturgische Bewegung und der mit ihr verbundene Kirchenbau gehören in die Vorgeschichte des 2. Vatikanums. Aber deren Bedeutung wurde schon häufiger herausgestellt.

[11] Berichte und Vorträge dieser Symposien kann man im Jahrbuch des Vereins und in den Publikationen der Akademien nach lesen: Verein Ausstellungshaus für christliche Kunst, Jahrbuch 2002/2003, Jahrbuch 2004–2006

lichten Gespräche mit Künstlern, seine Lehrtätigkeit an Kunsthochschulen bieten theologische Zugänge zur Kunst und machen den Glauben der Kirche zum Gespräch in der Kunstwelt.

Die grundlegenden Publikationen zum Feld Kunst und Kirche erscheinen in Paderborn, vor allem die poetische Dogmatik von Alex Stock. Er greift die Anregung Karl Rahners, „Kunst als bewegendes Element von Theologie" zu sehen, auf und nimmt als Theologe Lieder, Gedichte, Bilder als Quellen der Theologie ernst wie kein anderer. Er war als Professor für Religionsdidaktik an der Universität Köln tätig.[12] In Münster wirkt sein Schüler Reinhard Hoeps als Professor für Systematische Theologie und ihre Didaktik.[13] Dieser hat an seinem Lehrstuhl eine Arbeitsgruppe *Kulturgeschichte und Theologie des Bildes im Christentum* ins Leben gerufen, die wichtige Beiträge zu einer historischen Kunsttheologie liefert.

In Köln wirkte auch Friedhelm Hofmann, der Künstlerseelsorger, Dompfarrer und Weihbischof war, ehe er 2004 Bischof von Würzburg wurde. Er hat in Kunstgeschichte mit einer Arbeit über Apokalypsedarstellungen des 20. Jahrhunderts promoviert und sich bemüht, die bedeutendsten Künstler des Köln-Düsseldorfer Raums für kirchliche Aufgaben zu gewinnen. Dieser Raum hat in der Weltkunstszene besonderes Gewicht, durch die Akademie in Düsseldorf und die zahlreichen Sammler und Museen zeitgenössischer Kunst zwischen Aachen und Essen. Wer sich hier als Künstler durchsetzt, wie Joseph Beuys oder Gerhard Richter, der kann auch in Los Angeles oder Tokio ausstellen und Werke nach Dubai und Philadelphia verkaufen. Diese niederrheinische Weltkunstszene wollte Friedhelm Hoffman für die Kirche gewinnen. Das große Fenster im Südquerhaus des Kölner Doms war sein letzter Erfolg auf diesem Gebiet.

Ebenfalls in Köln arbeitet das Diözesanmuseum jetzt unter dem Namen *Kolumba, Kunstmuseum des Erzbistums Köln*. Es sammelte als einzige kirchliche Institution überhaupt mit einem Millionenbudget zeitgenössische Kunst von Weltrang und erschließt in vorbildlicher Weise die Stellung dieser Werke zu Grundfragen unserer Existenz, die auch religiöse Fragen sind.

Im Bistum Aachen lebt und arbeitet der Maler Herbert Falken, der als ausgebildeter Reklamemaler zum Priesterberuf kam. Ich zitiere von ihm zwei Sätze, in denen deutlich wird, wie einen Kunst packen kann: *Was ich nicht erklären kann, das muß ich malen* und: *Ohne Kunst wirst du verrückt und ohne Glauben auch.* Und noch ein Satz benennt unser Problem: *Ich mache Kunst, nicht Kirchenkunst.* Daß es „Kirchenkunst" als einen von „Kunst" unterschiedenen Bereich gibt, ist der Kern unseres Problems.

---

[12] Alex Stock, Poetische Dogmatik, bisher 7 Bde, Paderborn 1991 ff; Alex Stock, Zwischen Tempel und Museum: Theologische Kunstkritik, Positionen der Moderne, Paderborn 1991; Alex Stock, Keine Kunst: Aspekte der Bildtheologie, Paderborn 1996
[13] Er gab zuletzt das Buch heraus: Reinhard Hoeps, Religion aus Malerei? Kunst der Gegenwart als theologische Aufgabe, Paderborn 2005

Ebenso ernst wie Pfarrer Falken nimmt Pfarrer Maßen in Krefeld die Kunst, allerdings nicht als Künstler sondern als Auftraggeber und Seelsorger. Er hat seine Pfarrkirche Pax Christi zu einem Ort der Begegnung von Kunst und Liturgie gemacht, der von vielen Gläubigen und Kunstinteressierten von weit her aufgesucht wird. In Paderborn hat Professor Meyer zu Schlochtern zeitgenössische Kunst hohen Anspruchs in Kirchen und in die Theologenausbildung geholt. In einem ausgezeichneten Buch *Interventionen. Autonome Gegenwartskunst in sakralen Räumen* hat er die hier realisierten Arbeiten und inhaltsreiche Reflexionen zu unserem Thema veröffentlicht. Sonst kommt zeitgenössische Kunst als Thema der theologischen Ausbildung kaum vor, Ausnahmen sind neben Paderborn, Graz, Wien und die Hochschule der Jesuiten in St. Georgen.[14]

Professionell und erfolgreich ist in kirchlichem Auftrag das Cusanuswerk auf dem Gebiet der Künstlerförderung tätig, in enger Zusammenarbeit mit den Akademien und Hochschulen für Bildende Kunst. Schwierig zu bewerten ist das Feld der Künstlerseelsorge, wo es eine solche, haupt- oder nebenamtlich besetzt, gibt. In Köln veranstaltet sie Ausstellungen im Maternushaus, einem kirchlichen Tagungshaus, die Kölner Künstler im kirchlichen Umfeld mit aufschlussreichen Katalogen würdigen. In München holt der Künstlerseelsorger P. Georg M. Roers SJ einzelne Kunstwerke auf Zeit in seine berstend volle Barockkirche, die Johann Nepomuk Kirche von E.Q. Asam. Sein Kollege Pfarrer Rainer Hepler organisiert Kunstfahrten und Kunstgespräche zur *Documenta* nach Kassel, zur *Biennale* in Venedig und zu anderen Ausstellungen zeitgenössischer Kunst und lädt Künstler in seine Vorstadtkathedrale, die große neugotische Kirche St. Paul, zu Interventionen ein. Im Übrigen wird die Künstlerseelsorge, einschließlich des häufig von ihr veranstalteten Aschermittwochs der Künstler, überwiegend von Musikern, Schauspielern und Publizisten bestimmt und liegt deshalb nicht im Brennpunkt dieser Betrachtung, die auf die Bildende Kunst gerichtet ist.

Von den kirchlichen Museen in Deutschland, Österreich und der Schweiz arbeiten einige engagiert und erfolgreich mit zeitgenössischen Künstlern, andere gelegentlich und ohne rechtes Niveau. Kolumba in Köln ist die große Ausnahme. Die Kunstkommissionen unserer Bistümer arbeiten sehr verschieden. Im allgemeinen gilt: Zusammenarbeit mit den Liturgiekommissionen findet nicht statt[15] und je professioneller sie besetzt sind, desto weniger haben sie zu entscheiden, denn es gilt immer noch, was Paul Corazolla

---

[14] Im Studiengang kath. Theologie der Universität Freiburg sind von 300 Leistungspunkten 4 in christlicher Archäologie und Kunstgeschichte zu erwerben. Mit einem Verhältnis 4:296 kann die ästhetische Dimension des Glaubens für Theologen nicht vermittelt werden. Rainer Warland, Kunstgeschichte im Studium der Theologie, in Freiburger Texte. Hg. Paul Wehrle, Karsten Kreutzer, Glaube sucht Ästhetik, Freiburg 2007 S. 34

[15] Liturgen kümmern sich nach der Erfahrung des Autors zuerst darum, was man spricht und tut, zuletzt darum wie etwas aussieht.

ermittelt hat: Wer zahlt schafft an und nicht wer eine Ahnung hat.[16] Damit ist die katholische Kirche als Auftraggeber insgesamt sehr hart beurteilt. Aber den guten Lösungen, wie sie in den Beiträgen 14, 22, 38, 64, und 99 dargestellt werden und denen man noch viele hinzufügen könnte (z. B. die Altarlösung im Freiburger Münster), stehen so viele schlechte gegenüber[17], daß bei der Differenz Qualität – (wertlos + Surrogat) höchstens eine rote Null herauskommt.

Die Zeitschriften *Kunst und Kirche* und *Das Münster* bearbeiten das Feld mit unterschiedlicher Konzentration, beide, mit im heutigen Zeitschriftenmarkt bewundernswerter Ausdauer, seit Jahrzehnten. Noch älter sind einige Vereinigungen für christliche Kunst, Diözesankunstvereine, an erster Stelle die *Deutsche Gesellschaft für christliche Kunst in München*, gegründet 1893 als künstlerisches Pendant zur wissenschaftlichen Görresgesellschaft. Die *Künstler Union Köln* leistet mit Kirchenbau-Tagungen ebenso wichtige Vermittlungsarbeit in Westdeutschland wie die *Gemeinschaft christlicher Künstler im Erzbistum Freiburg* mit den *Reichenauer Künstlertagen* im Bodenseeraum.

Nach dieser noch lange nicht vollständigen Aufzählung könnte man meinen, eine Forderung nach Akzeptanz der zeitgenössischen Kunst in der Kirche als Grundlage ihrer Ästhetik hieße offene Türen einrennen, wenn es nicht die Zeitschrift *Kirche heute* gäbe, die mit großem Rückhalt eine katholische Kirche propagiert, die sich an Positionen der Vergangenheit klammert und in ihren ästhetischen Ansprüchen unter jedem meßbaren Level von Kultur bleibt, wenn es nicht in Paderborn, Kevelaer und München jene Kirchenbedarfsfirmen gäbe, die ästhetisch Unerhebliches und Nachgemachtes erfolgreich verkaufen und wenn nicht esoterische Andachtsbilder vom Herzen Jesu und Kitschmadonnen unsere Kirchen und kirchlichen Häuser überschwemmten. Auch das meiste, das man in Schaufenstern und auf Messen in Köln und Dornbirn an Monstranzen, Madonnen und Kaseln sehen kann, erweckt den Eindruck, die Kirche habe sich aus der zeitgenössischen Kultur verabschiedet.

Dazu häufen sich schlechte Nachrichten auf dem Gebiet von Kirche und Kunst. Die Deutsche Bischofskonferenz hat im Jahr 2000 ihre Zentralstelle *Bildung* und 2006 die *Arbeitsgruppe Kirchenbau und sakrale Kunst* geschlossen, Stellen von Museumsdirektoren und Diözesankonservatoren werden oft nicht mehr besetzt, sondern von Domkapitularen nebenamtlich wahrgenommen, Diözesanbaumeister werden entmachtet, Baureferate aufgelöst, die Gebäudeverwaltung den Finanzabteilungen übertragen, Kirchen

---

[16] Paul Corazolla, Wie kommt Kunst in die Kirche? Verein Ausstellungshaus für christliche Kunst, Jahrbuch 2002/03, S. 111 und Peter B. Steiner, Ergebnisse einer Umfrage, a.a.O. S. 128

[17] Altäre aus vergoldeten Preßspanplatten. Ganze Bistümer, in denen sämtliche Altäre vom Kunstreferenten selbst entworfen werden. In einigen Städten stellen die U-Bahn-Stationen höhere künstlerische Ansprüche als die Kirchen.

verkauft und abgerissen. Die böse Frage, *Wie soll ich von einer Kirche Heil erwarten, die ihr Heil bei Unternehmensberatern sucht?*, entbehrt nicht jeder sachlichen Grundlage.

Diese erschreckende Bewegung wird überformt, z. T. wohl auch ausgelöst vom steilen ästhetischen Abstieg des Papsttums währdend des Pontifikats Johannes Paul II. Dieser Ausdruck mag ungerecht erscheinen, gegenüber dieser großen Gestalt der Kirchen- und der Weltgeschichte, aber wer aufmerksam die Medaillen von Papst Johannes Paul II. mit den Medaillen von Paul VI., Johannes XXIII. und Pius XII. vergleicht, erschrickt. Der „Bruch zwischen dem Evangelium und der Kultur", den Papst Paul VI. 1975 beklagte[18], ist unter Johannes Paul II. im Ästhetischen erst richtig virulent geworden. Die Ästhetik der Papstmedaillen kehrte nach 1978 zu dem Stand um 1900 zurück, aber ohne deren handwerksmäßige Qualität zu erreichen. Sicher sind Papstmedaillen keine wesentlichen ästhetischen Formen; aber die Medaillen Johannes' XXIII. und Pauls VI. hielten Anschluß an die zeitgenössische Kunst. Die kunstlosen Medaillen Johannes Paul II. sind Symptome für ein Desinteresse an der zeitgenössischen Kunst, das sich auch in der Förderung kunstloser Visionsbilder von Fatima, Herz Jesu und den unsäglichen Bildern neuer Heiliger, die bei Heiligsprechungen groß an der Fassade von St. Peter aufgehängt wurden, ausdrückte.[19] Dieses sichtbare Nicht-zur-Kenntnisnehmen des Zeitgenössischen steht in Widerspruch zu den Reden des Papstes seit seiner großen Münchner Rede zu den Künstlern von 1980. Unter Benedikt XVI. ist leider noch kein Umdenken in Sicht.[20] Auf seinen bisherigen Reisen wurden ihm Devotionalien aus dem Antiquitätenhandel mitgegeben. In Deutschland wurden aus Anlaß seiner Besuche Denkmäler errichtet, die keine zeitgemäße Ästhetik erkennen lassen, sondern in ihrer pompösen Aufmachung und ihrem Mangel an Qualität der Weltkirche wenig Ehre machen.

Aber das ist nicht nur ein römisches Problem:
Weit ausladende oder sehr hohe Bischofsmützen, wie sie die meisten deutschen Bischöfe tragen, sind heute noch einer Ästhetik des Barock verpflichtet, die bei den so genannten Langen Kerls, der Leibgarde der preußischen

---

[18] Im Apostolischen Schreiben an den Episkopat, den Klerus und alle Gläubigen...Verlautbarungen des Apost. Stuhls, hg. vom Sekretariat der Deutschen Bischofskonferenz, Nr. 2, 1975

[19] Damit wird es auch Bischöfen schwer gemacht, ihrem Auftrag nachzukommen, aus Gotteshäusern „ungenügendes, mittelmäßiges und kitschiges" herauszuhalten. Der lateinische Begriff für Kitsch heißt simulatio (Nachahmung, Tun als ob); Konstitution über die Heilige Liturgie 124. Der Verehrer kitschiger Visionsbilder berufen sich auf das Beispiel des Heiligen Vaters.

[20] Die neubarocke breite rotgoldene Stola, mit welcher er sich nach seiner Wahl zum Papst vor den Medien der ganzen Welt zeigte, wirkte als Signal einer rückwärts gewendeten Ästhetik.

Könige und der russischen Zaren, ihren höchsten Punkt erreichte. Deren Kopfbedeckungen werden in den Mützen der Prinzengarde im rheinischen Karneval bis heute parodiert. Wenn der Mensch Ebenbild Gottes ist, wessen Ebenbild ist dann der Bischof mit einer die menschliche Proportion verlassenden Kopfbedeckung?[21] Was wird damit wem signalisiert? Und was bedeutet ein Kreuz als Dekor der Mütze?[22] Eine Bischofsmütze ist eine Mütze und als solche sollte sie nicht höher als eine Hand breit sein. Nur Bischöfe, die barocke Rauchmäntel anziehen, brauchen die hohe Mitra, weil der Rauchmantel in seiner steifen Kegelform die Proportionen des Menschen unsichtbar macht.

Ein anderes Beispiel von weiter „unten" in der Kirche: Da kursiert ein anständig gemachtes Liederheft für Jugendgottesdienste, Querformat, kartoniert mit gelbem Kunstledereinband. Auf der Titelgraphik schlingt sich ein Violinschlüssel um einen Kirchturm und zieht dabei mit offenen Mündern gefüllte Kreise. So und ähnlich werden viele kirchliche Drucksachen für Jugendliche herabgesetzt oder geradezu ungenießbar gemacht.

Ein Kelch muß wenigstens so schön sein wie ein Porsche 911, eine Kasel so schön wie ein Anzug von Armani. Ihre Form muß den höchsten Ansprüchen genügen. Welche unserer liturgischen Geräte und Gewänder tun das? – Eine erschreckend kleine Minderheit in deutschen Kirchen und Sakristeien.

Jede Bank in Deutschland, jeder große Industriebetrieb geht professionell mit seiner Ästhetik, seinem Logo, seinem Design um. Dem Raffinement der Warenästhetik in Werbung, Design und corporate identity steht die Kirche ahnungslos, hilflos, wehrlos gegenüber. Ihr in zwei Jahrtausenden aufgebauter Schatz wird geplündert und immer schneller verbraucht. In den 70er Jahren fing es an mit Engeln, die zum Jahresende Sektflaschen anboten, heute gibt es das ganze Jahr über „andächtigen" Kaffeegenuß, „Kult"-Events, und „sakrale" Atmosphäre in den „Kathedralen" der deutschen Automarken. Die Begriffe „himmlisch" und „Paradies" sind längst verbraucht. Das neueste Modewort zur Konsumsteigerung ist „zelebrieren".[23] Daneben wirkt das ästhetische Agieren der Kirche zwischen Fernsehmessen, päpstlichem Neubarock, der hektischen Galerietätigkeit einiger Kirchen und Akademien und dem Gebrauch von Surrogaten in den meisten Fällen hilflos.[24]

---

[21] In Film und Comic kennzeichnen hohe oder ausladende Kopfbedeckungen die Mächte der Finsternis, während der jugendliche Held immer barhäuptig die Sympathien des Publikums (und den Kampf) gewinnt.

[22] Mit der Vervielfachung der Kreuzzeichen, der Bischof trägt es ohnehin als Pektorale, fallen wir in die Zeit zurück, bevor Romano Guardini die leiblich-geistige Bedeutung des Kreuzzeichens erkannte.

[23] Der Autor beschränkt sich auf hier verbale Entfremdungen, weil visuelle nur sehr aufwändig darzustellen sind.

[24] Zum Problem Kunst und Werbung meisterlich: Walter Grasskamp, Blauer Reiter und lila Kuh, in: Konsumglück, die Ware Erlösung, München 2000; mit Angaben weiterer Literatur.

Warum leisten wir uns diesen Dilettantismus? – Weil die Meinung, der Glaube komme vom Hören, alles Sichtbare sekundär erscheinen läßt?[25] Weil jedes Bistum seine Verantwortung für Fragen der Ästhetik anders handhabt? Weil fachkundiger Rat in ästhetischen Fragen nicht gewünscht wird?[26] Weil das katholische Milieu seit der Geburt der Moderne um 1910 den Anschluß an die zeitgenössische Kunst verloren hat? Weil Amtsinhaber versucht sind, bei ästhetischen Entscheidungen ihren persönlichen Geschmack zu verwirklichen? Weil ästhetische Bildung nicht zur Ausbildung aller Theologen gehört? Weil ästhetische Fragen in der Kirche nicht öffentlich diskutiert werden? Weil man niemandem wehtun will? Weil es an Achtung vor der Leistung und dem Beruf des Künstlers, vor dem lebenslänglichen, lebensbestimmenden Engagement für Kunst fehlt und die Wörter „Kunst" und „Künstler" auch für die Ergebnisse von Malkursen für Senioren, in Kindergärten und Jugendgruppen mißbraucht werden? Weil wir unsere Verantwortung als Auftraggeber im ästhetischen Bereich nicht ernst genug nehmen?[27]

Zu jedem dieser Punkte gibt es zahlreiche Beispiele aus den letzten 30 Jahren. Ich beschränke mich auf einen Grund: die Flüchtigkeit des Schönen.

Flüchtigkeit des Schönen

Die Meinung, Schönheit sei etwas Ewiges, etwas Feststehendes, das man haben könne und das die Kirche besitze, ist weit verbreitet.

Thomas von Aquin wußte genau, was zur Schönheit erforderlich sei, nämlich integritas, proportio, claritas.[28] Er deduzierte dies philosophisch korrekt aber ohne jede Anschauung. Es scheint, als ob er nie eine der zu seiner Zeit eben vollendeten Kathedralen betreten hätte. Wie sonst hätte er geschrieben, daß Farbmischungen häßlich sind, weil ihnen die claritas fehlt? Das Farblicht in der Kathedrale von Chartres oder in der Sainte Chapelle ist schön, weil es aus Rot, Blau, Gelb, Grün gemischt ist. Die Farb-

[25] Röm 10,17, dagegen 1 Joh 1,1 „Während die Maßstäbe für wissenschaftliche Theologie sehr hoch gesetzt werden, scheinen die Anforderungen für den Umgang mit christlicher Kunst beliebig", Rainer Warland, wie Anm. 11, S. 35

[26] Die Feststellung von Hugo Schnell für die Nachkriegszeit: „Die deutschen Diözesen boten sich gegenseitig zu wenig ideelle und materielle Hilfe und waren für Kirchenbau und bildende Kunst der Gegenwart zu wenig aufgeschlossen" gilt noch immer. Hugo Schnell, Der Kirchenbau des 20. Jahrhunderts in Deutschland, München/Zürich 1973, S. 80

[27] Wenn Jakob Johannes Koch zurückhaltend schreibt, daß „manche Kirchen mit epigonenhaft-historizistischen, manche mit domestiziert-modernen Stücken" ausgestattet werden, so ist rückhaltlos „manche" durch „sehr viele, vielleicht die Mehrzahl" zu ersetzen. J.J. Koch in: Kirche und Kultur, Arbeitshilfe Nr. 212, hg. vom Sekretariat der Deutschen Bischofskonferenz, Bonn 2007, S. 46

[28] Thomas von Aquin, Summa Theologiae, 3,8, vollendet 1273

mischungen von William Turner oder Claude Monet konnte er nicht kennen, aber schon die Buchmalerei seiner Zeit war voll von exquisiten Blaugrün- und Violettlilatönen und anderen Farbmischungen auf Pergament. Wenn Thomas von Aquin an konkreten Kunstwerken interessiert gewesen wäre, hätte er sich nicht eine Säge aus Glas ausdenken müssen, um ein substanziell häßliches Werk zu kennzeichnen.

Thomas von Aquin steht hier für viele, die Schönheit philosophisch und theologisch definiert haben. Als Immanuel Kant das Kunstschöne als Gegenstand notwendigen allgemeinen interesselosen Wohlgefallens definierte[29], verkannte er die soziokulturelle Prägung des Sehvorgangs. Nein, es gibt kein allgemeines interesseloses Wohlgefallen, es ist durch kulturelle Erkenntnismuster bedingt. Sehen ist kein Naturding sondern physisch und kulturell bedingte Gehirnarbeit. Das Bild entsteht nicht im Auge, auf der Netzhaut, wie auf dem Glas der Laterna Magica oder dem Film des Photoapparats, sondern in der Gehirnrinde durch Verknüpfung und Auswahl von Millionen Impulsen. Die Auswahl und das Zusammensetzen dieser millionenfachen Impulse zu uns sinnvoll erscheinenden Bildern sind genetisch und kulturell, damit geschichtlich geprägt.[30] Selbst die einfachsten Dinge, wie die grüne Au des Psalms oder der locus amoenus der lateinischen Dichtung, sind als schön nicht allgemein verbindlich. Sie bedeuten den Bewohnern des tropischen Regenwaldes sowenig wie denen des Polarkreises.

Das Schöne ist aber nicht nur an Klimazonen gebunden, sondern auch an Geschichte. Jedes neu gesehene Bild verändert unseren Blick auf die alten Bilder. In den fünfziger Jahren wurden uns in der Schule Filme gezeigt, die britische, amerikanische und russische Soldaten bei der Befreiung der Konzentrationslager Bergen-Belsen, Birkenau und Auschwitz gemacht haben; die Haufen von Brillen, die Berge von Schuhen Ermordeter. Seither sehen wir Schuhe anders, auch die Schuhe, die Van Gogh schon lange vorher, 1888, gemalt hat. Oder die Aufnahmen der Erde vom Weltall aus, inzwischen täglich in der Wetterkarte wiederholt, sie haben unseren Blick auf die Welt verändert. Die feministische Bewegung hat unseren Blick auf die Frau, jede Frau, verändert. Erinnern Sie sich nur, wie man vor 30 Jahren noch Schwangerschaft versteckt hat.

Das deutsche Wort *schön* kommt von dem Verb schauen; es bezeichnet etwas, das zum Schauen geeignet, gut anzuschauen ist. Damit sind wir aus der Sphäre des Denkens in die sinnliche Sphäre abgestiegen. Die menschlichen (und tierischen) Sinnesorgane sind auf Veränderungen eingeschärft. Lange Gleichbleibendes nehmen wir nach einer Viertelstunde nicht mehr wahr, wie z. B. das gleichmäßige Brummen des Motors im Auto, das

[29] Immanuel Kant, Kritik der Urteilskraft, Berlin 1799, S. 68
[30] Wolf Singer, Vom Bild zur Wahrnehmung, in: Iconic Turn. Die neue Macht der Bilder, hg. von Christa Maar und Hubert Burda, Köln 2004, 2. A., S. 56–76

Rauschen der Wellen, eine Rasenfläche, bis eine kleine Veränderung – eine huschende Maus, ein flatternder Schmetterling, eine Änderung im Fahrgeräusch unsere Aufmerksamkeit weckt. Alarmanlagen, die Veränderungen, Bewegungen, Temperaturerhöhungen oder Ähnliches registrieren, sind unseren Sinnen nachgebaut. Das Gleichbleibende kann noch so schön sein, es wird nicht mehr wahrgenommen. Darum muß das, was uns als Schönes beeindrucken soll, sich stetig wandeln. Am Sonnenuntergang ist das Vergehen das Schöne, der langsame Wechsel des Lichts und der Farben. Am Tanz, an der Musik fesselt uns die dauernde Bewegung. Unsere Sinne, Auge wie Ohr, werden der gleichbleibend schönen Dinge überdrüssig. Sie werden langweilig, nichtssagend, ein zu lange anhaltender Klang sogar quälend. In der Wirkung von Werken bildender Kunst kompensiert die Augenbewegung des Betrachters die Unbeweglichkeit des Objekts, und bei jeder Bewegung der Augen verschwindet das so eben geschaute. Schönheit erfreut uns nur im Wandel. Das gilt nicht nur in der Mode, dort nur besonders schnell. Unsere Kunstmuseen müssen in raschem Wechsel immer neue Ausstellungen zeigen, weil das, was sie dauernd an Schönem zu bieten haben, von den Medien und den Besuchern nicht mehr wahrgenommen wird. Unsere Sinne halten das Schöne nicht fest, weil sie auf die Wahrnehmung des Flüchtigen angelegt sind.[31] Darum verblassen ästhetische Reize schnell. Ein romanischer Kruzifixus, ein gotisches Vesperbild erschrecken uns nicht mehr, sondern wirken beruhigend feierlich, sanft melancholisch; geschaffen wurden sie, um aufzuregen, um zu verstören, zu erschüttern.[32]

Wer heute die Sixtinische Madonna von Raffael in Dresden, die lange Zeit als das vollkommen schöne Bild angesehen wurde, malen wollte, wäre kein Künstler sondern ein Kopist. Raffael selbst hat kein zweites Bild wie dieses gemalt, sondern sich anderen Sichtweisen, anderen Stilmitteln zugewandt. Die so genannte Hochrenaissance, für das 18. und 19. Jahrhundert der Gipfel menschlicher Kunst, dauerte von 1500–1515, knapp fünfzehn Jahre. Raffael und Michelangelo haben dann einen ausdrucksvolleren, interessanteren Weg des Bildens entwickelt, den wir heute Manierismus nennen. Auch die Kunst des klassischen Altertums zur Zeit des Perikles in Athen oder der gotischen Kathedralen in der Ile de France dauerten in ihrer höchsten Entfaltung nicht viel länger. Das Schöne ist flüchtig, nicht wiederholbar. Keine Regel, keine philosophische Doktrin kann es festschreiben. Denn unsere Weise zu sehen ändert sich ununterbrochen, wie auch die der Künstler, die Entdecker sind, nicht Repetitoren. Seit 1887 ist im kunsttheoretischen

---

[31] Wohl kann man zum Schönen immer wieder zurückkehren, aber nicht in ihm verweilen. (Faust I, Vers 1702)

[32] Arnulf Rainer legt das Verstörende durch seine Übermalungen wieder frei; aber die meisten, die heute Übermalungen christlicher Bildmotive liefern, schummeln nur Geschichte weg. Das Skandalon schlechthin, der gekreuzigte Christus, ist in den Herrgottswinkeln bayerischer und österreichischer Fernsehserien zum Zeichen für Gemütlichkeit und bodenständige Küche geworden.

Diskurs der Begriff „Schönheit" abgelöst. Er wurde in der Literatur durch „Wirklichkeit" und „Wahrheit" ersetzt, in der bildenden Kunst durch „Qualität".[33] Ich zitiere nur die älteste Definition von künstlerischer Qualität durch Konrad Fiedler 1887: Sie *besteht in der durch die Form vermittelte und zum Ausdruck gebrachte Erkenntnis.*[34] Diese Begriffsklärung stammt aus derselben Zeit wie das Spätwerk von Vincent van Gogh (1853–1890). Van Gogh aber war kein Einzelgänger sondern der Vollender einer Revolution der Malerei, die mit Gustave Courbet, Edouard Manet und den Impressionisten 1860 in Paris begonnen hatte. Seither werden die Maßstäbe der Qualität stetig neu bestimmt. Qualität hat was jetzt vor unserem Auge Bestand hat, das im Vergleich zu dem, was wir daneben sehen oder früher gesehen haben, besteht.

Unser optisches Vermögen bildet sein Urteil auf dem Hintergrund unserer visuellen Erinnerungen. Dazu kann man das Auge schulen und muß dies tun, wenn man Einfluß auf ästhetische Entscheidungen im öffentlichen Raum nehmen will, z. B. bei der Auswahl eines Messgewandes oder der Anschaffung einer Osterkerze.

Epoche machend ist eine Kunst, die der Welt eine neue Seite abgewinnt und somit die Welt durch eine neue Art der Anschauung bereichert.[35] Dieses Zitat von Konrad Fiedler leitet über zum dritten Abschnitt.

Kunst als Prophetie

Am Aschermittwoch verteilt die katholische Kirche Asche, einen hellgrauen Staub, traditionellerweise gewonnen bei der Verbrennung der Zweige vom letztjährigen Palmsonntag. Sie verhält sich zu Ofenasche mit Schlacken und Resten wie Seide zu Segeltuch. Weich und zart wie die Hand eines Säuglings im Vergleich zu der eines Bauarbeiters. In der Geschichte der jüdischen und der kirchlichen Bußpraxis meinte sie nicht eine sanfte Berührung, sondern In-Sack-und-Asche-Buße-tun. Das hieß, auf Kleidung und Standesabzeichen verzichten, sich nackt, der Grad der Entblößung war festgelegt, in Dreck und Abfall zu wälzen und sich so schmutzig, vor der Kirche am Boden liegend oder kniend, öffentlich zu zeigen. Wenn im Fernsehen und in der Zeitung die Bilder zu sehen sind, wie die Kulturprominenz aus der Hand eines Kardinals oder Bischofs das Aschenkreuz auf der Stirn empfängt, ist von Schmutz und Erniedrigung nichts zu sehen. Wir sind zartfühlend geworden, deuten auch radikale Zeichen nur mehr sanft an.

---

[33] Seit 1950 zunehmend ergänzt durch „bildnerische Intelligenz","Innovation", „Authentizität".

[34] Konrad Fiedler, Schriften zur Kunst, hg. von Gottfried Boehm, München 1991, 2. A., Bd II S. 23

[35] Konrad Fiedler, wie Anm. 31, Bd. II S. 43

Der Gebetsvers, der die Asche begleitet, *Bedenke Mensch, daß du Staub bist und wieder zu Staub zurückkehren wirst,* begegnet uns mehrmals im Alten Testament: zum erstenmal im Buch Genesis als Gotteswort an Adam, der aus dem Paradies vertrieben wird. Dieses Wort wird aufgegriffen im Buch Kohelet im Zusammenhang pessimistischer Worte: *Das Los der Menschen und das Los des Viehs – ein und dasselbe Los haben sie ...Denselben Odem haben sie alle und einen Vorrang des Menschen vor dem Vieh gibt es nicht ....Alles ist aus Staub und kehrt zum Staub zurück. Wer weiß vom Odem des Menschen, ob er aufsteigt zur Höhe, und vom Odem des Viehs, ob er hinabfährt zur Tiefe der Erde ... Wer bringt den Menschen dahin zu sehen, was nach ihm sein wird? Ich wandte meinen Blick auf all die Bedrückungen, die geschehen unter der Sonne ...Die Tränen der Unterdrückten, sie haben keinen Tröster.*

Dieses Buch Kohelet mit seiner bohrenden Frage nach dem Sinn unseres Lebens, nach der Abwesenheit Gottes, war das am meisten zitierte Buch der Künstler im 17. Jahrhundert. Dichter wie Andreas Gryphius, Paul Gerhard, Friedrich Spee, Maler wie Ribera, Rembrandt, Schönfeld, Vermeer haben immer wieder dieses Buch zitiert, sei es wörtlich oder in seinen Wortbildern, dem Windhauch, dem Rauch, den Fischen im Netz, den Vögeln im Käfig, dem vollen Bauch des Reichen und der Dummheit auf dem Thron.

In Psalm 104 schließlich wird Gott angerufen, der alle Lebewesen zu Staub machen kann. Aber *sendest du deinen Odem aus, so werden sie wieder erschaffen und das Antlitz der Erde wird neu,* wie das Kirchenlied übersetzt. Der Staub steht hier in Zusammenhang mit einem Gottesbild der Hoffnung und des Vertrauens, ganz im Gegensatz zum zweifelnden, verzweifelnden Buch Kohelet.

Mit dem Austeilen der Asche beginnt die vorösterliche Bußzeit. Die Kirche ruft mit den Worten Johannes' des Täufers und anderer vor und nach ihm: *Tut Buße.* Griechisch *Metanoeite,* lateinisch *poenitentiam agite.* Das Lateinische ist mit „Buße tun" richtig übersetzt, aber der griechische Urtext hat einen weiteren Sinn, nämlich wörtlich, *denket um, ändert die Richtung eures Sinns.* Dieser Ruf ist nach meiner Auffassung der Beruf der Künstlerin und des Künstlers: Werke zu schaffen, die unser Denken verändern, unser Denken umkehren. Der Satz: *Du mußt dein Leben ändern* von Rainer Maria Rilke, ausgerufen angesichts eines Kunstwerks von Wassily Kandinsky, wurde aufgegriffen in seiner Schrift „Über das Geistige in der Kunst" und von Franz Marc im Almanach des Blauen Reiter 1912. In den 60er Jahren hieß die Losung der Kunst „Bewußtseinsveränderung", fortgeführt im Projekt der „Sozialen Plastik" von Joseph Beuys, ein Begriff der Gesellschaft, die vom Künstler zu verändern ist. Die künstlerischen Bewegungen der Arte Povera von Antoni Tápies, Giuseppe Pennone und Jannis Kounellis, der „Spurensicherer" von Anne und Patrick Poirier, Nikolaus Lang, Christian Boltanski und viele andere arbeiten an diesem Aufruf zum Umdenken.

Als älteres Beispiel für die prophetische Gabe der Kunst, für ihre Rolle als Vorauskundschafter, kann man die Entdeckung der Alpen und in der Folge auch anderer Gebirge als schönes Ziel benennen. Bis ins 18. Jahrhundert hat man Gebirge und insbesondere die Alpen nur als Verkehrshindernis gesehen, als gefährliche und häßliche Steinhaufen auf dem Weg nach Italien. Die Dichter Jean-Jacques Rousseau, Albrecht Haller, später Friedrich Schiller, die Maler Josef Anton Koch für die Alpen, für das Erzgebirge Caspar David Friedrich haben den Menschen Europas die Augen geöffnet für die Schönheit der Gebirge. Sie wurden von einem gefürchteten und verabscheuten Hindernis seit 1800 zum Ziel einer europäischen Wanderung mit anhaltenden ökonomischen, ökologischen und demographischen Folgen. Ähnliches gilt für den Meeresstrand, der jahrhundertelang nur schmutzigen Fischern einen ärmlichen Lebensunterhalt gewährte und heute, nach seiner Entdeckung durch die Künstler, derart erschlossen ist, daß man ihn hinter den Hotelburgen kaum mehr findet. Oder Ökologie: Es waren Künstler, die lange vor Ökonomen und Politikern entdeckten, wie mißbraucht, verschmutzt und gefährdet unsere Umwelt ist.

Die inneren Kontinente des Menschen, seine unbewußten Triebe, Sehnsüchte, Verdrängungen, haben Dichter wie Flaubert, Dostojewski, Ibsen entdeckt. Der Dichter Jean Paul (1763–1825) war der erste, der vom *ungeheuren Reich des Unbewußten, unserem inneren Afrika* sprach.[36] Maler wie van Gogh, Klinger, Munch, Ensor haben die Seelenlandschaften in Bildern gefaßt, Generationen bevor Psychologen sie zu benennen und zu vermessen begannen. 1896 hat sich eine Künstlergruppe in Paris zu recht *nabis* genannt, nach dem hebräischen Wort für Seher, Prophet. Die Gleichung *Künstler = Prophet* erinnert uns, daß wir richtige und falsche Propheten unterscheiden müssen; um das zu können, müssen wir sie zuerst hören, müssen wir von ihnen erfahren. Dies ist in der bildenden Kunst nur vor dem Original möglich, dem wir in der Ausstellung begegnen.

Künstler bilden ihre Sensibilität kontinuierlich aus, oft über ein gesundes Normalmaß hinaus, darum spüren sie früher als andere Veränderungen und können dieses Gespür auch ausdrücken. Auf diese gesteigerte Sensibilität kann die Kirche nicht verzichten, wenn sie Licht der Welt sein will.

Im Bereich der zeitgenössischen bildenden Kunst erinnere ich an zwei Kunstwerke, die zum Umdenken einladen: In der Hamburger Kunsthalle eine Installation von Bogomir Ecker. Dort kann der Besucher das Wachsen eines Tropfsteins beobachten. Fünfhundert Jahre lang. Niemand weiß, ob dann die Kunsthalle noch steht. Aber das Werk ist so angelegt, daß es, vom Bau und Betrieb der Kunsthalle unabhängig, von einer eigenen Stiftung betreut durch

---

[36] Die Begründer der Psychologie haben den Vorsprung der Dichter anerkannt, in dem sie den von ihnen entdeckten Kontinenten die Namen von literarischen Werken wie Ödipus und von Literaten wie Sade und Masoch verliehen.

gefiltertes Regenwasser gespeist wird und daß niemand einen Tropfen auffangen, ableiten oder den wachsenden Stein berühren kann. Alle zehn Sekunden fällt ein Tropfen, in hundert Jahren soll der Stalaktit 10 mm gewachsen sein. Der Besucher sieht wenig davon, aber er spürt, wie jung er ist, wie kurz sein Leben ist im Vergleich mit dem Leben eines Steins, wie schnell sein Atem geht im Vergleich zum Bilden und Fallen des Wassertropfens.

Und damit wächst ein Gefühl für den Wert eines Steins, für den Wert einer Minute, den Wert unscheinbarer Dinge, die uns umgeben, für den Wert der Schöpfung. Sicher nicht bei allen Besuchern der Kunsthalle, aber doch bei einigen und von denen kann eine gesellschaftsverändernde Wirkung ausgehen, ganz langsam. Zum zehnjährigen Bestehen des Werks wurde im Sommer 2007 in Hamburg und Essen eine Ausstellung des Künstlers gezeigt unter dem Titel „Man ist nie allein".[37]

Ich erinnere an ein Kunstwerk in der Städtischen Galerie in München: *Zeige deine Wunde* von Joseph Beuys. Bei seiner Anschaffung 1979 hat es im Stadtrat einen großen Eklat verursacht. Es besteht aus zwei gebrauchten Bahren aus einer pathologischen Station, einer unbrauchbaren Schaufel, zwei Zeitungsausschnitten. Ein wichtiger Teil des Werks ist sein Titel *Zeige deine Wunde*. In dem es uns an Krankheit und Tod erinnert, ruft es uns zu: Hört auf den starken Mann zu spielen oder die perfekte Geschäftsfrau, gebt zu, daß ihr schwach seid, damit keiner dem anderen mehr Angst machen muß. Seid ehrlich zu euch selbst. Hinter dem Titel stehen die Bilder von dem und die Andachtsübungen zu dem seine Wunden zeigenden Schmerzensmann. Dieser Bezug auf den leidenden und Leid überwindenden Heiland steht nur im Werktitel, wird nicht anschaulich. Der Widerspruch zwischen dem Christusbezug im Titel und den sichtbaren Bahren öffnet die Frage: Wie können wir mit dem Tod umgehen, ohne die Tröstungen einer Religion? Sicher nicht, indem wir den starken Mann spielen.

Solche Werke wie der Hamburger Tropfstein und die Münchner Bahren sind Andachtsbilder unserer Zeit, Gefäße unserer Not.

Die Auszeichnung von Mark Wallinger mit dem Turnerpreis gibt mir Gelegenheit, an eine Videoarbeit von ihm zu erinnern, die er 2001 in Venedig gezeigt hat. *Threshold to the kingdom*, Schwelle zum Königreich, hieß sie. Man sah eine Milchglastür des Londoner Stadtflughafens, darüber die Schrift „International Arrivals". Links von ihr saß ein Sicherheitsbeamter in Uniform. Die Türflügel glitten auseinander, und eine Person überquerte die Schwelle. Männer, Frauen, Alte, Geschäftsleute, Großmütter. Sie schauten sich suchend um, viele fingen an zu lächeln, ja zu strahlen. Sie wurden abgeholt, umarmt, geküßt, andere gingen ungeküßt ab. Alle ziemlich schnell, denn sie mußten Platz schaffen für den nächsten. Die Emotion der Eintretenden teilte sich den Zuschauern unmittelbar mit, verstärkt durch die Ton-

---

[37] War dies eine agnostische Antwort auf die Losung des Papstbesuchs in Bayern 2006 „Wer glaubt ist nicht allein"?

spur, das Miserere für neun Stimmen von Gregorio Allegri. Schwelle zum Königreich stand ganz offenbar für das Himmelstor, die basileia ton ouranon. Wie werden wir dort erwartet? Als Himmelsbild ist diese Videoarbeit der beste Beitrag zur Eschatologie, den ich mir überhaupt denken kann. Ganz von heute und von großer emotionaler Kraft!

Oder eine andere Videoarbeit von Bill Viola, *The Greeting*, nachinszeniert nach einem Florentiner Altarbild des 16. Jahrhunderts: Eine gelb gekleidete ältere Frau erwartet mit einer jüngeren in Graublau eine rot gekleidete junge Schwangere. Ihre Bewegungen sind durch Zeitlupe verlangsamt; man sieht, wie der Wind einen Zipfel, dann das ganze Gewand umspielt, bewegt, auftreibt, man sieht das Aufleuchten eines Erkennens von Weitem in den Gesichtern, Freude, Zärtlichkeit. Jede Frau, jeder Mann, denen Ave Maria und Magnificat etwas bedeuten, muß diese Arbeit über die Begegnung von Maria und Elisabeth gesehen haben. Aber wo? In Ausstellungen zeitgenössischer Kunst in Düsseldorf, München, Berlin, Venedig oder auch in Freising.

Die Andachtsbilder der Gegenwart stehen in profanen Räumen, städtischen Galerien, Kunsthallen, nicht in Kirchen.

Ein einziger Pfarrer in Deutschland, Pfarrer Maßen von Pax Christi in Krefeld, hat seine Kirche für solche Werke geöffnet, und zwar nicht für eine vorübergehende Ausstellung im Kirchenraum, für ein Event – das tun viele –, sondern für dauernd. Er lebt mit seiner Gemeinde in der Wahrheit der Kunst von heute. Darum wurde seine Vorstadtkirche zum Wallfahrtsort der Kunstsinnigen. Aber seine Mitbrüder halten das, was Pfarrer Maßen tut, für sein privates Hobby. Nein!

Es wäre die Pflicht aller Seelsorger, die ethische Kraft der zeitgenössischen Kunst in ihre Verkündigung einzubeziehen.

Weil dies nur so wenige tun, darum meine ich, die Künstler müßten den Priestern und Bischöfen am Aschermittwoch Asche auflegen als Zeichen der Umkehr.

Die Kirchen müssen umkehren, sich bekehren zur aktuellen Wahrheit der Kunst.

Die Künstler kultivieren unsere Sinnlichkeit, beschenken unsere Augen und Ohren mit Nie-Gesehenem, Unerhörtem, beeindrucken unser Gemüt und erweitern unser Denken. Sie lehren uns denken und fühlen, wie Adalbert Stifter 1857 schrieb.[38] Und damit haben sie als Spezialisten für die Kultur unserer Sinnlichkeit eine große Verantwortung für die Gestalt, für das Gefühl unserer Generation. Ästhetik und Ethik hängen viel tiefer und enger zusammen als den meisten bewußt ist.[39]

---

[38] Adalbert Stifter, Der Nachsommer, 1857, 3. Bd. 2. Kapitel, Düsseldorf 2007, S. 542
[39] „Ethik und Ästhetik sind Eins" Ludwig Wittgenstein. Richard Egenter, Kitsch und Christenleben, München 1950. Ethik der Ästhetik, Hg. Wulf Christoph, Kamper Dietmar, Gumbrecht Hans Ulrich, Berlin 1994

Die Künstler, die mit ihrer ausgebildeten Sensibilität weiter sehen, tiefer fühlen, genauer hören und sprechen als unsereiner, sollten die Kirchenleute zum Umdenken aufrufen. Wir haben das nötig, denn wenn wir alle so christlich, so katholisch wären, wie wir sein sollten, müßte die Welt anders aussehen, hätten der Erste und der Zweite Weltkrieg nicht stattfinden können und wäre der Hunger in der Welt längst überwunden, wäre das Reich Gottes näher.

Ich bitte unsere Kirche umzukehren zu ihrer eigenen Tradition seit der Zeit Konstantins. Nur das Allerneueste, die Spitze der Avantgarde, der Technologie und der bildenden Kunst, ist gut genug für die Kirche, so war es in der Hagia Sophia und in St. Denis, in den Epochen der Gotik, der Renaissance und im Barock. Erst nach der französischen Revolution begann die Kirche, sich vor dem Zeitgeist und seiner Kunst zu fürchten.[40]

Die Kirche hat allen Grund, zur Kunst umzukehren. Ich will hier nicht noch einmal erzählen, wie der Aufbruch der modernen Kunst um 1910, ein Aufbruch, der aus religiösen Wurzeln gespeist war, zusammenfiel mit der defensiven Kräftekonzentration der katholischen Kirche, ihrer amtlichen Absage an die Moderne, festgelegt im Antimodernisteneid, den jeder Theologe zwischen 1912 und 1963 ablegen mußte, bevor er zum Priester geweiht wurde.[41] Auch fünfzig Jahre nach der Aufhebung dieser Eidespflicht im 2. Vatikanischen Konzil haben wir nur in der Architektur und nicht in den Bildkünsten und der Musik unsere kulturelle Verspätung aufgeholt.

Zeitgenössische Kunst wird von unseren Bistumsleitungen nicht mit Engagement, nicht mit Interesse verfolgt, sondern müde geduldet. Ihr Herz, ihre ästhetischen Vorlieben sind anderswo, weit weg vom Trubel lebendigen Kunstbetriebs, eher in Katakomben, Kathedralen, Kreuzgängen oder gerade noch bei Caspar David Friedrich.

Die Kirche muß aber vor allem deshalb zur Kunst umkehren, weil sie von Jesus aufgefordert ist, Licht der Welt zu sein. Die Kathedrale von Chartres war im 12. Jahrhundert Licht der Welt, sowie Sta. Maria Maggiore im 5. Jahrhundert, der Kölner Domchor im 13. Jahrhundert und die Wallfahrtskirchen von Vierzehnheiligen und der Wies im 18. Jahrhundert. Und dies waren nicht die einzigen Lichter ihrer Zeit. Gleichzeitig mit dem Kölner Domchor wurde die Elisabethkirche in Marburg gebaut und gleichzeitig mit Stephan Lochner in Köln arbeitete in Florenz Filippo Brunelleschi. Sie können einem Kunsthistoriker glauben, daß er noch viele solche Beispiele wüßte und ganz traurig wird, wenn er sich in den Kirchen der Gegenwart

---

[40] Mit wenigen Ausnahmen, z. B. in Ronchamp. In Deutschland hat vor allem Hans Sedlmayr zu dieser Furcht beigetragen: Verlust der Mitte, 1948 (7. Aufl. 1954), ein Buch, das „bei den deutschsprachigen Katholiken einen gewaltigen und bedauerlichen Widerhall gefunden hat" wie Pie Regamey a.a.O. 1954 scharfsichtig feststellte.

[41] Peter B. Steiner, Kunst in der Kirche heute, in: AK initiativ Kunst. Kirche, München 1995, S. 44

23

umsieht, wenn er die Kaseln, Kreuze und Kelche sehen muß, mit denen wir das Höchste, den Höchsten feiern.

Die Kirche muß sich ununterbrochen mit der Hochkultur ihrer Zeit, unserer Zeit, auseinandersetzen, dem Theater, der Musik, der Dichtung, der bildenden Kunst, um ihres Auftrags willen. Das Wort Hochkultur kommt in der Gründungsurkunde unseres Glaubens, der Heiligen Schrift, nicht vor. Im Neuen Testament noch weniger als im Alten, in dem anspruchsvolle Formen der Dichtung eingearbeitet sind und das ausführlich die Kulturtechniken beim Bau des Tempels schildert. Weder Jesus von Nazareth noch seine Jünger waren Vertreter der Hochkultur.[42] Aber spätestens seit dem 2. Jahrhundert bedient sich die Kirche der Möglichkeiten der Hochkultur, zuerst der Philosophie in der apologetischen Literatur, dann der Dichtung, der Architektur, Malerei, Skulptur, und Musik; die Kirche formte die europäische Kultur und lebte von ihr.[43] Dies aufzugeben, bedeutet das Überleben von Kirche zu gefährden. *Wenn die Kirche sich wieder mit der zeitgenössischen Kunst einläßt, kommt die Charismatik in der Kirche hoch. Also nicht mehr nur Ordo, nicht mehr nur Hierarchie.*[44] Sollte es die Angst davor sein, die so viele Theologen auf Distanz hält?

Wie kann eine Umkehr zur Hochkultur in der zeitgenössischen Kunst aussehen? Erlauben sie einem Praktiker der Kunstvermittlung ein paar Vorschläge:

In katholischen Akademien sollte jedes Jahr eine Klasse der benachbarten Akademie der bildenden Künste, der Fachhochschulen für Design, der Kunsthochschulen für die Medien die Chance einer Ausstellung erhalten. Die Ausstellungen können thematisch eingegrenzt werden, aber es darf kein Thema sein, das nur theologisch interessant ist, sondern muß mit der Klasse vereinbart werden und auch den Interessen der Studierenden entgegenkommen. Die Ausstellung sollte durch Veranstaltungen erschlossen werden.

Ich will als Beispiel nur von unserer letzten Ausstellung im Dommuseum Freising erzählen. Sie war vereinbart mit dem Künstler Professor Stephan Huber, der zuerst seine Studenten zu Arbeiten zum Thema Menschenbild anhalten wollte. Aber das war ihm und mir zu allgemein. „Heilige" war zu speziell, für viele seiner Studenten überhaupt nicht aktuell. Themen mit Körper, Haut oder Geschlecht fanden wir weit verbreitet im Ausstellungswesen und ohne Bezug zum Domberg. Wie wir schließlich auf *Eremiten* kamen, können wir beide nicht mehr rekonstruieren. Ich erinnerte an Elias,

[42] Vgl. Martin Ebner, Jesus von Nazareth in seiner Zeit (= Stuttgarter Bibelstudien 196), 2. A., Stuttgart 2004, S.109-152
[43] Für die Literatur am besten dargestellt bei Hans Urs von Balthasar, Herrlichkeit. Für Literatur und Kunst bei Alex Stock, Poetische Domatik.
[44] Otto Mauer, Christentum muß doch etwas Kreatives sein, in: ZS Kunst und Kirche, 1974, S. 186

Buddha, Johannes den Täufer, Jesus, Antonius, Franziskus und andere, die sich auf Zeit oder lebenslang in den Eremos zurückgezogen haben und damit oder danach Welt verändernd gewirkt haben. Die Studentinnen und Studenten trieb die Einsamkeit des Künstlers um, sie waren fasziniert, über ihre eigene Situation arbeiten zu können, über ihre Versuche, neue, von niemandem gegangene Wege zu finden und sich mit der gewollten und der erzwungenen Einsamkeit in unserer Gesellschaft auseinanderzusetzen.[45]

Ich will die Ausstellung hier nicht beschreiben, nur von zwei Veranstaltungen berichten. Wir haben den Bergsteiger Reinhold Messner eingeladen und mit ihm, Professor Huber und dem Direktor der Münchner Städtischen Galerie, Professor Friedel über *Einsamkeit heute* diskutiert, vor und mit 400 Teilnehmern. Und wir haben am Ende vor und mit 150 Teilnehmern über Erfahrungen mit diesem Ausstellungsunternehmen diskutiert; religiöse, ästhetische, soziale Erfahrungen. Für ungefähr die Hälfte der Studenten war dies die erste Begegnung mit der Institution Kirche.

Aber die Kirche sollte nicht nur einladen, sondern auch selber Einladungen folgen: Die öffentlichen Jahresausstellungen der Kunstakademien, die Abschlusskonzerte der Musikhochschulen sollten feste Termine in den kirchlichen Bildungsprogrammen werden, damit die angehenden Künstler ein Publikum gewinnen, damit sie erfahren, daß Kirche sich für sie als Person und für ihre Arbeit interessiert und die Seelsorger und die Gemeinden erfahren, was die junge Generation bewegt und leistet. Kirchliche Einrichtungen sollten Kunstfahrten anbieten zur *Dokumenta* nach Kassel, zur *Biennale* in Venedig, zur Skulptur in Münster, zu den Donaueschinger Tagen für Neue Musik, sollten die Arbeit der örtlichen Theater mit Seminaren begleiten.

Ein anderer mit Erfolg begangener Weg ist die Einladung von Künstlern in Kirchen, zu einer Installation. Sie eröffnet dem Künstler Räume von großer Weite und Wirkung und der Gemeinde Begegnung mit der Ästhetik der Jetztzeit.[46]

Künstler und Kirchenleute sollten sich zusammentun und gemeinsam rufen *metanoeite* – ändert euere Gedanken, euern Sinn, eure Gewohnheiten. Eßt weniger Fleisch, macht weniger Flugreisen, hört auf, einander anzutun, was ihr nicht wollt, daß man euch tut. Liebt einander so, wie ihr euch selbst liebt! Und dieser Ruf sollte nicht nur in der zweiten Person Plural ausgesprochen werden, nicht nur an die anderen adressiert sein. Wir müssen umdenken, unsere Gewohnheiten ändern. Unsere Gesellschaft, ja unser Planet braucht neue Gedanken, eine neue Mitmenschlichkeit, einen neuen Umgang mit der Schöpfung. Wer könnte die neuen Gedanken haben, den neuen Sinn,

---

[45] Eremiten. Studenten der Klasse Stephan Huber, Akademie der Bildenden Künste München, Diözesanmuseum Freising, Kataloge und Schriften 43, 2006
[46] Oft führt sie auch nur zur Bestätigung von wechselseitigen Vorurteilen, vor allem wenn zeitgenössische Kunst nur als Bußübung für die Fastenzeit eingeladen wird.

wenn nicht die Künstler und die Kirche, die aufgefordert ist, zum Umdenken einzuladen, seit Gott den Kain fragte: *Wo ist dein Bruder Abel?*

Die Theologen, die in der Mehrheit, wie es ihrer Ausbildung entspricht, ihre Augen nur zum Lesen benützen, müssen Schauen lernen, müssen mit Gemälden und Skulpturen, mit Videoarbeiten, mit Farben und Formen umzugehen lernen, müssen die Bilder der Bibel als poetische Bilder ernst nehmen und nicht gleich auf Begriffe bringen. Für Laien gilt dies genauso. Vor allem wenn in Verbandspfarreien der priesterliche Seelsorgsleiter keine Zeit hat, sich um jede der Kirchen, in denen er zelebrieren muß, zu kümmern oder wenn er als Ausländer keinen Zugang zur Ästhetik des einzelnen Kirchenbaus findet. Dabei fällt es den Laien in den Kirchenverwaltungen ebenso schwer wie den Priestern, auf ihnen von Amtswegen zustehende Entscheidungskompetenzen zu verzichten. Aber das müssen sie tun, wenn sie keine Zeit haben, Ausstellungen zeitgenössischer Kunst und zeitgenössischen Designs in Venedig, Kassel, Basel Düsseldorf und Münster zu besuchen, Kunstzeitschriften zu lesen, Akademien zu besuchen, Gespräche mit Künstlern zu führen. Nur so erwirbt man ästhetische Kompetenz, gewinnt man Urteilskraft in dem ebenso beweglichen wie unübersichtlichen Feld der Kunst von heute.

Der Anspruch an die Ästhetik des Glaubens

Warum sollten Christen sich dieser Mühe unterziehen? Damit kommen wir zum dritten Punkt, dem Anspruch an die Ästhetik unseres Glaubens und Feierns. Es waren das Wort Jesu aus dem Matthäusevangelium *Ihr seid das Licht der Welt* und das anschließende harte Wort vom Salz, das nichts mehr würzt und das man zertreten muß, die mich darauf gebracht haben, daß unser Glauben sich lichtvoll darstellen muß, und keine schal und geschmacklos gewordenen Formen gebrauchen darf.[47]

Unsere alten Kirchen haben einen Maßstab der ästhetischen Qualität gesetzt, hinter dem wir auch heute nicht zurückbleiben dürfen; aus vielen Gründen, von denen drei aus dem Gebet der Kirche hier erinnert werden:

Jeden Samstag wiederholen wir in der Komplet das *Schema Israel: Höre Israel ...du sollst den Herrn deinen Gott lieben aus ganzem Herzen, aus ganzer Seele und mit aller Kraft.*

---

[47] Dagegen: „Die Unterscheidung zwischen Kitsch und wahrer Kunst hat in der Sphäre des Reiches Gottes keine Bedeutung", aus: Gottfried Bachl, Schönheit. Salzburger Briefe, hg. vom kath. Akademikerverband Salzburg, 16/2007, S. 15. Im Gegensatz zur von Bachl evozierten „kunstlos schönen" Kindheit auf einem noch nicht motorisierten Bauernhof ist heute nichts mehr selbstverständlich, Landwirtschaft sowenig wie Kunst oder Kirche. Wir müssen neu beginnen auf allen Gebieten, auch mit der Kultur des Sehens für das Reich Gottes.

Martin Buber übersetzt: *Liebe denn IHN deinen Gott mit all deinem Herzen, mit all deiner Seele, mit all deiner Macht.*

Wenn wir diesen Text in der Bibel suchen, so erscheint er viermal: einmal im Buch Deuteronomium und als Zitat eines Schriftgelehrten im Gespräch mit Jesus, aus Deuteronomium wiederholt bei Matthäus, Markus und Lukas; bei Lukas am ausführlichsten. Er gebraucht die vier Begriffe kardia, psyche, ischys, dianoia – Herz, Seele, Kraft, Geisteskraft, im Lateinischen mit mens übersetzt – jeweils totaliter mit ganzem Herzen, mit allen Kräften.

Die vorzüglichste Sinneskraft des Augenwesens Mensch ist seine Sehkraft, seine visuelle Kraft. Das bezeugt die Bibel, wenn sie die Augen (866x) weit öfter erwähnt als die Ohren (187), das Sehen 1300x und das Hören 1160. Im Alten Testament sind Sehen und Erkennen weithin identisch. Die heutige Sinnesphysiologie versucht diese Erkenntnis nachzumessen und stellt fest, daß wir mit den Augen ein Vielfaches der Informationseinheiten wahrnehmen, die uns die Ohren, die Nase und die Haut liefern. 83% Prozent unserer Information über die Außenwelt erhalten wir durch unsere Sehkraft. Die übrigen Sinne teilen sich die verbleibenden 17%.[48] Unsere Bibel beginnt damit, daß Gott sah, daß es gut war, und endet mit dem Gesicht einer Stadt, die vom Himmel herabkommt.

Was kann das heißen, auch mit der Kraft unserer Augen, unserer visuellen Kraft Gott zu lieben?

Die Antwort liegt in dem Wort *schön.* Nur das, was gut tut, zu schauen, genügt dem Anspruch dieses Gebots, was unsere visuelle Vorstellung ganz erfüllt, über das hinaus nichts Schöneres vorgestellt werden kann. Der Engelspfeiler im Straßburger Münster war um 1230 so ein Bild oder die Majestas Domini von Chartres um 1145 oder um 540 die Hagia Sophia als Raum, die Wallfahrtskirche zum gegeißelten Heiland in der Wies um 1750. Heute, nachdem Schönheit als Ziel der Kunst und der Kunsttheorie unwiederbringlich aufgegeben ist, müssen wir sagen, nur die vollkommene Form und die höchste Qualität sind dem Gottesdienst angemessen.

Wir dürfen darauf hoffen, unseren Gott *von Angesicht zu Angesicht schauen zu dürfen,* wie Paulus schreibt und wie wir dies z. B. im Salve Regina beinahe täglich erbitten: ... *et Jesum nobis post hoc exilium ostende (nach diesem Elende zeige uns Jesus, die gebenedeite Frucht deines Leibes ...)* Ein mittelalterlicher Ausdruck dieser Hoffnung waren die Madonnen, angefangen von der Goldenen Madonna in Essen über die Mailänder Madonna des Kölner Doms bis zu den Rokokomadonnen von Ignaz Günther. Sie stellen uns die *Mutter der Barmherzigkeit* vor Augen, die uns *die gebenedeite*

---

[48] E. Novicon, On the Role and Place of Imagine in the Process of teaching foreign Languages, in: J. Schweckendiek, Funktion und Leistung des Bildes im Fremdsprachenunterricht, München (Goethe Institut) 1971, S. 12–20. Wenn wir die kognitionswissenschaftliche Information mit der soziologischen von Seite 1 verknüpfen, entsteht ein erschreckendes Bild: Die Kirche in Deutschland vernachlässigt 86% der Bevölkerung, weil sie 83% der menschlichen Sinneskräfte nicht anspricht.

Frucht ihres Leibes zeigt. Skulptur im Dienst der Gottesliebe mit aller Kraft des Sehens und Gestaltens. Oder die Monstranz, mit der Papst Benedikt XVI. beim Weltjugendtreffen auf dem Kölner Marienfeld den eucharistischen Segen spendete (Beitrag 1), Ein ganz einfaches Gerät aus dem Geist der Moderne, vollkommen in der Form. Aber auch eine aufgeräumte Kirche, in der nirgendwo verwelkte Blumensträuße vor sich hin stinken und unbesetzte Hocker vom letzten Gottesdienst herumstehen, kann Ausdruck der Gottesliebe aus visueller Kraft sein.

Architektur, Malerei, Skulptur, Gewand und Gerät unserer Feier drücken anschaulich die Liebe zu Gott aus, mit aller Kraft, ebenso wie die Gesten der Liturgie.

Jeden Tag wiederholen wir mehrmals *geheiligt werde dein Name.* Was bedeutet das? Es ist nicht mein Beruf, den Begriff der Heiligung theologisch zu explizieren. Aber wenn ich als Kunsthistoriker in der Bibel nachlese, finde ich jedenfalls keinen Hinweis, daß „heilig" schlampig oder bequem oder gar kitschig, nämlich verlogen, heißen könnte – im Gegenteil, die vielfältigen Gebote für Kultgebäude, Kultgewänder und Riten in den Büchern Exodus und Deuteronomium schärfen Aufmerksamkeit, Aufwand und Genauigkeit bei der Heiligung Gottes nachdrücklich ein. Im Buch Levitikus ist das sogenannte Heiligkeitsgesetz mit schweren Strafen, meistens der Todesstrafe, bewehrt. Jesus von Nazareth hat den Opferkult im Tempel abgeschafft, indem er alle, die mit Opfertieren handelten, aus dem Vorhof jagte, und er hat den Tisch in die Mitte der Welt gestellt, aber nicht mit der Aufforderung: Macht es euch bequem, lest schnell einen kurzen Text herunter, sondern: *Tut dies zu meinem Gedächtnis.* Ein Gedächtnis auf Tod und Leben. Der Apostel Paulus fügt hinzu: *Wer aber unwürdig ißt und trinkt, der ißt und trinkt sich das Gericht.* Heiligung ist eine ernste Sache, eine ihrer Voraussetzungen ist die Reinheit.

Reinheit ist ein kultischer, sittlicher und hygienischer Wert, aber auch, vielleicht sogar zuerst, ein ästhetischer. Im Alten Testament ist Reinheit ein Schlüsselbegriff, mit dem das Heilige vom Profanen abgegrenzt wird und mit dem sich das Volk Israel von den anderen Völkern abgrenzt. Im Neuen Testament wird Reinheit verinnerlicht als Reinheit des Herzens und der Gedanken. In der Ästhetik bedeutete Reinheit für den Architekten Adolf Loos Abwesenheit von Ornament.[49] Er formulierte diese Gedanken in einer Zeit der Hochblüte des Ornamentalen, im Historismus und im Jugendstil, und greift dabei auf Forderungen des Klassizismus zurück, die bei Winckelmann in seiner Formel von „edler Einfalt und stiller Größe" als norddeutsch reformierter Protest gegen den katholischen, absolutistischen Barock angemeldet wurden. In den Formeln von „edler Schönheit" statt „bloßem

---

[49] Adolf Loos, Ornament und Verbrechen, 1908, Vortrag, abgedruckt in: A. Loos, Ins Leere gesprochen, Innsbruck 1932

Aufwand" hat sich diese Haltung bis in die Dokumente des 2. Vatikanischen Konzils bewahrt.[50] Dazu ist zu erklären, daß die Ablehnung des Barock durch die norddeutsche Aufklärung bei Winckelmann, Lessing oder Nicolai auf absichtlichem Unverständnis beruhte. Barock ist im Gegensatz zum Neubarock nicht „mit Ornamenten überladen" sondern als Bild der Fülle des Lebens intendiert, die sich in schwellenden Formen, sprießenden Blättern, sich öffnenden Muscheln ausdrückt. Der Barock schuf im Gegensatz zum Neubarock keine mit dem Lineal ausgemessene Baukunst, deren Erstreckung nachträglich mit Ornamenten verziert wurde, sondern verbog Architekturformen, wie zum Beispiel die Ädikula (Hausfront) im Altar der Heiligen Theresa von Gian Lorenzo Bernini in Sta. Maria di Vittoria, um eine formende Kraft anzudeuten, eine überirdische Energie im mystischen Erleben der Heiligen. Auch die im Bogen ausladende Fassade der Kollegienkirche in Salzburg von J. B. Fischer von Erlach ist Ausdruck einer deformierenden Kraft von innen. Die Leben spendende Kraft des Heiligen wird ausgedrückt in verbogener Architektur und schwellendem Ornament.[51]

Ganz anders heute, wenn auf eine glatte weiße Osterkerze, wie sie aus der Wachszieherei kommt, rotgoldene Brezeln aufgeklebt werden. Da wird das Ornament zur Verunreinigung. Das gilt ebenso für viele in reinen Linien und Flächen konzipierte Kelche, Kaseln, Mitren, die nachträglich mit Ornamenten verhübscht bzw. verunreinigt werden. Auch die meisten Bilder von der Herz-Jesu-Vision der hl. Faustina – nicht die Vision aber die meisten von ihr gemachten Bilder – sind verunreinigt, vorwiegend durch eine sinnlich-sexuelle Aufladung im Gesicht Jesu, die von Großaufnahmen aus Liebesfilmen der Jahre 1920/30 abgeleitet ist. Die 47 Leserbriefe zu diesem Artikel illustrieren die Interdependenz von Ethik und Ästhetik und damit den schwierigen Kampf gegen den Kitsch im Christenleben.[52]

Auch die zweite und dritte Vater-Unser-Bitte haben ästhetische Dimensionen. Wenn es *Gottes Wille* ist, daß wir ihn mit aller Kraft lieben, dann sind visuelle und Gestaltungskräfte eingeschlossen. Wille Gottes ist dann auch das vollkommene Werk, der Genter Altar, die Rothko-Chapel, die Hagia Sophia, in denen menschliche Kräfte Höchstes geleistet haben. In

---

[50] Nobilis pulchritudo-mera sumptuositas, in: Konstitution über die Heilige Liturgie 124
[51] In Berlin ist man für derartige Kraftbeweise unempfänglich und nennt deshalb die nicht mit dem Lineal sondern dem Zirkel gebaute, gekurvte Alte Bibliothek von 1776 eine „Kommode".
[52] Unter den zahlreichen Varianten des Bildes, die dem Autor zugeschickt wurden, war auch eine im Ikonenstil gemalte, die nicht mit dem sinnlichen „Schlafzimmerblick" verunreinigt war, aber auch andere, die Christus mit den brennenden Augen des religiösen Fanatikers wie Rasputin oder als Hysteriker zeigten. Zum Problem Ethik und Ästhetik vgl. Kitsch und Christenleben , 10/2006

solchen Werken der Malerei, Skulptur und Architektur wird *Reich Gottes* erfahrbar, ebenso wie in der Matthäus-Passion.[53]

Mehrmals am Tag wiederholen wir im Stundengebet *Ehre sei dem Vater*. Dieses deutsche Wort Ehre hat im Lauf unserer Geschichte ebenso wie sein Gegenbegriff Schande das meiste an Bedeutung verloren. Ob das mit der Abschaffung der Schandstrafen, wie Pranger und Block zusammenhängt? Das lateinische gloria klingt, zumal vertont von Bach, Mozart oder Beethoven, schon nach viel mehr als dieses meckernde, blaß gewordene EHRE. Aber im griechischen Urtext steht Doxa und das kommt von dokeo – ich scheine. Das heißt, im Griechischen klingt das Ästhetische, der Glanz, die Herrlichkeit mit, wenn auch weniger als im Hebräischen: Doxa ist in der Septuaginta die Übersetzung von kabod. Diese Kabod Gottes wird von den Propheten, z. B. von Ezechiel, in prächtigen Bildern von Seraphinen, Leuchten, Tieren und Regenbogen ausgemalt. Zur Ehre Gottes gehört, wie es jetzt im Stundenbuch übersetzt ist, die „Herrlichkeit", aber auch das ist kein besonders glückliches Wort, weil es zu sehr nach Herrschaft klingt, weil auch ihm der Glanz des Sichtbaren fehlt, der zu kabod und doxa gehört.[54] Ob das Wort Pracht, den Sinn von kabod besser trifft?

Es würde zumindest die ästhetische Qualität andeuten, im Gegensatz zu Ehre.

Aber in dieser immer noch vom Kulturprotestantismus des Bismarckreiches geprägten Bundesrepublik sind „Pracht" und das dazugehörige Verb „prangen" Unworte.

Am deutlichsten wird die sichtbare Dimension von Ehre Gottes angesprochen im Abendgebet der Kirche, im Nunc dimittis. Wir wiederholen jeden Abend die Worte des Lukasevangeliums: *Jetzt läßt du Herr, deinen Knecht, wie du gesagt hast, in Frieden scheiden. Denn meine Augen haben das Heil gesehen, das du vor allen Völkern bereitet hast, ein Licht, das die Heiden erleuchtet und* (dann im Urtext) *doxa laou Israel*. Wenn die Augen, das Licht und das Sehen aufgerufen werden, geht es hier bei doxa nicht um einen abstrakten Ehrbegriff, sondern um sichtbare Herrlichkeit, um Pracht und Glanz Gottes.

Die Ehre Gottes, die Heiligung seines Namens, die Liebe zu Gott stellen höchste Ansprüche an die sichtbare Form unseres Glaubens, unseres

---

[53] Dies gilt auch für Werke ohne religiöses Thema. Der Faustkämpfer des Archäologischen Nationalmuseums in Rom oder das Bild Guernica von Pablo Picasso vermitteln durch ihre Form Erkenntnis. Wenn das Himmelreich alles Irdische soweit übertrifft wie das Himmlische Jerusalem das irdische (Apk 21), dann schließt es auch die äußersten Möglichkeiten der Kunst ein. Vielleicht ist die Verwirklichung der höchsten Kultur der Sinne sogar Voraussetzung für das Kommen des Reiches Gottes.

[54] Nach Balthasar liegt das Schwergewicht von kabod auf der sinnenhaften Erscheinung: Glanz, Pracht Herrlichkeit vgl. Hans Urs von Balthasar, Herrlichkeit, eine theologische Aesthetik, Einsiedeln 1961–69, Bd. III 2, S. 49ff. Im Zusammenhang der Gerichtsreden im Matthäusevangelium wird doxa ins Lateinische mit maiestas, ins deutsche mit Herrlichkeit übersetzt. (Mt 24,30)

Feierns. Dafür genügen die überlieferten Formen bei allem Reichtum nicht. Wir brauchen auch Formen aus dem Geist unserer Zeit, in denen sich die Menschen unserer Zeit wiederfinden. Unsere Zeitgenossen, die Künstler, entwickeln sie.

Müde Akzeptanz des Zeitgenössischen genügt nicht. Unsere Kirche braucht auf allen Ebenen Menschen, die mit der Entwicklung der ästhetischen Maßstäbe mithalten, die sich für zeitgenössische Kunst begeistern, die sich informieren, die Vertrauen haben in oder zumindest neugierig sind auf die Prophetien der Künstler.

Weil es daran – nicht überall, aber doch auf allen Ebenen, von der Pfarrei bis zum Heiligen Stuhl – fehlt, muß ästhetische Bildung, muß die Auseinandersetzung mit zeitgenössischer Kunst, mit zeitgenössischem Design in der kirchlichen Bildungsarbeit, im Religionsunterricht, in der Erwachsenenbildung bis zu den theologischen Fakultäten Priorität bekommen. Priorität bedeutet nicht absolute Vorfahrt, nicht Blaulicht und Sirene. Dogmatik, Kirchenrecht, Exegese, Homiletik, Moraltheologie und Liturgik müssen nicht an der Kreuzung warten, bis die ästhetische Bildung vorbei ist, aber sie sollten sie einfädeln lassen, ihr ein bißchen mehr Platz lassen, damit Kirche als Licht der Welt sichtbar wird.[55]

Christen sind aufgefordert, Gott zu lieben, mit aller Kraft und ihn anzubeten im Geist und in der Wahrheit.

Daraus ergeben sich einige Regeln

1. **Glaubensästhetik ist öffentliche Ästhetik, keine private Geschmacksfrage.** Sie ist die sichtbare Seite von Glaube und Kirche und muß deshalb im Bewußtsein höchster Verantwortung behandelt und gelehrt werden. Sie muß von allen an Kirche Interessierten diskutiert werden,[56] denn sie ist eine Voraussetzung von Gotteserfahrung. Die Kirche ist kein Wohnzimmer.

---

[55] Hans Urs von Balthasar gebrauchte 1961 den Schienenverkehr als Bild seines (vergeblichen) Versuches: „Es geht nicht darum sie (die Theologie) auf ein unbefahrenes Nebengeleise zu schieben, sondern darum, sie vielmehr auf ein verlassenes Hauptgeleise zurückzubringen". Hans Urs von Balthasar, Herrlichkeit, eine theologische Aesthetik, Bd. 1, Einsiedeln 1961, S. 9. Der Pastoraltheologe Weihbischof Paul Wehrle erinnert zurecht daran, daß heute die Ästhetik des Glaubens neben seiner Dogmatik und Ethik nur undeutlich wahrgenommen wird. Paul Wehrle, Kultur-Kunst-Kirche, in: Glaube sucht Ästhetik, S. 12, wie Anm. 11

[56] Die Wahl der Mitra darf sich nicht nur nach dem persönlichen Geschmack des Bischofs richten. Seine Mitra repräsentiert die Kirche und 100 000 von Gläubigen seines Bistums. Nur in seiner Freizeit darf er sich so kleiden, wie es ihm gefällt.

2. **Glaubensästhetik muß ebenso professionell sein wie Warenästhetik.**
Weil Kirche gesehen werden will, sich in der Öffentlichkeit behaupten
muß, darf sie nicht durch dilettantisches Design hinter den Reizen der
Warenwelt zurückbleiben und damit Gotteserfahrung verstellen.
3. **Weniger ist mehr.** Das gilt ebenso für Werkstoffe, Farben und Formen
im Raum, wie für Schrifttypen in der Typographie. Eine luxuriöse Warenästhetik überbieten zu wollen, ist der falsche Weg. Nicht auf das
Überbieten kommt es an, sondern auf die Rückführung zur Wahrheit,
die Reduktion auf das Authentische, das glaubwürdig Echte. „Die Kirche
sollte ganz entschieden den Versuch ablehnen, die Mächte der Groß-
stadt in ihrem eigenen Bereich zu übertrumpfen und materiell zu überbieten".[57]
4. **Der Maßstab für Glaubensästhetik ist die zeitgenössische Hochkultur.** Aus ihr entwickeln Designer, Gestalter, Künstler die ästhetische Sprache der Zeit, die den Bedürfnissen der Zeitgenossen entspricht, die auf die Nöte der Zeit antwortet. Daß es seit dem Ende der
Moderne konkurrierende Hochkulturen und damit mehrere ästhetische
Sprachen gibt, bereichert und erschwert die Aufgaben der Glaubensästhetik.
5. **Reinheit ist ein ästhetischer und ein religiöser Wert.** Reine Flächen,
reine Farbigkeit, reine Linien, reines Licht bereiten den Betrachter vor
auf die Begegnung mit dem ganz Reinen, dem Heiligen.
6. **Nur das Wahre ist glaubwürdig.** Eng verbunden mit Reinheit ist
Wahrheit. Vormachen, Vortäuschen ist nicht nur in der Liturgie selbst,
sondern auch in allem, was zu ihr gehört, in Bau, Gerät und Gewand,
verboten. Das Unwahre ist pompa diaboli, der jeder Getaufte abge-
schworen hat. Zum Unwahren gehört alles Nachgemachte, alle Kopien,
Replikate und Rekonstruktionen. Madonnen und Kruzifixe aus dem Katalog, die so aussehen, als ob sie aus dem Mittelalter stammen, sind
verlogen, im Kern unwahr. Von ihnen geht kein religiöses Erleben aus,
sondern nur „die Suggestion eines Klischees", ein Gefühlserlebnis aus
der „Wurzel von Trägheit des Geistes und des Herzens".[58]
7. **Den Werkstoffen gerecht werden.** Alle Materialien haben Eigenschaften, in denen ihre Eigenart zum Ausdruck kommt. Diese sollten gesucht,

---

[57] Pie Regamey, Kirche und Kunst, 1954, S. 22; aus neuerer Sicht: Hans-Joachim Höhn:
Theologie und Kirche „dürfen sich nicht zum Agenten einer Ästhetisierung machen
lassen, die letztlich Unempfindlichkeit erzeugt [...]. Es gilt den urbanen Ästhetisie-
rungstrubel [...] zu durchbrechen und für das zu sensibilisieren, was [...] verloren
geht. Das Christentum stellt die Frage, was Menschen fehlt, die alles haben, und die
Kirche muß auf Seiten derer stehen, die nichts vorzeigen können." H. J. Höhn, Wider
das Schwinden der Sinne, Impulse für eine zeitkritische Ästhetik des Glaubens, in:
Gott feiern in nachchristlicher Gesellschaft, Hg. Benedikt Kranemann, Klemens
Richter, Franz-Peter Tebartz-van Elst, Stuttgart 2000
[58] Richard Egenter, Kitsch und Christenleben, Ettal 1950, S. 101

in ästhetischer Erziehung erlebt und möglichst rein verwirklicht werden. Das ist nicht nur eine ethisch-ästhetisch begründete Forderung des Deutschen Werkbunds seit 1907, sondern für Christen ein Ja-sagen zur Schöpfung (Ausdruck von Arnold Stadler) und ein Vorstoß zum Seinsgemäßen (Aloys Goergen).

8. **Das Geschmacklose taugt nicht.** Das, was nicht mehr würzt, muß nach den Worten des Evangeliums hinausgeworfen und zertreten werden. Der hier geforderte „Bildersturm" findet seine Grenzen in der Achtung der eigenen Geschichte und der Gefühle der Gläubigen,[59] sowie im Denkmalschutz, mit dem sich Kirche sachkundig argumentativ auseinander setzen muß.

9. **Respekt vor der Geschichte.** In jeder Eucharistie feiern wir ein historisches Ereignis, das letzte Abendmahl Jesu, zu seinem Gedächtnis. Das Wirken Gottes in der Geschichte ist für das Volk Israel und die christliche Gemeinde Grund des Glaubens. Zu dieser Geschichte, auch der Geschichte der Weitergabe des Glaubens, müssen Christen sich sichtbar bekennen. Es ist falsch, Geschichte wegzudekorieren, wie das in vielen Kirchen seit 1945 geschehen ist. Auch Zerstörungen und Verletzungen sind Spuren unserer Glaubensgeschichte, des Weges Gottes mit seinem Volk.[60]

10. **Neues vom Alten sichtbar trennen.** Jede Einfügung in einen historischen Kirchenraum, jeder Anbau an ein historisches Gebäude soll das Neue und seine Bedeutung ehrlich kennzeichnen; dabei ist es besser, die Nahtstelle und damit die Neusetzung zu betonen als unmerkliche Übergänge zu gestalten.[61]

11. **Das Neue darf das ästhetische Niveau des Alten nicht unterschreiten,** sonst wird Kirche und ihre Liturgie als gesunkenes Kulturgut wahrgenommen, hört auf „Licht der Welt" zu sein. Wenn es ärmer sein muß, braucht es deshalb nicht häßlicher zu sein.

12. **Eine Kultur des Sehens,** der liebevollen und kritischen Wahrnehmung muß in der Kirche verbreitet werden. Sie allein wird der visuellen Kraft des Menschen, der größten Sinneskraft mit der Gott den Menschen ausgestattet hat, gerecht. Nur in einer Kultur des Sehens können wir Gott „mit aller Kraft lieben".

---

[59] Liebevolles, geduldiges Überzeugen ist besser als Verbieten oder Nachgeben.

[60] Norbert Huse, Unbequeme Baudenkmale. Entsorgen? Schützen? Pflegen?, München 1997.

[61] Vorbildlich im Bildungshaus Schloß Hirschberg des Bistums Eichstätt (Diözesanbaumeister Schattner). Der Zusammenhang von Alt und Neu ist das Hauptarbeitsfeld der Denkmalpflege, auf dem Kirche den staatlichen Institutionen Fachleute gegenüber stellen muß, die kirchliche Anliegen zu formulieren und in ihren ästhetischen, konservatorischen, technischen Folgen zu beurteilen verstehen. Dies ist nur in der Hälfte der deutschen Diözesen der Fall z. B. Mainz, Trier, München, Münster.

Zur Entstehung dieses Buches: Der Autor, der neben seiner Tätigkeit als Museumsdirektor in Freising lange in der theologischen Aus- und Fortbildung tätig war, wurde gegen Ende seiner Dienstzeit, 2005, von der Redaktion „Christ in der Gegenwart" angefragt, ob er einige Artikel über Kirchenbauten für die Rubrik „Wege und Welten" schreiben könne. Er sagte gerne zu, unter der Bedingung, das Thema ausweiten zu dürfen auf grundsätzliche Fragen zur Glaubensästhetik, die an abgebildeten Beispielen dargestellt werden. Daraus wurde eine Folge von 99 Beiträgen, die von Februar 2006 bis Dezember 2007 erschienen. Zahlreiche Leser/innen fragten, ob die Beiträge in einem Buch zusammengefaßt werden könnten. Der Verlag Schnell & Steiner, der seit 1966 den Großteil meiner Publikationen betreut, war dazu gerne bereit. Der Verleger Dr. Albrecht Weiland nahm das Buch in das Verlagsprogramm zum Jubiläumsjahr auf.

Die Einleitung entstand aus Vorträgen, die der Autor in Nürnberg (Aschermittwoch 2007), Paderborn (8.12. 2007) und Köln (Aschermittwoch 2008) gehalten und durch Literaturnachweise vermehrt hat. Die Beiträge wurden weitgehend unverändert aus der Zeitschrift übernommen, die kleinen Abbildungen leicht vergrößert; durch die erneute Rasterung bleiben sie grobkörnig, genügen aber zur Erinnerung.

Der kunstwissenschaftliche Standpunkt des Autors ist von seinen akademischen Lehrern geprägt; Otto Pächt, Werner Gross, Erich Hubala seien genannt. Seine theologischen Meinungen erwuchsen aus der jahrelangen Zusammenarbeit mit Herbert Schade SJ, Aloys Goergen und Josef Brandner. Im Gespräch mit Künstlern wie Kurt Benning, Magdalena Jetelová und Stefan Huber entwickelten sich seine Gedanken. Viel verdankt er auch der zehnjährigen Mitarbeit in der Arbeitsgruppe Kirchenbau und sakrale Kunst der Liturgiekommission der Deutschen Bischofskonferenz.

Die Redakteure Jürgen Springer von „Christ in der Gegenwart" und Eduard Nagel von „Gottesdienst", haben die Texte gelesen, Giftzähne gezogen, Bavarismen geglättet und Anakoluthe vollendet. Die Sekretärin des Dommuseums Freising, Sandra Angermaier, hat sich für die Beschaffung geeigneter Bildvorlagen engagiert. Die Lektorin Viola Keilbach und das Produktionsteam des Verlags Schnell & Steiner haben aus Vortrag und Artikeln ein Buch gemacht. Dafür allen herzlichen Dank!

Peter B. Steiner, im Juni 2008

99 Beispiele

1 Die Monstranz des Papstes

Der Theologe und Philosoph Aloys Goergen (1911–2005) hat den Begriff *„Glaubensästhetik"* geprägt. Er meint die sichtbaren Ausdrucksformen unseres Glaubens im Kult, in der Feier, in der Andacht, im Alltag. Sie alle stehen unter dem großen Anspruch des Wortes Jesu: „Ihr seid das Licht der Welt" (Mt 5,14). Die sichtbaren Formen unseres Glaubens müssen leuchten, einleuchten, strahlen.

In den folgenden Beiträgen dieser Reihe sollen einzelne Formen, Geräte, Gewänder, Räume, Zeichen und Bilder vorgestellt und befragt werden: Leuchten sie? Verbreiten sie anschaulich das Licht der Welt? Oder gehören sie der Vergangenheit an? Erwecken sie einen falschen Eindruck? Verdunkeln sie die Wahrheit, die wir zu verkündigen haben? Mit den Worten Jesu: Sind sie schal geworden wie ein verdorbenes Gewürz, das man nur noch wegwerfen und zertreten kann?

Als Kunsthistoriker bin ich ein Mann der Oberfläche, der nichts kann als hinschauen, unterscheiden, was er sieht, und der sich seine Gedanken über das Sichtbare macht, nicht über das Gemeinte.

Als erstes Beispiel zeigen wir die Monstranz, mit der Papst Benedikt XVI. beim Weltjugendtag den eucharistischen Segen spendete. Die Aufnahmen von diesem Segen und damit der Monstranz gingen um die Welt. Erhard Hössle, der an der Akademie in Nürnberg die Goldschmiedeklasse leitete, hatte sie 1974 für die Pfarrei St. Thomas Apostel in München gefertigt.

Eine Hostie ist eine runde Scheibe aus weißem Teig. Sie wird am besten in einem durchsichtigen scheibenförmigen Gefäß vorgezeigt, das auf einer Kreisscheibe steht und vom Priester mit zwei Händen gehalten werden kann. Was die konsekrierte Hostie den Gläubigen bedeutet, deutet der Goldschmied durch den Glanz des Goldes an, das als leuchtender Metallkreis den kleinen Teigkreis konzentrisch umfaßt, in die Mitte nimmt, in die Höhe erhebt, ihm einen heiligen Schein verleiht: ein glaubwürdiges Gefäß aus dem Geist der Moderne.

Hätte man für diesen päpstlichen Segen eine prächtige historische Monstranz in der Form eines Turms oder einer Sonne – etwa aus dem Kölner Domschatz – verwendet, wäre die visuelle Botschaft gewesen: Eucharistie ist etwas Historisches, ist schöne Vergangenheit. Die Kirche oder dieser Papst will die Jugend in den Barock oder ins Mittelalter zurückführen.

Glaubensästhetik hat zwei Seiten. Die eine ist die Außenansicht: Wie sehen die anderen uns? Ist das, was wir tun, überzeugend? Glaubwürdig? Mitreißend? Oder harmlos, langweilig, hinterwäldlerisch, Subkultur?

Allen Vertretern bloßer Innerlichkeit müssen wir entgegenhalten: Das gesellschaftliche Ansehen – und damit die Bereitschaft, unsere Verkündigung anzunehmen – ist vom Aussehen abhängig. Und das Sehen ist unser vorzügliches Erkenntnisorgan, viel schneller, viel differenzierter als Hören, Riechen, Schmecken, Fühlen. Der Mensch ist ein Augenwesen. Die Neuro-

physiologie, welche die enge Verbindung von Auge und Gehirn festgestellt hat, folgt dem Menschenbild der Bibel. Sehen ist für uns Erkennen. Selbst mit geschlossenen Augen sehen wir – im Traum – Bilder. Theologie ist die Lehre von dem, zu dem wir die Augen erheben (theos = Gott kommt wie Theater von griechisch theaomai = sehen).

Die zweite Seite der Glaubensästhetik ist die Innenansicht: Was bewirkt das, was die Gläubigen, die Teilnehmer am Gottesdienst, sehen, für ihre Teilnahme? Wird die Teilnahme, die Identifikation, vertieft oder verflacht? Schöne alte Dinge – Ikonen, Sonnenmonstranzen, gotische Madonnen, romanische Kruzifixe – fordern uns nicht mehr heraus, sie beruhigen, schläfern vielleicht sogar ein. Und: Schlampig ist nicht christlich. Viele unserer Altarräume sind verrümpelt mit Blumenvasen, Pflanzentöpfen, Sitzgelegenheiten, die niemand aufgeräumt hat. Der Ernst des Gottesdienstes, in dem es um das Höchste schlechthin geht, wird nicht anschaulich. Außerdem ist Kitsch Lüge, ein schamloses, bequemes Vortäuschen von Gefühlen, wie der Moraltheologe Richard Egenter 1950 (in: „Kitsch und Christenleben") schrieb.

Die Monstranz von Erhard Hössle, die Monstranz des Papstes von 2005, macht nichts vor. Sie ist einfach, edel und wahr.

2 Sankt Laurentius in München-Gern

Die St. Laurentiuskirche in München-Gern wurde 1954 von Emil Steffan und Siegfried Östreicher erbaut. Sie war eine der ersten Kirchen, die den Altar in die Mitte der Versammlung stellten: ein schlichter heller Raum mit Satteldach auf dem Grundriß eines Rechtecks mit einer weiten Apsis an der Längsseite. Diese umfängt eine Priesterbank als Abschluß einer um drei Stufen erhöhten Altarinsel. Der Tabernakel, damals üblicherweise auf dem Hochaltar, steht auf einem kleinen Seitenaltar in einem Eingangsraum, der sich mit drei Bogen zum Hauptraum öffnet.

Um einen Kirchenraum in Abbildungen vorzustellen, braucht es mehr Aufnahmen und Aufrisse, als diese Publikation Platz bietet. Wir zeigen deshalb nur den Außenbau Die Kirche verzichtet auf einen Turm und städtebauliche Dominanz. Sie liegt in einer Senke neben einer mit Einfamilienhäusern bebauten Nebenstraße. Eine Wiese, ein niedriges Pfarrhaus, ein kleiner Friedhof bilden einen zurückgezogenen Bezirk der Ruhe. Die Architekten von 1956 haben auf Material und Bauformen der römischen Spätantike, der Frühzeit des Christentums, zurückgegriffen: blanke Ziegel – im Innern weiß geschlämmt –, Rundbogen für Fenster und Wandgliederung wie sie an kaiserlichen Bauten in Rom, Trier und Konstantinopel erhalten sind. Aber sie haben keinen römischen Grundriß gewählt. Denn Kaiser Konstantin hat es versäumt, Fachleute zu befragen, welche Räume für die entstehende christliche Liturgie geeignet seien. Er hat nach 313 den Christen einfach drei- und fünfschiffige Markthallen (Basiliken) hingestellt, wo sie sich versammeln und feiern konnten.

Der christliche Gottesdienst aber braucht keine Markthallen, sondern für die Verkündigung und Auslegung des Wortes Gottes einen „Hörsaal" und für die Feier des Abendmahls einen „Speisesaal". Hören und Essen sind verschiedene Tätigkeiten, die verschiedene Räume benötigen, sobald die Gottesdienstgemeinde mehr als das Dutzend Personen umfaßt, das man um einen Tisch versammeln kann. Den Raum, der für die Verkündigung des Wortes und die Feier des Mahles größerer Gemeinden gleichermaßen geeignet ist, suchen die Christen bis heute. Der Bau von St. Laurentius kommt diesem Ziel sehr nahe.

Für den zur Bauzeit zwölf Jahre alten Autor war die Liturgie in dieser Kirche unter der Leitung von Heinrich Kahlefeld und Ernst Tewes eine Offenbarung. Nichts von dem, was an den Gottesdiensten der Heimatpfarrei langweilig, bigott oder peinlich schien, kam hier vor. Die Feier war feierlich, nie routiniert oder schlampig, sondern streng und bewußt mit hohem Anspruch gestaltet. Erst später fiel ihm auf, daß die erhöhte Altarinsel doch viel von einer Bühne und die Feier manchmal zuviel von einem Schauspiel hatte.

Erst der Theologe Aloys Goergen hat ihm die Augen geöffnet für den Graben zwischen Publikum und Schauspieler, der beim Gottesdienst eben

nicht entstehen sollte, damit alle Anwesenden gemeinsam feiern und nicht nur der Altardienst etwas „vormacht".

Der zukunftweisende Bau von St. Laurentius, der in vielem die Liturgiereform des Zweiten Vatikanischen Konzils vorwegnahm, wurde in der Folge mit Antiquitäten ausgestattet. Die Figur des Kirchenpatrons und eine überlebensgroße Himmelskönigin, ursprünglich spätgotische Schreinfiguren, wurden umgebaut, farbig gefaßt, plastisch ergänzt. Sie wurden verändert, um sich im modernen Raum zu behaupten. Die mutigen Bauherren hatten keine Kenntnis von und darum kein Vertrauen in zeitgenössische Kunst. Darum wichen sie in die Vergangenheit aus. Leider wurden sie gerade hierin zum Vorbild für viele kirchliche Auftraggeber.

In neuen Kirchen, in moderner Architektur, Antiquitäten – vor allem Madonnen – aufzustellen, wurde zur Mode, die einen Graben zwischen Kunst und Kirche aufriß und weder den alten Bildwerken noch den modernen Bauten und überhaupt nicht dem Verkündigungsauftrag der Kirche entsprach. Man muß in St. Laurentius über diese Bildwerke und die viel zu mächtige Orgel, die später hineinkamen, hinwegsehen, um die Qualität des Raumes, seine asketische Spiritualität und liturgische Funktionalität zu erleben.

3 Kelch oder Becher

In jedem besseren Restaurant stehen Weingläser auf dem Tisch, die weggeräumt werden, wenn der Gast doch nur Bier bestellt. Das Bier wird in einem Glas serviert, das einen flachen Boden hat: ein Becher, die gleiche Form, die wir zur Aufbewahrung von Zahnbürsten und zur Mundspülung benutzen. Das Weinglas dagegen baut sich aus Fuß, Stiel und Schale auf. Seine Form wird Kelchglas genannt. Damit ist zumindest in Westeuropa allgemein bekannt und anerkannt, daß der Kelch einen höheren Wert hat als der Becher.

Warum aber legen sich in letzter Zeit so viele Kirchenverwaltungen für die Eucharistiefeier Becher zu, die den Charme von Urweltfunden oder Haushaltsgeräten haben? Ein Grund dafür ist, daß sich mangels Nachfrage die meisten Silberschmiede von der Aufgabe, Kelche zu gestalten, zurückgezogen haben und lieber Schmuck produzieren. Grund für den Nachfragemangel aber ist die Gewohnheit der kirchlich Verantwortlichen, entweder Industrieprodukte aus Katalogen zu bestellen oder Bildhauer zu beauftragen, die eher Becher als Kelche bauen können.

Der Kelch steht fest mit seinem Boden. Er erhebt das Getränk mit seinem Stiel, und er birgt das Getränk in seiner Schale. Beim Becher fehlt das „Erhebende". Stumpf steht er da auf der Tischplatte. Der Kelch erhebt nicht nur das Getränk, sondern er bietet sich auch zur Erhebung an. Man kann ihn mit zwei oder drei Fingern einer Hand erheben, mit der anderen seinen Fuß unterstützen. Man braucht ihn nicht mit fünf oder gar zehn Fingern derb zu umgreifen. Nicht nur seine Form ist edler, auch seine Handhabung.

Als deutsche Kriegsgefangene in Rußland 1946 Gelegenheit fanden, im Lager Eucharistie zu feiern, haben sie aus Blechresten einen Kelch zusammengenietet mit Fuß, Stiel und Schale. Eine andere Form wäre ihnen nicht würdig genug erschienen. Ein damals gefangener Priester hat ihn lange nach seiner Rückkehr dem Freisinger Diözesanmuseum übergeben. Dort ist der kleine Blechkelch neben den vergoldeten Kelchen der Gotik und des Barock ausgestellt und erinnert daran, daß für den Gläubigen nicht das Goldgefäß sondern sein Inhalt der Schatz ist.

Wenn wir das Blut Christi als „Allerheiligstes" verehren und genießen, sollte auch sein Gefäß möglichst viel von dem Wert vermitteln, den wir ihm gläubig zuschreiben. Für die Kriegsgefangenen in Rußland war der Kelch aus Dosenblech das höchstmögliche.

Auch Sprache und Geschichte geben uns Gründe, den Kelch dem Becher vorzuziehen. Im Hochgebet wird „der Kelch des neuen und ewigen Bundes" angesprochen. Warum dann einen Becher hochheben? Das deutsche Wort Kelch kommt vom lateinischen calix und dieses wiederum vom griechischen kylix. In den vier Berichten des Neuen Testaments vom Abendmahl wird im Lateinischen calix gebraucht, im Griechischen poterion (Trink-

gefäß). Die Trinkgefäße der Griechen waren immer Kelche aus Fuß, Stiel und Schale, wenigstens die wertvollen, die erhalten sind. Daneben gab es sicher auch anspruchslose Becher für den täglichen Gebrauch, aber die sind zerbrochen, entsorgt. Wenn wir also in der Eucharistie den Kelch benützen, stellen wir uns in eine Tradition, die durch den Brauch der Kirche geheiligt ins Altertum zurückreicht und wie das Weinglas heute noch kultiviertes Trinken bedeutet.

4 Horror vacui

Kunsthistoriker und Ethnologen kennen den Begriff der Angst, ja des Erschreckens vor der Leere, den horror vacui. Gefäße, deren Oberfläche mit Figuren und Ornamenten allseitig gefüllt sind, Wände, über und über gemustert, sind alte vorgeschichtliche und historische Zeugnisse dieser Angst. Viele unserer Altarräume scheinen heute mehr von der Angst vor der Leere als von Gottesfurcht geprägt. Leuchter, Blumenvasen, Pflanztöpfe, Trockengestecke, Teppiche, Sitzgelegenheiten, Bilder füllen sie aus. Es scheint unergründlich, wo man und was man nicht alles noch in einen Altarraum stellen könnte. Klar gestaltete Altäre und Ambonen werden nur mehr als Hintergrund für Grünzeug wahrgenommen. Aus lauter guter Absicht wird auch noch die letzte Gelegenheit, durch absichtliche Leere ein Gefühl der Spannung, der Erwartung zu erzeugen, verdorben. Statt in der Fastenzeit die Bilder zu verhüllen, werden zusätzliche Fastenbilder aufgehängt.

Die Leere als Raum der Theophanie, der Erscheinung Gottes unter uns, zu erleben, bedarf der Vermittlung. Sicher fällt es in einer fruchtbaren, dicht besiedelten Landschaft schwer, sich die Wüste als Ort der Gottesbegegnung für Moses, Johannes den Täufer, für Jesus und die Wüstenväter vorzustellen. Aber Jahwe, unser Gott Vater, ist ein unsichtbarer Wüstengott, von dem wir kein Bild machen sollen, ein Gott der unsichtbaren Gegenwart. Daß wir in Westeuropa im 11. Jahrhundert sein Bild mit dem langen Bart geschaffen haben, ist ein Sündenfall unserer Geschichte.

Moderner als mit der Wüste kann man die Leere als Projektionsfläche unserer Gefühle und Gedanken erklären; diese hervorzurufen, heranwachsen zu lassen, ist mühsamer, als sie an fertige Bilder zu hängen. Sind die vielen Bilder und Blumen in unseren Kirchen eine bequeme Ausflucht, sich keine eigenen Gedanken machen, seine Gefühle nicht kultivieren zu müssen?

Für die Architektur der Moderne, vor allem bei Ludwig Mies van der Rohe und seinen Nachfolgern auf der ganzen Welt, spielt der reine Raum, die reine Architektur eine große Rolle. Im Kirchenbau des 20. Jahrhunderts haben viele Architekten Leerräume gestaltet, die in der Folge von den Pfarrgemeinden mit Bildern angefüllt und verstellt wurden. Der Raum wurde nicht mehr als Bild gesehen sondern nur als Gehäuse, das man füllen muß.

Es gibt Seelsorger, welche die „heilige Leere" ihres Kirchenraums vermitteln und gegen gutgemeinte Schenkungen verteidigen. Aber die Mehrzahl hat die Leere entweder nie als „heilig" empfunden oder dem Bilderdurst der Glaubenden, dem Blumenschmuckzwang der Mesner und der Angst vor der Leere nachgegeben.

Die Leere als optische Erwartung hat ein akustisches Gegenstück: das Schweigen. Auch das wird, seit der Abschaffung der „stillen Messen", kaum mehr gewagt. Die Zeit des Gottesdienstes ist gefüllt mit Reden und Singen.

Horror vacui

In den Pausen dazwischen improvisiert der Organist. Stille, ehrfürchtiges Schweigen einer Menschenmenge erzeugt Spannung. Halten wir sie nicht mehr aus? Müssen wir pfeifen wie der Wanderer im dunklen Wald, um unsere Angst zu übertönen? Lassen unsere vollgestellten Altäre und Altarräume, unsere vollgehängten Kirchenwände noch Raum für Erwartung, Raum für die Theophanie?

5 Kirchliche Denkmalpflege

Denkmalpflege ist hierzulande staatliche Aufgabe. Sechzehn verschiedene Länder-Gesetze regeln sie. Wieder andere gelten in Österreich und der Schweiz. Der Staat unterhält Denkmalämter, erläßt Vorschriften, gewährt Zuschüsse. Aber allein die katholischen Bistümer in Deutschland wenden viel mehr für Denkmalpflege an Kirchen, Pfarrhäusern und anderen als Denkmäler geschützten Bauwerken und ihrer Ausstattung auf als alle Bundesländer zusammen. Vom finanziellen Aufwand her ist Denkmalpflege mehr ein kirchliches Anliegen als ein staatliches. Damit sollten die Kirchen offensiver an die Öffentlichkeit gehen.

Kirchliche Denkmalpflege wird ausgeübt von Kirchenverwaltungen und Bistumsleitungen. Nur auf Bistumsebene gibt es Fachleute für Denkmalpflege in ihren Bau- und Kunstreferaten. Staatliche und kirchliche Denkmalpfleger ringen um das rechte Verständnis von Denkmälern und um das Verhältnis von Vorschrift und Zuschuß. Wichtiger aber ist der Zielkonflikt: Welches Denkmal soll geschützt und der Nachwelt erhalten werden: die materielle Substanz einer farbig gefaßten Barock-Skulptur oder ein Schutzengel? Der Träger einer religiösen Botschaft („Er beschirmt dich mit seinen Flügeln, breitet seine Schwingen über dir aus", Ps 91,4; „Du wirst, von Engeln behütet, auf Nattern wandeln", Ps 90,13; „Die Engel der Kinder schauen das Angesicht meines Vaters im Himmel", Mt 18,10) oder eine künstlerisch wertvolle Lindenholz-Skulptur mit ungleichmäßig erhaltener, hoch differenzierter farbiger Fassung?

Staatliche Denkmalpfleger tendieren dazu, den derzeit erhaltenen Zustand zu konservieren, auch wenn Überfassungen, also jüngere Anstriche oder Ausbesserungen, Zutaten oder Verluste dem Inhalt des Werks unangemessen sind. Kirchliche Denkmalpfleger wiederum haben die Aufgabe, die Botschaft des Werks wieder lesbar zu machen. Für beide ist die Verantwortung gegenüber den folgenden Generationen gleich. Nur konzentriert sich die Kirche mehr auf den Sinn, der Staat mehr auf die materiale Substanz. Für jedes Werk, Bauwerk oder Kunstwerk muß individuell ein Kompromiß gefunden werden, der nicht immer glücklich sein kann.

Die abgebildete Skulptur wurde 1763 von Ignaz Günther für die Schutzengelbruderschaft in der Klosterkirche der Karmeliten in München geschaffen. Sie steht seit der Aufhebung des Klosters und der „Entklösterung" der Kirche als Stiftung des Münchner Silberschmieds Peter Streißl in der benachbarten Bürgersaalkirche der Marianischen Männerkongregation. In einer für das bayerische Rokoko typischen Weise verbindet sie naive Frömmigkeit mit virtuoser Eleganz. Sie hat drei künstlerisch gestaltete Ansichten: eine, die das Schreiten über Schlangen, eine, die das kindliche Vertrauen, und eine, die das Ausbreiten der Flügel und Weisen zum Vater im Himmel hervorhebt. Rundglatte Glieder (Arme, Beine, Hals, Kopf) sind gegen tiefgefurchte Gewanddraperien und die Flügel mit lockeren Federn ausgespielt.

Die raffinierte Farbigkeit ist nur zum Teil erhalten. Heute präsentiert sich der Engel mit einer bleichen Wange im Ton der originalen Grundierung und einer geröteten Wange, an der noch eine Zweitfassung des 18. Jahrhunderts erhalten ist. In einer jahrelangen intensiven Diskussion mit den staatlichen Denkmalpflegern wurde die heutige Erscheinung als vertretbarer Kompromiß ermittelt. Seine Unstimmigkeiten fallen nur Spezialisten auf.

Der Schutzengel ist eines von vielen und besonders schönen Beispielen dafür, wie wichtig es ist, daß die Kirche sich dem Staat gegenüber artikuliert, ihre Auffassung fachlich vertreten kann. Denn ihre Bauten und Bildwerke verkünden – bewegend und nachhaltig.

6 Kitsch und Christenleben

Richard Egenter veröffentlichte 1950 im Kunstverlag Ettal ein Buch mit dem einprägsamen Titel „Kitsch und Christenleben" (Bild). Über Kitsch und Kunst gibt es viele geistreiche Abhandlungen. Aber Egenter, der damals bereits seit achtzehn Jahren als Moraltheologe lehrte – in Passau, Braunsberg und seit 1945 in München –, fühlte sich nicht für Ästhetik zuständig, sondern für Ethik. „Führend in der katholischen studierenden Jugend im Bund Neudeutschland, gab er wesentliche Impulse für dessen Gestaltung. Geprägt von der Wertphilosophie und Phänomenologie, befreite Egenter die Moraltheologie von neuscholastischer Erstarrung und kasuistischer Enge. Freiheit, Eigenverantwortung und Erfahrung, aber auch die positive Bedeutung von Toleranz und Pluralität sind für die von ihm entworfene ‚humane Moral' kennzeichnend", vermerkte sein Nachfolger Johannes Gründel über ihn im „Lexikon für Theologie und Kirche" (1995).

Egenter sieht im Kitsch eine ethische Fehlhaltung. Er bezeichnet ihn als Lüge, die ohne Ehrfurcht, schamlos und träge einer minderwertigen Genußsucht Raum gibt. Er entdeckt den Kitsch nicht nur im Heiligenbild und im Kruzifix, sondern auch im religiösen Lied, in der Predigt, im Beichtgespräch und bei der Spendung der Sakramente. 1950 konnte er noch schreiben: „Zur heiligen Liturgie der Kirche paßt kein Kitsch." Ihre im Meßbuch festgelegte Form läßt dem Kitsch keinen Raum. Dies ist heute anders. Musikalischer, sprachlicher, ästhetischer Kitsch dringt in die Feier der Liturgie vor.

Heute werden in alle Pfarrhäuser Kataloge mit religiösem Kitsch geliefert. Die kirchliche Presse veröffentlicht Anzeigen der Kitschlieferanten aus München, Kevelaer, Paderborn und anderen Orten. Mit Schrecken erkennt man unter der Kitschware im Katalog die liturgischen Gegenstände der eigenen Pfarrei wieder. Da kein Wächteramt gegen die Verkitschung der Kirche in Sicht ist, muß der mündige Christ schärfer im Sehen werden und in kritischer Solidarität dafür eintreten, daß wir Gott „im Geist und in der Wahrheit anbeten" (Joh 4,23).

Wahrheit und Reinheit waren die Schlagworte, mit denen der Historismus, das „Nachäffen des Mittelalters", von den Architekten, Künstlern und Intellektuellen der Weimarer Republik überwunden wurde. Sie waren auch zentrale Begriffe für die katholische Jugendbewegung, der Richard Egenter – wie Romano Guardini und Rudolf Schwarz – angehörte.

„Primizkelche in mittelalterlicher Stilart", „Grünewald-Kreuze, handgeschnitzt, antik gefaßt" (Zitate aus der Werbung) sind unwahr und verlogen. Dazu zählen ebenso viele Formen, die ohne historisches Zitat den Gebrauchsgegenstand verzieren, die sich zur Schau stellen, statt einfach zu funktionieren.

Richard Egenter betrachtete vor allem religiöse Bilder und Texte kritisch, aber auch Tonfall und Haltung bei der Liturgie: „Immer wenn der Priester das Religiöse nicht ganz religiös vollzieht und seinem Geltungstrieb oder

Genußstreben Raum gewährt, ist die Gefahr des Kitsches eine unmittelbar drohende ... Je näher der Kitsch an die Verwaltung der göttlichen Mysterien heranreicht ..., desto näher rückt er dem Sakrileg und der Blasphemie."

Der Ernst, mit dem Richard Egenter die religiöse und sittliche Gefährdung des Christenlebens durch den Kitsch brandmarkte, klingt wie die Stimme eines Propheten aus längst vergangenen Zeiten. Es ist der Ernst einer „schlechten Zeit", der ersten Nachkriegsjahre, den man auch in den frühen Romanen Heinrich Bölls spürt. Egenters Kitsch-Beispiele – Schutzengelbilder und Marienlieder – sind teilweise nicht mehr aktuell. Aber die Frage nach Wahrheit und Glaubwürdigkeit unserer Bilder, Geräte und Gewänder, unseres Handelns, Fühlens und Sprechens hat nichts an Aktualität verloren.

7 Mitra

Paula Preisinger, Leiterin der Klasse für Textile Gestaltung der Münchner Akademie, schuf um 1960 vorbildliche liturgische Gewänder, darunter die abgebildete Mitra aus Goldbrokat, in den rote Granatsteine eingewebt sind. Sie hat einen sehr feierlichen Glanz, aber sie ist niedriger und schlanker als heute üblich.

Die bischöfliche Mitra ist historisch eine Verwandte der Jakobinermütze und der Zipfelhaube des Kasperls. Wie diese stammt sie von kugelförmigen Hauben ab, die teilweise heute noch im Orient getragen werden. Im Unterschied zum westlichen Hut hat sie keine Krempe und ist quer gefaltet. Seit dem 11. Jahrhundert verlieh der Papst das Recht bei der Liturgie eine Mitra zu tragen an Bischöfe, Äbte, Pröpste und Dekane. Seit dem Zweiten Vatikanischen Konzil ist ihr Gebrauch fast ausnahmslos auf Bischöfe eingeschränkt. Im Mittelalter hatte sie die Höhe einer Handspanne (ca. 20 cm). Dies entspricht dem Gesicht eines erwachsenen Mannes vom Kinn bis zur Stirn. Von ihrer Rückseite hängen zwei Bänder herab, sie werden vittae (Kopfbänder) oder inful (Krone) genannt und haben sich aus den Saumbändern der Kopfbedeckung entwickelt.

Im Barock, als König Ludwig XIV. von Frankreich Stöckelschuhe und Allongeperücken als Herrenmode vorschrieb, wurden die Mitren höher und mit Kartonplatten ausgesteift bis zur dreifachen Höhe aufgezogen. Dadurch wurde der infulierte Würdenträger im höfischen und kirchlichen Zeremoniell unter den anderen Würdenträgern und über das Volk herausgehoben.

Unzufriedenheit mit dem eigenen Körper, seiner Größe und Silhouette gehört seit alters her zum menschlichen Schicksal. Vor allem Führungspersönlichkeiten, die herausragen wollen, erhöhen ihre Gestalt durch Kopfbedeckungen. Die Mittel dazu waren Hirschgeweihe in der Steinzeit, Roßschweife auf Kriegerhelmen und Kronen, deren höchste der Pharao von Ägypten, deren breiteste der Großkönig von Babylon trug. Im Gegensatz dazu entdeckten die Griechen die Würde der menschlichen Gestalt von der Fußsohle bis zum Scheitel, den sie nur mit einem Lorbeer- oder Eichenblattkranz umflochten. Die Proportion der menschlichen Gestalt wurde von griechischen Künstlern des 5. Jahrhunderts v. Chr. untersucht und in ihrer Gesetzmäßigkeit als Norm der Schönheit erprobt. Die menschliche Gestalt verändernde Kopfbedeckungen wie hohe und ausladende Kronen erschienen den Griechen fremdartig oder – wie sie es nannten – barbarisch.

Heute kommen hohe Aufsätze auf dem Kopf in Science-Fiction-Filmen als Erkennungszeichen bösartiger Aliens vor. Für diese Filme werden alte Mythen und Märchen ausgeschlachtet, modernisiert und vulgarisiert. Weder Pharao noch Aliens oder Fernsehköche mit ihren hohen „Tüten" auf dem Kopf können Referenzen für katholische Bischöfe sein. Darum sollten auch unsere Mitren, die in den letzten Jahren sehr in die Höhe gewachsen sind, wieder niedriger werden.

Nach katholischem Sakramentsverständnis gibt es eine Heiligkeit des Amtes, die auch nach sichtbaren Zeichen verlangt. Die Mitra ist neben Stab, Ring und Brustkreuz ein solches Zeichen. Aber nach allgemeiner Erfahrung gibt es auch Standesdünkel. Ist die Höhe der Mitra, die den Unterschied des Bischofs zum Gottesvolk so herausstellt, dafür ein Gradmesser? Die Mitra von Paula Preisinger steht senkrecht auf dem Kopf. Heute werden die meisten Mitren so geschnitten, daß sie sich nach oben verbreitern. Dies soll dynamisch wirken. Aber dadurch ändert sich nicht nur die Höhe der bischöflichen Gestalt, sondern auch ihr Volumen. Wenn dem Bischof am Schluß der Messe die Mitra aufgesetzt wird, scheint es, als ob der Bischof zum Schlußsegen „aufgeblasen" würde. Im Vergleich zu den verbreiterten, überhöhten und oft mit Bildern und Symbolen übersäten Mitren des Barock und der Gegenwart ist die Mitra von 1964 einfach und edel, wie es dem Verständnis der Liturgiereform und dem Kirchenbild des letzten Konzils entspricht.

8 Neue liturgische Orte in alten Kirchen

Die ehemalige Augustiner-Chorherren-Stiftskirche Beyharting in Oberbayern ist ein spätgotisch-frühbarocker Bau (1454/1668) mit einer Stuckdekoration von *Johann Baptist Zimmermann* aus dem Jahr 1730. Die neuen liturgischen Orte – der Altar vor den Chorstufen im Langhaus, der Ambo im Chor – wurden in der Endphase einer zehnjährigen Restaurierung im Gespräch mit der Pfarrgemeinde von einer kleinen Gruppe von Fachleuten, einer Architektin (Ursula Gonsior), einem Liturgiker (Otto Mittermeier) und zwei Kunstfachleuten (Alexander Heisig, Peter Steiner) ermittelt und dem Künstler und der erzbischöflichen Kunstkommission vorgeschlagen.

Die jetzige Pfarrkirche von Beyharting ist eine der wenigen ehemaligen Klosterkirchen, bei denen das Chorgitter noch am historischen Ort steht, den Raum der Gemeindemesse vom Raum des Chorgebets trennend. Bei der architektonischen Umsetzung der Liturgiereform wurden viele der baukünstlerisch notwendigen Zäsuren zwischen Chor und Langhaus der Idee von der tätigen Anteilnahme aller Gläubigen an der Eucharistiefeier geopfert. Wenn die neuen liturgischen Orte dem Raumgefüge widersprechen und das hinter dem Anspruch der historischen Kirche zurückbleibt, wird die heute feiernde Gottesdienstgemeinde oft als kulturell minderwertig angesehen. Der polemischen Rede des Psychoananalytikers Alfred Lorenzer von der Zerstörung der sinnlichen Kultur der Kirche durch das „Konzil der Buchhalter" wurde damit allzuoft Recht gegeben. In einigen seit 2002 neu gestalteten liturgischen Orten im Erzbistum München/ Freising hat man versucht, diesen Fehler zu vermeiden.

Nicht weil die staatliche Denkmalpflege Chorgitter und Chorstufen erhalten wollte, sondern weil der Baukörper dies verlangt, hat man eine andere Lösung gesucht. Der erhöhte und verengte Chor mit seinem Gestühl und das breitere Langhaus wurden als baukünstlerisch artikulierte Teilräume eines Gesamtraums liturgisch neu interpretiert. Der Bildhauer Stephan Huber (geboren 1955 in Lindenberg/Allgäu und Professor für Bildhauerei an der Akademie der Bildenden Künste in München) hat zwei weiße Steine aus Laaser Marmor gesetzt: einen als Altar und dahinter/darüber einen als Ambo. Beide sind mit einem lateinischen Kreuz bezeichnet. Aus dem Altarstein ist es ausgenommen, erscheint also im Durchblick. Am Ambo ist es als positiv-plastische Form – schattenwerfend – angebracht. Der Altar setzt sich in Farbe und Form von den vier benachbarten barocken Seitenaltären ab. Er zieht als neue Mitte des Gemeinderaums die Aufmerksamkeit auf sich.

Der Ambo steht am Anfang des Chorraums und überragt den Altar. Er kann mit einer beweglichen Buchauflage nach zwei Richtungen benützt werden. Bei der Sonntagsmesse dient er den Lesungen und der Homilie in Richtung des Langhauses, wo der größte Teil der Gemeinde versammelt ist. Bei kleinen Gottesdiensten an Werktagen versammelt sich die Gemeinde im

Chor. Dann wird vom Ambo aus in Richtung des Choraltars gelesen und gesprochen. Der Ambo ist hier nicht der vielbeschworene und optisch nie überzeugende „Tisch des Wortes", sondern ein Pfeiler der Verkündigung. Seine Position, seine Form, Farbe und Qualität bezeugen das nachkonziliare Verständnis von Gottesdienst mit den beiden Polen Verkündigung und Eucharistie.

Die künstlerische Formgebung von Altar, Ambo und Sedilien biedert sich der historischen Ausstattung nicht an, sondern tritt als neue Interpretation des Kirchenraums dieser auf gleichem Niveau gegenüber. Sie läßt dem alten Raum und der neuen Liturgie ihr Recht.

9 Ein Marienbild für heute

Heute ein Bild der Muttergottes zu schaffen, erscheint den meisten Pfarrgemeinden zu schwer. Deshalb kaufen sie Antiquitäten oder Kopien von
spätgotischen Madonnen. Viele moderne Kirchen wurden mit diesen auf alt
gemachten Figuren „defiguriert" und zugleich die Marienverehrung historisiert – als ob sie in der Gegenwart nicht mehr möglich sei.

Um das Jahr 1100, als sich in Europa die mittelalterliche Ständegesell-
schaft bildete und der Minnedienst blühte, entdeckten die Gläubigen Maria
als „Schönste aller Frauen" und als „Königin des Himmels". Im 15. Jahrhundert sahen sie in ihr die starke Schutzfrau, im 19. die Immaculata, die „Un-
befleckte", und die Maienkönigin. Im 20. Jahrhundert kehrte die Kirche zum
Evangelium zurück und entdeckte in Maria die erste der Gläubigen, unsere
ältere Schwester im Glauben, die Mutter unseres Erlösers. Es war eine Bewegung, die sich „divino afflante spiritu" ereignete: durch das „Wehen des
Heiligen Geistes", wie die Enzyklika von Papst PiusXII. überschrieben war,
welche die historisch-kritische Bibelauslegung bestätigte.

Dies aber hat Konsequenzen für das Marienbild: Die Kronen, die Mai-
glöckchen, der Schutzmantel, das Szepter gehören zu einer historischen
Mariologie, einem geschichtlichen Menschen- und Frauenbild, zu einer
poetischen und dogmatischen Rede von Maria, die das Evangelium weit
hinter sich gelassen hat. Aus dem Geist der biblisch erneuerten Theologie,
aus dem Frauenbild der Gegenwart braucht die Kirche heute neue Bilder der
Muttergottes, überzeugend für unsere Zeit und so innovativ, wie es im
11. Jahrhundert die Himmelskönigin und im 15. Jahrhundert die Schutz-
mantelmadonna waren. Darum hatte das Diözesanmuseum Freising 2003
in einer Ausstellung zum Thema „Madonna, das Bild der Muttergottes" die
historischen Marienbilder vorgestellt, in einem großen Katalog erarbeitet
und darüber hinaus mit der Unterstützung des Vereins Ausstellungshaus
einen Kunstwettbewerb ausgeschrieben: „Madonna, ein Marienbild für
heute".

366 Künstlerinnen und Künstler beteiligten sich, 31 Entwurfsaufträge
wurden erteilt. In der Wettbewerbssektion „Marienbild für die Pfarrkirche
Maximilian Kolbe in München-Perlach" empfahl die Jury den Entwurf von
Andrea Viehbach zur Ausführung. Ihre Arbeit wurde im Oktober 2004 in der
Kirche aufgestellt. Unser Foto zeigt die Künstlerin bei der Arbeit. Sie schleift
gerade die Innenseite der großen weißen Hohlform, in welche ein Diapro-
jektor ein lebensgroßes Frauenbild projiziert. Es ist keine individuell wieder-
erkennbare Frau mit ihrem Kind, sondern eine Montage aus zehn Porträts
von Müttern aus der Pfarrgemeinde. Durch die Überlagerung der Bilder entsteht ein Typus. Die Frauen wurden aufrechtstehend aufgenommen, das
Kind auf ihrer linken Hüfte reitend, vom linken Arm gehalten. So wurde
die Muttergottes seit dem Mittelalter immer wieder dargestellt. Heute
noch nehmen alle rechtshändigen Mütter dieser Erde ihre kleinen Kinder

mehrmals am Tag so zu sich. Für den Transport des Kindes gibt es dann vom Kinderwagen bis zum Rucksack viele kulturell verschiedene Möglichkeiten.

Andrea Viehbach ist gelernte Bildhauerin. Madonnen zu schnitzen hat sie auf der Holzbildhauerschule gelernt. Jetzt arbeitet sie überwiegend mit Fotografie und Video. Unter den Entwürfen war der ihrige nicht der radikalst moderne. Dies läßt sich von einer fotografischen Großaufnahme einer Frau mit Kinderwagen sagen, die Leo Zogmayer gestaltet hat. Das Kunstwerk von Andrea Viehbach verbindet demgegenüber ein schwesterlich-mütterliches Frauenbild von heute mit geheimnisvoller Monumentalität und lädt so zur Andacht ein.

10 Kreuz für ein Krankenzimmer

„Christus Jesus war Gott gleich, hielt aber nicht an seiner Gottesgestalt fest, sondern entäußerte sich. Er nahm Knechtsgestalt an, den Menschen gleich. Er erniedrigte sich selbst und wurde gehorsam bis in den Tod, den ehrlosen, grausamen Tod am Kreuz. „Darum erhöhte ihn Gott so hoch und verlieh ihm einen Namen, überragend jeden Namen, auf daß beim Namen Jesu sich beuge jedes Knie, derer im Himmel, derer auf der Erde und derer unter der Erde, und jede Zunge bekenne: Herr ist Jesus Christus, zur Verherrlichung Gottes des Vaters" (Phil 2,6–10). Die ersten Kreuzzeichen, die Christen ungefähr 350 Jahre nach dem Golgatha-Ereignis, 330 Jahre nach der Predigt des Apostels Paulus zu errichten wagten, waren aus Gold und Edelsteinen, Zeichen der Verherrlichung. Die Erniedrigung des Gottgleichen wurde erst im Mittelalter und nur in Westeuropa zum Bild.

Heute meinen viele zu wissen, wie ein Kreuz auszusehen habe. Darum werden so viele geist- und qualitätslose Kreuze angeboten und in Pfarrbüros, Schulen, Krankenhäusern und Gerichtssälen aufgehängt, als ob die Gestalt des Kreuzes unwichtig, weil selbstverständlich wäre. Gegen diese Tendenz stemmte sich das Diözesanmuseum Freising 2005 mit einem Wettbewerb: Ein Kreuz für das 21. Jahrhundert.

Für die Sektion „Ein Kreuz für ein Patientenzimmer" umschrieb der Seelsorger für die Pflegeberufe, Siegfried Kneißl, die Wettbewerbsaufgabe mit den Worten: „Wenn ein Seelsorger Kranke besucht, trifft er sie häufig so an, daß sie auf die Decke schauen, auf die gegenüberliegende Wand, aus dem Fenster oder irgendwohin. Sie schauen in die Ferne und suchen das Eigene, möchten oft noch einmal etwas leben, das sie verloren haben oder was ihnen jetzt droht verlorenzugehen ... Sie suchen nach Bildern, in denen sie sich finden können ... Ein Kreuz in einem Krankenzimmer muß nicht unbedingt ein Bekenntnis zum christlichen Glauben zum Ziel haben ... Es ist ein Bekenntnis zur Zerbrechlichkeit des Lebens ... Es ist Lebens- und Bewältigungshilfe. Es ist zurückhaltend, diskret, transparent und zart, und es ist kräftig, kantig hart."

Die Jury zeichnete den Entwurf von Malte Lück (geboren 1973, lebt in Köln) aus. Der Künstler erläuterte seinen Entwurf folgendermaßen:

„Das Kreuz für das 21. Jahrhundert wird durch die Person Christi dargestellt. Der Mensch wird in den Vordergrund gerückt. Ein durchlaufendes weißes Band formt seine Umrisse ... Das bei den Füßen beginnende und dort endende Band ... zeigt und verdeutlicht die Ganzheit der Person ... Christus in seiner Einfachheit. Die Figur ist weiß. Eine ‚Farbe', die alle Facetten des Lichtes beinhaltet und die für Unschuld und Reinheit steht. Die Form hebt sich plastisch durch ihren Schattenwurf von der Wand ab. Das geschwungene und gefaltete Band ist aus strenggepreßtem Aluminium. Ein Material, das weich und leicht formbar ist. Die Nägel bestehen aus Stahl. Sie heben sich durch ihre harte Materialität deutlich ab."

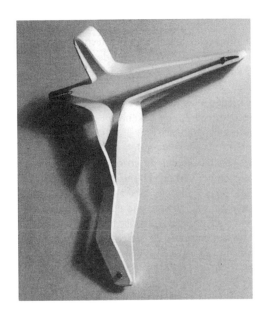

Die Jury und die Besucher der Ausstellung waren beeindruckt, wie mit ganz einfachen Mitteln hier ein Zeichen der Zuwendung geschaffen wurde. Die Form löst sich von der Wand. Sie scheint zum Betrachter zu streben, sich ihm zuzubeugen. Die Kranken, die unter diesem kleinen, abwaschbaren, hygienisch unbedenklichen Zeichen liegen, spüren, daß sie nicht allein sind, daß sich ihnen einer von weit her zuwendet mit Kraft, in Zartheit und Reinheit.

11 Zeichen oder Bild

In der Osternacht wird an einem Feuer vor der dunklen Kirche eine Kerze entzündet. Unser Bild zeigt die brennende Osterkerze im Funkenflug. Der Diakon trägt sie in den Kirchenraum. Der Altardienst verbreitet die Flamme. Zuerst wenige, dann immer mehr Kerzen erfüllen den Raum von unten her mit warmem, lebendigem Licht, in dem die Gesichter aller Anwesenden aufleuchten. Dann singt der Diakon das Exsultet, den Lobpreis der Kerze, des Lichts und der Nacht, in der Christus die Ketten des Todes zerbrach. Die katholische Kirche kennt kaum ein liturgisches Zeichen, das eindrucksvoller, bewegender wäre als der Lichtritus am Beginn der Osternachtsfeier. Die Mitte dieser Feier ist die Osterkerze, die von da an vierzig Tage neben dem Altar steht.

Diese Kerze ist das vom Meßbuch vorgeschriebene Zeichen des Glaubens der gläubigen Gemeinschaft an die Auferstehung Christi. Aber immer mehr Pfarrgemeinden haben kein Vertrauen mehr zu diesem Zeichen. Sie meinen, es brauche Verstärkung, indem sie ein Bild danebenstellen, eine Holzfigur des Auferstandenen oder eine Reproduktion eines Gemäldes. Mit dem Bild entwerten sie das Zeichen, vernichten sie die Zeichenhaftigkeit der Osterkerze.

Bilder und Zeichen gehören verschiedenen Welten an, auch wenn es Zeichen gibt, die Bilder enthalten, etwa das Verkehrszeichen „Überholverbot für Lkw". Es zeigt im roten Kreis auf weißem Grund zwei Fahrzeuge von hinten gesehen nebeneinander. Hier steht das Bild im Dienst des Zeichens, erläutert visuell seine Bedeutung. Komplexer ist das Verhältnis von Zeichen und Bild bei der Illustration von Texten. In einer der ältesten christlichen Handschriften, der „Wiener Genesis" (6. Jh.), sieht man unter dem Text von der Sintflut (Gen 7) ein blaues Wasser voller ertrinkender Tiere und Menschen rund um die Arche Noah. Die Abbildung unter dem Text macht diesen anschaulich, erweckt Mitleid, bewegt die Gefühle des Lesers. Aber wenn dieser nicht mehr (oder noch nicht) liest, sondern nur von Bild zu Bild im Buch blättert, verlieren die Zeichen der Buchstaben ihre Bedeutung, geht das Verständnis des Textes verloren. So konnte die irrige Meinung entstehen, Bibelillustrationen seien für Analphabeten bestimmt. Die Osterbilder neben der Osterkerze machen uns zu liturgischen Analphabeten, unfähig und unwillig, die Sprache der Liturgie zu verstehen.

Osterbilder behaupten zu zeigen, wie die Auferstehung abgelaufen ist, wie Christus aus dem Grab gestiegen, gesprungen oder geflogen ist, wie er angezogen war, welche Fahne er in der Hand hatte. Nichts davon steht in den Evangelien. Dort wird nur vom Engel erzählt, der auf das leere Grab weist und die Auferstehung verkündet. Die Auferstehung selbst aber bleibt für das Evangelium ein Geheimnis: das Oster-Mysterium. Seit dem Mittelalter wollen die Christen in Westeuropa dieses Geheimnis nicht mehr aushalten und erfinden Bilder und Geschichten, wie es gewesen sein könnte, und diese Erfindungen werden dann als Realität verstanden: So war es! Doch Bilder täuschen.

Die Osterkerze täuscht nichts vor. Sie deutet das Oster-Mysterium als Licht in der Dunkelheit – nicht mehr und nicht weniger. Und dabei sollten wir es belassen.

Dazu gehört, daß die Kerze und der Umgang mit ihr glaubwürdig sind. Nach der liturgischen Vorschrift ritzt der Priester die Kerze mit einem Griffel, einem uralten Schreibgerät, bezeichnet sie mit einem Kreuz und schreibt die Buchstaben Alpha und Omega als Zeichen für Beginn und Ende in Gott und die Jahreszahl, das ebenlaufende Jahr, zwischen der Entstehung und dem Ende der Welt, zwischen Schöpfung und Jüngstem Tag. Kaum ein Priester tut dies mehr, denn Osterkerzen werden fertig angeboten, verkauft und benutzt. Mit farbigem Wachs haben die Kerzenverkäufer schon alles vorgeschrieben, vorgegeben, damit es einfacher wird und plakativ deutlich. Aber Liturgie ist Gottesdienst, ist nicht dazu da, daß wir es uns einfach machen, sondern daß wir unsere Liebe zu Gott mit aller Kraft immer neu ausdrücken.

12 „Ihn hat Gott auferweckt"

Im griechischen Urtext der Evangelien verkündet der Engel den Frauen, die Jesus am Ostermorgen in seinem Grab suchen: „Egerthe." Eine Verbform von *egeirein*, aufwecken, die man übersetzen kann entweder als „er wurde auferweckt" oder als „er hat sich auferweckt, aufgerichtet". Im Lateinischen und Deutschen dagegen muß zwischen „auferweckt" und „auferstanden" unterschieden werden. In der Pfingstpredigt des Petrus (Apg 2,24) aber steht eindeutig „Ihn hat Gott auferweckt" (ähnlich Röm 6,4; 1 Kor 6,14 u. a.).

In der bildenden Kunst hat man bis 1200 die Osterbotschaft durch die Frauen und den Engel am leeren Grab angedeutet. Danach aber hat man in Westeuropa gewagt, die Auferstehung selbst darzustellen mit einer kräftigen Christus-Gestalt, die aus dem offenen oder geschlossenen Grab steigt oder springt. Nur wenige Künstler wie Rembrandt beispielsweise haben versucht, die Auferweckung durch das langsame Aufrichten eines Leichnams darzustellen.

Der amerikanische Bühnenbildner *Robert Wilson* (geboren 1941), der in New York lebt und in Theatern und Ausstellungshäusern auf der ganzen Welt arbeitet, hat im Jahr 2000 für die Marktgemeinde Oberammergau zum Passionsspiel eine Installation aufgebaut mit dem Titel „14 STATIONS". Auf einer Wiese hinter dem Passionsspielhaus war ein Bezirk mit einem blau gestrichenen Lattenzaun eingegrenzt, mit zwölf grauen Häuschen zwischen einem quergelagerten Eingangspavillon und einem aus Ästen und Bäumen geflochtenen Monument (Bild). Die zwölf Holzhäuschen waren ganz geschlossen, bis auf ein kleines Fenster in der Giebelseite. Durch die Fenster sah der Besucher Bühnenbilder, die sich auf die Passion Jesu in der Weise eines Kreuzwegs bezogen.

Die zweite Station „Jesus nimmt das Kreuz auf seine Schulter" zum Beispiel zeigte am Boden eine rote Wachshand, über der ein riesiger Felsblock an einem Seil hing. In der neunten Station kroch die lebensgroße nackte Figur eines Mannes auf allen Vieren zwischen Rutenbündeln am Boden. Eine Inszenierung, die auf barocke Bilder zu den geheimen Leiden Jesu zurückgeführt werden kann und zugleich auf beklemmende Weise die Aufnahmen aus dem irakischen US-Gefängnis Abu Ghraib vorwegnahm. Für die zwölfte Station „Jesus stirbt am Kreuz" war die Hütte mit einem Alpenpanorama voller Schneegipfel ausgemalt. Auf den Betrachter zu kamen fünf Wölfe, die Zähne fletschend, in leuchtendem Rot. Der Künstler lud zu Assoziationen ein, die das Leiden und Sterben Jesu über alle Tradition hinaus in die Gegenwart holten und tiefe Gefühle aufrührten.

Den Kreuzweg selbst stellten in gerader Linie verlegte Bahnschwellen zwischen den grauen Häuschen dar. Sein Ziel bildete ein halbes Baumhaus, geflochten aus den Stämmen und Ästen junger Fichten in der Form eines steilen Kegels. Darin hing über einem blau gestrichenen Bett überlebensgroß kopfunter die weiße Holzfigur eines Mannes.

Robert Wilson behauptet nicht zu wissen, wie die Auferstehung vorge-
gangen ist oder wie wir sie uns vorstellen könnten. Er bildete sie nicht ab.
Die kopfunterhängende Skulptur war ein Menschenbild, kein eindeutiges
Christusbild. Sie erinnerte daran, daß der Glaube an Auferweckung von den
Toten alles, was wir über das Leben wissen, auf den Kopf stellt. Alle biolo-
gisch-empirischen Tatsachen werden durch den Glauben, daß uns Gott aus
den Fesseln des Todes herausreißen kann, so wie er Christus „aus den
Wehen des Todes gelöst" hat (Apg 2,24), grundstürzend umgeworfen. Das
Ostermysterium bleibt bei Robert Wilson ein Geheimnis – jetzt und am Ziel
unseres Lebensweges.

13 Der Ort der Verkündigung

Die Pfarrkirche und Birgittinerinnen-Klosterkirche *Altomünster* in Oberbayern hat neun Altäre, auf denen früher die Birgittinermönche gestiftete Messen lasen. Diese Altäre sind in einem relativ schmalen langen Raum untergebracht, der in drei Abschnitte für die Pfarrgemeinde, die Mönche und die Nonnen gegliedert ist. Der Bau ist das letzte Hauptwerk des Münchner Rokoko-Baumeisters *Johann Michael Fischer* (1692–1766). Stuck (Jakob Rauch), Altäre (Johann Baptist Straub) und Deckenmalerei (Anton Mages) verbinden sich zu einem großen in die Tiefe gestaffelten Raumbild. In einer langwierigen Restaurierung – von 1995 bis 2003 – wurde das ursprüngliche Farbprogramm wiederhergestellt. Überraschend war dabei vor allem das Himmelblau, in dem das Laiengestühl ursprünglich gefaßt war; als ob der Himmel hier auf die Erde gefallen sei.

Wie kann man in einem solchen architektonisch, künstlerisch und ikonographisch hoch differenzierten und dabei engen Raum heute glaubwürdig Liturgie feiern? Kann man hier überhaupt neue liturgische Orte für die Gemeindemesse schaffen, ohne den Raum zu beschädigen?

Die besondere Situation führte nach langen Gesprächen dazu, in dieser Pfarrkirche auf einen Altar *versus populum,* also zum Volk hin, zu verzichten. Der Gottesdienst wird auf dem alten unteren Meßaltar gefeiert, an dem der Priester mit dem (oder mit dem Rücken zum) Volk nach Osten das eucharistische Hochgebet spricht. Aber trotzdem wird in Altomünster Liturgie von heute gefeiert. Ihr Zentrum ist der Ambo, der in der Mittelachse der Kirche vor dem Altar (Bild) steht.

Der Bildhauer *Klaus Simon* hat ihn aus dem Holz einer 200jährigen Eiche gesägt. Der Baum, der im Stetternicher Forst am Niederrhein gewachsen ist, mußte dem Kernforschungszentrum Jülich weichen. Er enthält einen Granatsplitter aus den letzten Tagen des Zweiten Weltkriegs, ein Zeugnis der Geschichte, das erst bei der bildhauerischen Bearbeitung sichtbar wurde. Der Baum steht kopfunter: der Stamm bildet die Standfläche, die Stammwurzel zwei gegeneinandergeneigte Ablageflächen für die Lesungen zum Volk und für das Auflegen des Evangeliars. Zwischen den beiden Schrägen ist ein Kreuz tief eingesägt. Aus dem gleichen Holz hat der Künstler auch Sitze für den Altardienst und den Vorsteher gesägt. Die Sitze und der Ambo in hellem Eichenholz bilden ein Ensemble, das sich von der spätbarocken Ausstattung absetzt, das sich dem Raum aber gut einfügt. Der Ambo ist mehr als ein Lesepult mit Buchauflage; er hat monumentalen Charakter. Er ist ein (benützbares) Denkmal für die Bedeutung der Wortverkündigung. Seine vielen organisch gewachsenen Jahresringe machen Wachstum und Geschichte erlebbar. Sein Stamm ist so alt wie die Kirche, mehr als 200 Jahre. Das Evangelium, das er tragen darf, ist fast 2000 Jahre alt. Und an der Gemeinde von Altomünster liegt es, daß es weiter wächst und die Welt erleuchtet.

Weil der alte Altar weiter benützt wird, konnte der Ambo diese Gestalt und Bedeutung erhalten, während er sonst meist als „zweite Mitte" in optisch aussichtsloser Konkurrenz zum Altar steht.

14 Der Tisch in der Mitte der Welt

„Jesus von Nazareth hat den Tisch in die Mitte der Welt gestellt als Zeichen eines neuen Bundes, eines neuen Äons ..., den herrschaftsfreien Tisch als Zeichen der neuen Bruderschaft des Christus der Welt." So verkündete es der Theologe und Philosoph *Aloys Goergen* (1904–2005) immer wieder. Jahrzehntelang mit ihm befreundet war der Bildhauer *Fritz Koenig*, der mehr als zwanzig Jahre lang Lehrer für plastisches Gestalten in der Architekturfakultät der Münchner Technischen Universität war. Weltberühmt wurde er durch die große Bronzekugel, die den Einsturz des World Trade Centers am 11. September 2002 in New York überdauert hat. Er ist ein Mann des Volumens, dort wo Volumina hingehören.

Der Altartisch der Heilig-Geist-Kirche in Landshut scheint sehr wenig Volumen zu haben, wirkt auf einem Foto vielleicht sogar mager. Aber er hat genau das Volumen und das Gewicht, das dieser licht- und geistvolle Raum verträgt und das der Feier des Allerheiligsten angemessen ist. Der Architekt der spätgotischen Kirche hatte für das Allerheiligste den Mittelpfeiler der Kirche durchbohrt, damit die Monstranz mit der konsekrierten Hostie im Gegenlicht sichtbar wurde. Seit der Liturgiereform von 1963 sehen wir nicht mehr im Anblick des Allerheiligsten, sondern in der Feier der Eucharistie den Höhepunkt unseres Gottesdienstes. Die Aussparung im Mittelpfeiler wurde bereits im Barock vermauert. Heute dient der Tisch für die Eucharistiefeier nicht nur als Werkzeug, sondern bezeugt sie auch durch sein Dasein außerhalb jeder Feier.

Die Heilig-Geist-Kirche wurde 1407 – 1432 von *Hans von Burghausen* erbaut, vollendet 1461 von *Hans Stethaimer.* Sie schließt den großen Straßenraum der Altstadt von Landshut monumental ab und gehört zu den qualitätvollsten Bauten der Spätgotik in Süddeutschland. Wie jeder Kirchenbau vermittelt ihre Architektur ein Gottesbild. Hier ist es das Wortbild des Johannesevangeliums: Gott ist Licht. Christus ist das wahre Licht, das jeden Menschen erleuchtet.

Die Hallenkirche ist errichtet als dreischiffiges Glashaus mit schlanken runden Pfeilern, die sich, weiß gekalkt, leicht und luftig in die Höhe recken. Das Licht aus den riesigen Fenstern mit klarem Glas umspielt ihre Rundungen. Licht und Schatten zehren die Pfeiler auf, über denen sich das Netzgewölbe wie ein Himmel spannt. Ein Bau von lichtvoller Spiritualität für „das selige Licht, das die Herzen der Gläubigen im Innersten erfüllt" (aus der vierten Strophe des Hymnus „Veni sancte spiritus").

Ein Tisch für diesen Raum darf keinen schweren Schatten werfen, darf kein anderes als das Raumvolumen sprechen lassen. Eine Jurakalk-Platte – das gleiche Material wie das Bodenpflaster – ruht oder schwebt auf vier schlanken Bronzekreuzen. Der Ambo aus Bronze ist in den Boden gesteckt, ebenso zwei Altarleuchter. Auf dem Altar steht ein Bronzekreuz, das zwischen Zeichen und Bild die Mitte hält, ein organisch belebtes Zeichen oder

ein auf das Zeichenhafte reduziertes Bild. Nur ein Bildhauer, der ein Leben lang am Thema Kreuz und Kruzifix und an der Stereometrie des Organischen arbeitet, konnte diese Form erreichen.

Die Kirche des Heilig-Geist-Spitals ging 1990 in städtisches Eigentum über und wird seit 1998 in Absprache mit dem Kirchenrektor, dem Stadtpfarrer von St. Martin, für Kunstausstellungen des Städtischen Museums genützt. Am Sonntagvormittag wird in diesem zweifach genutzten Raum Eucharistie gefeiert. Der spätgotische Raum und der moderne Altartisch bezeugen, daß nur das künstlerisch Höchste, das aufs Äußerste verfeinerte, dem Dienst des Höchsten angemessen ist.

15 Die leere Wand

In dieser Reihe wurde vor einiger Zeit ein leerer Rahmen abgebildet mit dem Titel „Horror vacui" (Angst vor der Leere; Beitrag 4). Viele Leserinnen und Leser äußerten sich zustimmend oder ablehnend. Es ging in diesem Beitrag nicht um die Ablehnung von bildender Kunst oder von Blumenschmuck, sondern es ging um Ehrfurcht und Reinheit, um den Raum für das Erscheinen Gottes unter uns.

Unser Bild zeigt eines der Gründungswerke des modernen Kirchenbaus, die Fronleichnamskirche in Aachen, erbaut 1928/30 von Rudolf Schwarz (1897–1961) mit Hans Schwippert und Johannes Krahn. Der Raum ist leer, eine Kastenform mit vier Wänden und einer Decke. Je sechs quadratische Fenster in den Längswänden ganz oben unter der Decke erfüllen den Sakralbau mit Licht in der Höhe. Sechs gleichartige Fenster von der linken (der Evangelien-)Seite her bringen Helligkeit in den um sieben Stufen erhöhten Altarbezirk am Ende des Raumkastens. Dort steht, noch einmal um drei Stufen erhöht, der kastenförmige Altar.

Kasten, Kubus, Quadrat – Grundformen der Moderne, wie sie seit 1918 das Bauhaus verwirklichte – konstituieren hier zum erstenmal konsequent einen Sakralraum, den doch die meisten, Gläubige wie Nicht-Glaubende, sich als Zusammenspiel historischer Formen aus Bogen, Kuppeln, Spitzbogen, Pfeilern und Säulen vorstellten und viele noch vorstellen. Der Theologe Romano Guardini, mit dem Rudolf Schwarz damals intensiv zusammenarbeitete, sprach von der Stille dieses Kirchenraums. Der Architekt selbst von seiner „Leere", die ihm aus der Mystik vertraut war. Nur wer sich selbst ganz leer macht, kann vom Geist Gottes erfüllt werden, schrieb Johannes Tauler in der Nachfolge seines Lehrers Meister Eckehardt im 14. Jahrhundert.

Der Raum ist nach dem Urteil des auch schriftstellerisch sehr begabten Rudolf Schwarz kein Raum der Heilsgeschichte oder der Kirchengeschichte, sondern der reinen Gegenwart. Die zehn Stufen zum Altar und die hohe, im Streiflicht leuchtende Wand dahinter wirken als eine Schwelle zum Jenseits, zum Unsagbaren; zu dem, der uns im ersten Gebot aufgetragen hat, sich von Ihm kein Bild zu machen.

Die bilderlose Wand ist nicht nur eine architektonische Neuerung, entwickelt aus dem Industriebau, sondern eine theologische. Von Gott wird hier nicht in Bildern, Gleichnissen und Würdeformeln gesprochen, sondern im lichtvollen Schweigen: unsichtbare Anwesenheit. Wenn die auf die leere Wand gerichteten Kirchenbänke sich zum Gottesdienst füllen, entsteht eine ungeheure Spannung. Die vielen Menschen, die alle in dieselbe Richtung schauen, erwarten Ungeheures: Gott wird gegenwärtig im „Fronleichnam", im Leib Christi, verborgen in der unscheinbaren Gestalt der Hostie, die vor dieser Wand in die Höhe gehalten wird und uns, die wir im Dunklen sitzen, Licht aus der Höhe verheißt.

Der Architekt baute hier mehr als einen Raum für Liturgie. Er inszenierte das Sakrament des Altars, vor unseren Augen an der Schwelle zum Jenseits.

Rudolf Schwarz hat diese Raum- und Lichtidee nicht wiederholt. Im Gespräch mit Guardini und in der Arbeit für die katholische Jugendbewegung verstand er später Liturgie zunehmend als Feier und Handeln der Gemeinde, nicht eines einzelnen Priesters vor der Gemeinde. Er erarbeitete systematisch Möglichkeiten der optischen, akustischen, tätigen Interaktion und wurde damit zu einem der wichtigsten Anreger des Kirchenbaus nach dem Zweiten Vatikanischen Konzil.

Sein erster Kirchenbau, die Sankt-Fronleichnamskirche in Aachen, blieb ein Solitär. Nie mehr haben Architekten oder Gemeinden gewagt, dem unsichtbaren Gott, dem Vater im Himmel, dem Sakrament seines Sohnes, der Fülle des Geistes einen so reinen Bau, so ohne Ornament und Bild zu errichten. (Der später aufgestellte Altar versus populum, zum Volk hin, der Ambo und am meisten die Grünpflanze verunklaren die Bauidee.)

16 Priestergewand: mitten im Kreuz

Der aufrecht stehende Mensch breitet seine Arme aus um zu handeln, wenn er mit seinen Händen umarmen, einladen will. Er erhebt seine ausgebreiteten Arme, wenn er das Göttliche umfassen will. Dieser Gestus ist uralt. In Psalm 63 heißt es: „So will ich dich rühmen mein Leben lang, in deinem Namen die Hände erheben" (Vers 4). Auf Bildern und in Texten läßt sich dies zurückverfolgen, mindestens bis ins dritte Jahrtausend vor Christus. Origenes (183–253) hat diesen alten Gebetsgestus umgedeutet: Wir erheben unsere Arme in der Nachfolge Jesu, wir breiten unsere Arme aus, wie Jesus am Kreuz. Was gilt nun? Die historisch-anthropologische Deutung: Arme ausbreiten als Urgestus der Menschheit; oder die theologisch-allegorische Deutung: Wir ahmen den Gekreuzigten nach?

In der Geschichte des liturgischen Gewands entschieden sich die Christen für die Deutung des Origenes. Alte Kaseln tragen Kreuze, Kreuzstäbe, oft kunstvoll gestickte Bilder der Kreuzigung oder Zeichen des Kreuzes. So wurde diese Nachahmung auch für Gläubige, die nur den Rücken des Priesters sehen und sein Flüstern nicht verstehen konnten, anschaulich. Sein Beten und Tun dient der memoria crucis, wie dies Augustinus ausgedrückt hat, der Erneuerung des Kreuzesopfers, wie es später im Katechismus stand.

Der Wiener Designkünstler Leo Zogmayer (geboren 1949) hat einfache Kaseln entworfen, die mit einem vertikalen, der Körperachse folgenden Streifen vorne und einem weiteren, horizontalen, der Linie ausgebreiteter Arme folgenden auf dem Rücken ausgezeichnet sind. Das Priestergewand zeichnet so die Achsialität und die Bewegung des menschlichen Körpers nach und erinnert an das Kreuz. Der Träger des Gewands steht mit dem Längsbalken auf der Brust und dem Querbalken auf dem Rücken mitten im Kreuz, das sich bei jeder Bewegung, jeder Eucharistiefeier erneuert.

Im Gegensatz zu vielen mit Flammen übersäten oder mit Goldfäden durchwirkten „Zaubermänteln", die wir heute in unseren Kirchen sehen, macht die Kreuzkasel von Leo Zogmayer nichts vor, sondern führt zurück zum Stehen und Handeln, zum Kern unserer Feier. Sie ist kein erhabenes Werk der Textilkunst, sondern schlichtes Design. Design aber ist Kunst, die nützlich ist – eine ältere Bezeichnung lautet „angewandte Kunst". Aber weil dies sehr oft als Gegensatz zur „reinen" oder „hohen" Kunst gebraucht wurde, ist das Wort in Verruf geraten, als ob es etwas Unreines, Niedriges bezeichnen würde.

Die Entwürfe Leo Zogmayers zu einem kirchlichen Design – bisher hat er sechs Kirchen gestaltet, von der Türklinke bis zum Kelch – durchbrechen Sehgewohnheiten. Sie geben der Eucharistiefeier neue glaubwürdige Gestalt aus dem Geist unserer Zeit und aus der Rückkehr zu den Ursprüngen des Gottesdienstes.

Bei der Abschluß-Eucharistiefeier auf dem Marienfeld, anläßlich des Weltjugendtags in Köln, haben die versammelten Bischöfe diese Kasel getragen. Dies ergab ein Bild von großer Kraft, von Einigkeit und Ursprünglichkeit.

17 Kirchenfürsten

Nicht zum „Schatz des Glaubens", wohl aber zur *Corporate identity* der katholischen Kirche, also ihrem gemeinsamen Erscheinungsbild, ihrer „Firmenpersönlichkeit", gehören in vielen Häusern und Publikationen die Porträts von bischöflichen Amtsinhabern. Dem kirchlichen Museumsmann, der mit vielen dieser Werke zu tun hat, fällt als erstes auf, was für prunkvolle Rahmen – neubarock, stark plastisch, vergoldet ... – diese Porträts haben. Unsere Aufnahme aus dem Depot des Diözesanmuseums in Freising zeigt Gemälde der Erzbischöfe von München und Freising zwischen 1897 und 1936.

Die Kunst der Porträtmalerei entfaltete sich in Europa seit dem 14. Jahrhundert. Bischöfe wurden in den frühen Bildnissen nicht von Gelehrten oder Kaufleuten unterschieden. Sie trugen die gleiche Tracht mit Barett und Schaube, das Gewand bürgerlicher Herren. Ihre individuellen Züge waren das Thema der Malerei. Ihre Bilder waren mit Holzleisten gerahmt. Der stark plastische Barockrahmen gehört zu den Herrscherporträts des Absolutismus. König Ludwig XIV. von Frankreich oder August der Starke von Sachsen und Polen und zahlreiche Nachahmer stellten in solchen Rahmen ihren fürstlichen Rang, ihre dynamische Männlichkeit und ihren Reichtum zur Schau.

Daß um 1900 auch biedere Bürgermeister in den Rahmen von Barockherrschern auftraten, entschuldigt unsere prunkvollen Bischofsporträts gerade noch bis 1918.

Hierarchie, die sich der Stilmittel des Absolutismus bedient, wird in demokratischen Zeiten unglaubwürdig. Hierarchie gehört zum Wesen der Kirche, ebenso wie die Amtsübergabe durch Wahl, seit der Wahl der ersten Diakone, Presbyter und Bischöfe. In den Zeiten absolutistischer Herrschaft waren es die katholischen Ordensgemeinschaften, die Domkapitel und das Kardinalskollegium, die daran festhielten, daß man Ämter auch anders als durch Erbfolge oder Kriege – nämlich friedlich und legal durch die Wahl eines Nachfolgers – weitergeben könne. Dem Begriff Absolutismus liegt das lateinische *legibus absolutus* zugrunde. Der Fürst verstand sich als von „jedem Gesetz entbunden". Kein kirchlicher Amtsträger, auch wenn er von hohem Adel war, konnte oder durfte diese Auffassung teilen. Trotzdem war die Selbstdarstellung Ludwigs XIV. oder August des Starken auch für einige Kirchenfürsten verführerisch, zum Beispiel für Clemens August, Kurfürst und Erzbischof von Köln (1723–1761), der seinem Bruder, dem Kurfürsten von Bayern (und kurzzeitigen Kaiser) Carl Albrecht in nichts nachstehen wollte.

Wenn heute in unseren Häusern fürstbischöfliche Porträts erhalten sind, sollten die ihrer Amtsnachfolger sich entschieden absetzen und keine Kontinuität andeuten, die im Widerspruch zum Verständnis des bischöflichen Amts und zur Botschaft Jesu steht. Künstlerisch klafft zwischen den

schwung- und prunkvollen Rahmen, der steifen Haltung und verhärmten Miene der meisten Bischofsporträts ohnehin ein Widerspruch.

Daß wir heute mit der Gattung gemalter Porträts überhaupt Schwierigkeiten haben, zeigen auch die gemalten Serien der Bundespräsidenten, Kanzler und Wirtschaftsbosse. Wir haben seit 1850 einfachere und glaubwürdigere Mittel der Bilderzeugung, der visuellen Erinnerung. Längst sollten wir die Fotografie als Kunst schätzen und ernstnehmen und nicht immer meinen, Porträtfotos in Öl oder gar Bronze und Gobelin „rückübersetzen" zu müssen, um den Glanz fürstlicher Repräsentation zu verbreiten.

18 Ästhetik des Papsttums

Papst Paul VI. hat die dreistufige Zeremonialkrone des Papsttums abgelegt und den Tragesessel abgeschafft. Johannes Paul II. hat das „Papamobil" eingeführt. Benedikt XVI. trägt ein anderes, breiteres Pallium als seine Vorgänger und hat im Winter das Camauro getragen, eine pelzbesetzte Mütze, womit sich die Päpste seit dem 12. Jahrhundert außerhalb der Liturgie kleideten. Mit diesen Zeichen und Attributen veränderte sich die Selbstdarstellung und damit die öffentliche Wahrnehmung der katholischen Kirche. Sie zu beobachten und als Ästhetik des Papsttums zu deuten und kritisch zu befragen, ist eine wichtige Aufgabe, hier am Beispiel von zwei päpstlichen Medaillen.

Die ovale Medaille *Pauls VI.* zeigt das Profil des Papstes nach links zwischen einer hohen Mitra mit wehenden Bändern und dem breiten Kragen eines Pluviales. Die textilen Formen sind als glatte Flächen mit linearem Umriß wiedergegeben, das Gesicht in einer kleinteiligen plastischen Modellierung. Die Haut kennzeichnet die Person, die Amtstracht das Amt. Das Individuelle ist ganz klein gegenüber der Hoheit des Amts. Diese Seite der Medaille kann gedeutet werden als das Porträt eines sensiblen Intellektuellen unter der Last eines schweren hohen Amtes. Die Rückseite zeigt die Herabkunft des Heiligen Geistes nach dem Bericht der Apostelgeschichte: ein Saal im Obergeschoß mit windbewegten Vorhängen, erregte Männer um einen Tisch, an dessen oberem Ende eine Frau sitzt, darüber eine Kassettendecke, von deren Geometrie sich ein luftiger Wirbel abhebt. Auf die Andeutung der Feuerzungen wurde verzichtet, ebenso auf die bei dieser Szene übliche, dem Text widersprechende Darstellung einer Taube. Die eine Seite der Medaille deutet die andere: Mit der Hilfe des Heiligen Geistes hofft der sensible Intellektuelle Paul VI., sein hohes Amt auszufüllen.

Ganz anders die Medaille *Johannes Pauls II.* Das seit der Antike für Münzen und Medaillen übliche Profil ist aufgegeben zugunsten einer Dreiviertelansicht. Ein Foto des lächelnden Papstes mit seinem kantigen, verschmitzten Gesicht ist mechanisch umgesetzt in ein Relief. So kann man auch Fußballer darstellen. Die Schrift „JOHANNES PAUL II. DEUTSCHLANDBESUCH 1980" ist aus dem Setzkasten genommen und im Kreis herumgesetzt, während die Umschrift bei Paul VI. sorgfältig gezeichnet, dem Bild angepaßt und überall dort, wo nicht die Amtstracht den Rand erreicht, diesen bildet.

Paul VI. war ein Papst, dem die ästhetische Kultur der Kirche am Herzen lag. Er hat das Aggiornamento, die Ver-heutigung, im Bereich der Ästhetik und der Kunst umgesetzt. Er ließ in den vatikanischen Museen eine Abteilung zeitgenössischer Kunst einrichten, weil ihm der Dialog mit der intellektuellen Elite, mit der Kultur der Gegenwart wichtig erschien. Wenn man Johannes Paul als den „Medienpapst" gekennzeichnet hat, konnte man Paul den „Kulturpapst" nennen. In programmatischen, vielbeachteten Reden forderte der Papst aus Polen den Dialog mit der Kultur der Gegenwart. Aber in ihrer Erscheinung und in ihrem Anspruch blieb sie ihm fremd. Auf seinen

Medaillen kehren die traditionellen Marienbilder wieder, während Paul VI. moderne Kunstwerke in Auftrag gab und in Medaillen prägen ließ. Die Rückseite der Medaille zeigt zwei deutsche heilige Bischöfe, die nach ihrer gleichartigen (barocken) Tracht scheinbar Zeitgenossen waren: Albertus und Bonifatius, der eine schreibend, der andere segnend. Der Stil der Rückseite hat mit dem der Vorderseite so wenig zu tun, wie die beiden Bischöfe miteinander. Es ist kein Kunstwerk beabsichtigt, keine Aussage zu Person oder Amt damit verbunden. Es ist ein geistloses Souvenir.

Ein Blick in die Kirchengeschichte lehrt, daß die ästhetische Kompetenz der Päpste keinen Rückschluß auf ihre geschichtliche oder religiöse Bedeutung erlaubt. Und trotzdem: Ohne die Aufträge, die theologisch, moralisch und politisch zweifelhafte Päpste an Künstler wie Bramante, Raffael, Michelangelo und Bernini gegeben haben, würde die katholische Kirche heute nicht dieses Echo in der Welt finden. Für die Zukunft der Kirche, für die Geschichte und die Welt ist das, was an sichtbaren Zeugnissen eines Papsttums entsteht und bleibt, eben doch kapital – eine Haupt-Sache.

19 Wie eine Taube

Alle vier Evangelien erzählen mit charakteristischen Unterschieden, daß „Geist" (Markus, Johannes), „Geist Gottes" (Matthäus) oder „der heilige Geist"(Lukas) „wie eine Taube" auf Jesus bei seiner Taufe durch Johannes „vom Himmel herabsteigend" sichtbar wurde. Die Einheitsübersetzung übersetzt Lukas 3,22 falsch mit „in Gestalt einer Taube". Die griechischen Urtexte vergleichen nur das Herabsteigen des Geistes mit dem Anflug einer Taube. Ausgehend von diesem poetischen Bild wurde die Taube zum visuellen Bild des Heiligen Geistes, so daß man in der westeuropäischen Kunst seit dem 12. Jahrhundert das christliche Gottesbild aus einem langbärtigen Alten, einem jungen Mann und einem Vogel zusammensetzen konnte. Unsere älteren Kirchen sind voll von diesen Bildern, die wir sorgsam weiter tradieren, aber deren Ungenügen von immer mehr Gläubigen empfunden wird.

Zur Zeit Jesu wurden Tauben als Opfergaben im Tempel dargebracht und waren als Boten der Liebesgöttin bekannt. Das griechische Wort peristera (=Taube) weist auf die orientalische Liebesgöttin Ischtar, zu deren Gefolge wie bei Venus und Aphrodite Tauben gehörten. Da Tauben mit einem einzigen Geschlechtspartner leben, sind sie auch Symbole der Treue.

Im Herabsteigen „wie eine Taube" unterscheidet sich der Geist Gottes von den Raubvögeln wie Adler, Falke und Rabe, die den Göttern der Ägypter, Griechen und Germanen heilig waren. In der christlichen Kunst erscheinen Tauben zuerst als Bilder für die Seele. Erst seit dem Mittelalter werden sie auf die Bedeutung für den Heiligen Geist eingeengt. Trotzdem sind sie kein Bild des Heiligen Geistes, sondern ein biblisch begründetes Zeichen für die Sanftmut, Liebe und Treue Gottes. Wir sollten dies bei Kirchenführungen oder Bildbetrachtungen deutlich unterscheiden und nie falsch verkürzen: Der Heilige Geist ist keine Taube, kann mit dem Bild einer Taube nicht dargestellt, sondern nur angedeutet, erinnert werden.

Der Maler Johannes Molzahn (1892–1965) hat in den Jahren zwischen 1950 und 1958 in der Einsamkeit seines New Yorker Ateliers an Gottesbildern gearbeitet, denen er unter anderem Titel wie „Paraclete", „Alpha et Omega", „Christ in majesty" gab. Wir zeigen einen Entwurf zum Bild der Taube von 1950, der dann in verschiedenen Abwandlungen in die Gemälde aufgenommen wurde. Johannes Molzahn war gelernter Fotograf und Lehrer für Drucktechnik, schließlich Professor für Malerei an der Akademie in Breslau, bis er als „entarteter" Künstler aus seinem Amt entlassen und in die Emigration getrieben wurde. Er hatte im Spätwerk die Angewohnheit, seine Gemälde durch genaue Konstruktionszeichnungen vorzubereiten. Auch das Bild der Taube ist konstruiert aus Kreisen und Geraden, die den Vogel zu einem Strahlenwesen machen und als solchen in die Bildfläche integrieren.

Die Verbindung von Geist und Strahl taucht im Pfingsthymnus „Veni sancte Spiritus" um 1200 auf: „Komm Heiliger Geist, und sende uns den

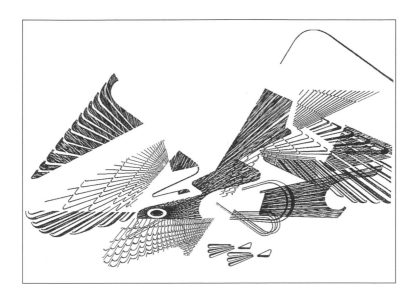

himmlischen Strahl deines Lichts." Strahlen waren um 1200, zur Zeit der Entfaltung der gotischen Glasmalerei, ebenso aktuell wie 1950 zur Zeit der Fotografie und der Entdeckung atomarer Strahlung. Mit der Konstruktion der Geisttaube als Strahlenbündel entfernte sich der Maler vom biblischen Ursprung des Taubenbildes und näherte sich der Liturgie, der Theologie der (Neu-)Scholastik und dem Zeitgeist der fünfziger Jahre.

Wie könnten wir heute Geist Gottes in visuellen Zeichen andeuten? Genügt uns der leere Raum, der Lichteinfall, das monochrome Bild?

20 Die Stimme aus den Himmeln

Das Dreifaltigkeitsfest gehört zu den jüngeren Festen im Kirchenjahr. Es wurde erst 1334, fast hundert Jahre nach „Fronleichnam", von Papst *Johannes XXII.* in den liturgischen Kalender aufgenommen. Auf Dreifaltigkeitsaltären, die seither aufgestellt wurden, finden sich zahlreiche Versuche, das Geheimnis des dreifaltigen-dreieinigen Gottes mit Bildern zu umschreiben:

Drei langbärtige Männer nebeneinander sitzend; ein alter und ein junger Mann nebeneinander sitzend, darüber ein Vogel; ein alter Mann, ein Kruzifix haltend, darüber oder darunter eine Taube; ein alter und ein junger Mann, eine junge Frau krönend, wiederum mit Taube.

Um die Taube als Darstellung des Heiligen Geistes ging es im letzten Beitrag. Heute wenden wir uns dem Bild des „Vaters im Himmel" als Teil unseres Gottesbildes zu: dazu ein Ausschnitt aus einem Altarbild aus Brixen, das 1483 von *Friedrich Pacher* für die Kapelle des Heilig-Geist-Spitals gemalt wurde. Es zeigt in einem gemalten Steinrahmen eine Dolomitenlandschaft mit der Taufe Jesu. Über dem knienden Täufer ist im Goldgrund mit blauem Lack auf Silber eine Wolke gemalt, in der eine goldene Kreisscheibe mit einem roten Blattkreuz liegt. Der Kreis mit eingeschriebenem Kreuz, der sogenannte Kreuznimbus, ist das Erkennungszeichen göttlicher Personen, die von Heiligen, wie beispielsweise Johannes dem Täufer, unterschieden werden. Der Nimbus kommt in dem Pacher-Tafelbild dreimal vor: um den Kopf Jesu, um den Kopf der über ihm mit ausgebreiteten Flügeln schwebenden Taube sowie in der Wolke. Ein Schriftband trägt den (lateinischen)Text: „Dieser ist mein geliebter Sohn, an dem ..." Ergänzend muß man sich denken „... ich Gefallen fand"; Mt 3,17.

Die „Wolke" nennt Jesus ihren Sohn. Für den Maler und seine Auftraggeber ist die Wolke das (einzig zulässige) Bild des Vaters im Himmel. Ende des 15. Jahrhunderts war es schon lange üblich, einen kleinen langbärtigen Sprecher auf einer Wolke bei dieser Szene zu malen. Aber im Umkreis des Bischofs von Brixen, des Kardinals *Nikolaus von Kues,* entstanden mehrere Bilder, die sich gegen diese Gewohnheit stellten und das Bild des Vaters im Himmel verweigerten. Der Kirchenlehrer hatte durch seine Auseinandersetzung mit der Theologie der Orthodoxen, der Juden und der Muslime erfahren, daß der westeuropäischen Gewohnheit, Gott Vater als alten Mann zu malen, widersprochen werden müsse. Nicht nur weil sie dem Wortlaut des Alten und Neuen Testaments widerspricht: „Du sollst dir kein Bild machen" (Ex 20,4); „Wer mich sah, hat den Vater gesehen"(Joh 14,10) und „Ich und der Vater sind eins"(Joh 10,30). Diese Worte Jesu sind für die Ostkirche bis heute der Grund, sich kein vom Sohn unterschiedenes Bild des Vaters zu machen.

Dazu kommt heute von der feministischen Theologie der berechtigte Einwand: Wenn Gott mütterliche Züge hat – wie beim Propheten Jesaja –,

wenn Mann und Frau Gottes Ebenbild sind (Gen 1,27), wie konnten wir Ihn dann als Mann mit Bart malen?

Wenn wir aber wie Nikolaus von Kues und Friedrich Pacher das Bildverbot für Gott, den Vater, ernst nehmen, wie läßt sich dann der dreifaltig-dreieine Gott visuell fassen?

Das gleichseitige Dreieck ist zu wenig. Sollten wir zur Gewohnheit des ersten Jahrtausends und der Ostkirche bis heute zurückkehren, in Jesus das Bild Gottes zu sehen und die Dreifaltigkeit nur im Bild der drei Männer bei Abraham anzudeuten? Oder müssen wir das Geheimnis einfach aushalten, ohne es in Bilder zu gießen?

21 Demonstration oder Segen?

Die Fronleichnamsprozessionen, die am zweiten Donnerstag oder – nachgeholt – am zweiten Sonntag nach Pfingsten in vielen Städten und Dörfern stattfinden, sind ein Schauspiel für Fotografen bis hin zu den Kameras der „Tagesschau". Unser Bild zeigt eine Aufnahme von 2005 aus Köln. Aber was sind sie mehr?

Wenn kirchliche Organisationen mit ihren Fahnen, Kroaten, Donauschwaben oder Studentenverbindungen in ihren Trachten, Universitätsprofessoren im Talar, Bürgermeister mit der Amtskette oder auch Ministerpräsidenten im Sonntagsstaat an der Prozession teilnehmen, bleiben diese in jedem Fall Demonstrationen des Katholischen. Als solche spielten sie als Ausdruck religiöser „Widerständigkeit" in der Hitler-Zeit eine große Rolle; dann aber auch in der Erneuerung nach dem Krieg, in der Wiederaufbau-Zeit. Sie sind heute keinesfalls überflüssig. Der katholische Teil der Bevölkerung hat nicht nur aus Tradition, sondern auch aus Überlebenswillen Interesse, sich der Öffentlichkeit darzustellen. Daß dafür nicht nur die Form des Kongresses, des Weltjugendtags, des Katholikentags, sondern die uralte Form der Prozession benützt wird, zeichnet die katholische Kirche als eine besonders tief in der Geschichte verankerte Institution aus. Man müßte diese Prozession unter Denkmalschutz stellen, wenn es denn einen für Brauchtum gäbe.

Die Prozession gehört nicht ursprünglich zum Fest der Eucharistie, wie es seit 1264 gefeiert wird. Sie entwickelte sich aus Eröffnungsprozessionen der heiligen Messe sowie aus Flurumgängen und Bittprozessionen, mit denen der Segen Gottes für die Früchte des Feldes jedes Jahr in der Wachstumsperiode erfleht wurde. Die Verlesung der Anfänge der vier Evangelien an vier Altären in die vier Windrichtungen mit anschließendem sakramentalem Segen sollte Schaden abwehren, Wachstum und Gedeihen fördern.

Im Zeitalter von Kunstdünger und Gentechnik sowie in den Städten überzeugt diese Haltung nur noch wenige. Und was heißt „sakramentaler Segen"? Die Hostie wird mit der Monstranz in Kreuzform geschwenkt, und dazu wird verbal der dreifaltig-dreieine Gott angerufen. Wem aber hilft das? Oder neudeutsch: Wem bringt das was?

Segen ist seit der Aufklärung ein schwieriges Wort geworden. Das lateinische *Benedictio* (Gut-Sagung) erweckt den Eindruck, hier solle etwas gut oder schön geredet werden. Es ist eigentlich ein Gut-Wünschen, jemandem etwas Gutes wünschen. Jeder Gruß mit „Guten Tag", „Bon jour", „Buon giorno" ist ein solcher Segenswunsch. Ohne einen Gruß, ohne Anstand scheint ein friedliches Zusammenleben kaum möglich.

Während das lateinische (aber auch das französische, italienische, spanische, griechische) Wort für Segen vom guten Wunsch, der ausgesprochenen Absicht, ausgeht, kommt das deutsche Wort Segen von *signum*, ein

Zeichen machen, also vom Sichtbaren. Die Fronleichnamsprozession ist ein Segenszeichen. Ihre Teilnehmer sollen ein Segen sein. Als sichtbares Tun ist sie Ausdruck, daß Menschen Gott nicht nur mit frommen Gedanken, sondern mit ihrem ganzen Körper, mit ihrer ganzen Kraft lieben. Diesen gemeinsamen, geordneten, tätigen Ausdruck unserer Liebe zu Gott nennen wir Liturgie. Sie hat ihren Platz nicht nur im geschützten Raum der Kirche, sondern sollte sich einmal im Jahr auch auf die Straßen und Plätze wagen.

Dazu müssen wir zwei in unserer bürgerlichen Existenz grundgelegte Gegensätze überwinden: den zwischen Individuum und Gemeinschaft, dem Ich und dem Wir, und den zwischen Innerlichkeit und Äußerlichkeit. So läßt sich Ganzheit feiern. Im festlichen Ritus kann das gelingen.

22 Ich bin da

Die Fronleichnamskirche in Aachen von Rudolf Schwarz wurde in Beitrag 15 als einer der ersten bilderlosen Kirchenräume des 20. Jahrhunderts vorgestellt. Der Künstler Leo Zogmayer hat 2003 die Sankt-Josephs-Kapelle im Karmeliterkloster in Innsbruck ausgestattet, welche diese Gedanken fortzuführen scheint. Aber nicht die leere Wand über dem Altar, sondern die Mitte des Raums ist hier anschaulich als Ort der Anwesenheit Gottes gestaltet.

In die Glasflügel des Nordportals ist der einfache Satz „ICH BIN DA" eingeätzt. Die klare Schrift im Glas schließt jede Verwechslung mit einem Graffito aus. „Ich bin da" ist die kürzestmögliche Übersetzung des Gottesnamens JHWH, wie er in der Erzählung vom brennenden Dornbusch in der Wüste überliefert ist (Ex 3,14). Dieser Gottesname auf der Tür deutet den einfachen kastenartigen Kapellenraum als Raum der Offenbarung. Im Innern sind die Stuhlreihen so an den Längswänden angeordnet, daß sie eine Ellipse andeuten mit den Brennpunkten Altar und Ambo. Die Mitte bleibt frei für den, der gesagt hat: „Wo zwei oder drei sich in meinem Namen versammeln, da bin ich mitten unter ihnen" (Mt 18,20). Jedes alte Chorgestühl erinnert an diese Zusage Jesu. Es läßt die Mitte frei für Ihn. In der Omnibusanordnung des Kirchengestühls seit 1600, wo alle in die gleiche Richtung schauen, wird diese Zusage, dieses Mitten-unter-Uns, nicht mehr anschaulich. Ein Gottesbild der Ferne wird bestimmend. Leo Zogmayer lehnt die „Inszenierung von Ferne" für den christlichen Gottesdienst ab.

Vor dem großen fünfteiligen Südfenster (Bild) steht der Tabernakel im Gegenlicht, ein Würfel mit sieben vertikalen Streifen, vier mit weißem Email, drei mit Blattgold. Sie schmücken den Ort sakramentaler Gegenwart und erinnern an das alte Ordenskleid der Karmeliten, den vom Feuer angesengten Mantel des Propheten Elias.

Leo Zogmayer hat für alle Sakralräume jeweils spezifische Stühle entworfen, die ergonomisch für das aufrechte Sitzen gestaltet und im Raum beweglich sind. Er sieht nach seinen eigenen Worten „im Sitzmöbel ein bedeutsames, im allgemeinen unterschätztes liturgisches Gerät. Es ist räumliche Negativform und bildhafter Platzhalter für den Menschen." Als solcher deuten Hocker oder Stuhl den Raum für seine Benutzer, schlagen bestimmte Ordnungen der Versammlung vor, ohne andere auszuschließen, und lassen im Gegensatz zum Bankblock den Boden als konstitutives Element der Architektur sichtbar und spürbar. Der Altar ist bei Leo Zogmayer immer ein Tisch. Meistens besteht er aus Holz (Eiche, Buche, Ölbaum). Er ist – wie hier – als Brücke gebaut, auf zwei Wänden stehend oder auf vier Beinen, wie etwa in Bonn, St. Franziskus. In Innsbruck-Wilten verwendete der Künstler Tuffstein.

Aus demselben Material, mit derselben Konstruktion wird der Ambo entwickelt. Er ist so breit wie ein Mensch, der lesend an ihm steht, und so hoch, daß einer, ohne sich zu bücken oder zu strecken, einen aufliegenden

Text lesen kann. Der Ambo hat die Grundfläche eines aufgeschlagenen Buchs. So einfach ist das, so einleuchtend und deshalb würdig. Der Altartisch von einladender Breite hat eine Höhe, daß der Priester daran stehend mit gestreckten Armen hantieren kann (etwa 90–95 Zentimeter). Er reicht ihm bis zur Hüfte, der Ambo bis zur Brust. Mit Hüfthöhe und Brusthöhe wird das Maß des Menschen zum Grundmaß der Einrichtung. Darum stehen Ambo und Altar auch nicht nur als Platzhalter in einem von Zogmayer eingerichteten Kirchenraum, sondern als Monumente ihres Sinnes. Das Vorlesen der Heiligen Schrift, Bereitung und Feier eines Heiligen Mahles werden durch Proportion und Form als Grundelemente unseres Gottesdienstes anschaulich. Zusätzliche Bild- oder Dekorelemente, mit denen so viele Altäre und Ambonen unserer Kirchen prunken, erübrigen sich. Es bleibt Raum für den, der mitten unter uns sein will.

23 Wasser in der Kirche

„Geheimnisvoll ist das Wasser. Schlicht, klar, selbstlos, bereit, rein zu waschen, was beschmutzt ist, zu erquicken, was dürstet ... Ein Gleichnis des Urgrunds, aus dem das Leben strömt und der Tod ruft." Weihwasserbecken am Eingang kennzeichnen Kirchen als katholische. Aber welches dieser Becken vermittelt etwas vom „Urgrund und Geheimnis" des Elements Wasser, wie es Romano Guardini beschrieb? Die meisten sind so klein, daß der Wasserspiegel kaum zu sehen ist. Viele sind leer. Nur Kalkschichten erinnern daran, daß sie früher regelmäßig gefüllt und geleert wurden. Wenige Besucher benetzen ihre Fingerspitzen darin. Ob sie daran denken, daß alle Christen „wiedergeboren sind aus dem Wasser und dem Heiligen Geist"?

Westliche Besucher von Moscheen in Istanbul oder Ägypten sehen mit Erstaunen, mit welchem Ernst und Eifer Muslime Wasser benützen, um sich vor dem Gebet zu reinigen. Christlicher Umgang mit Wasser deutet dies nur noch an bis zur Grenze des Nichtmehrwahrnehmbaren (und leider oft auch Unappetitlichen).

Zwei Gründe gibt es für die Minimalisierung des Wassers in der Kirche: eine allgemeine Liturgieunfähigkeit – unsere Schwierigkeit, Religion körperhaft zu vollziehen und nicht bloß innerlich zu denken – sowie die Tatsache, daß die Kirche zweierlei Wasser an unterschiedlichen Orten bewahrt und anbietet: Taufwasser und Weihwasser. Wie aber kann man die elementare Bedeutung von Wasser vermitteln, wenn es gleich wieder nach Weihegraden und Behältnissen unterschieden werden muß?

Wenn das Weihwasser an die Taufe, an die „Wiedergeburt aus Wasser und Geist" (Joh 3,5) erinnern soll, darf es nicht diskret, praktisch, bequem in einem Töpfchen am Türpfosten angeboten werden. Der Weihbrunn sollte vielmehr als Stein des Anstoßes mitten im Weg stehen. In der Herz Jesu-Kirche in München-Neuhausen haben die Architekten Allmann, Sattler, Wappner einen solchen Brunnenstein in den Mittelgang gestellt. Er ist als Taufstein konzipiert und wird als solcher benutzt. Aber die Besucher der Kirche verwenden ihn auch als Weihwasser-Gefäß – und das mit Recht. Von Ostern bis Pfingsten ist er mit dem in der Osternacht geweihten Taufwasser gefüllt, mit dem auch alle Mitfeiernden in der Osterliturgie besprengt wurden. Auch in anderen Kirchen, etwa in St. Ursula in Kalscheuren, gibt es Taufsteine im Mittelgang, die als Weihbrunn benützt werden. Dieser Brauch sollte zur Regel werden, wenn uns daran liegt, das Wasser als Zeichen unseres Glaubens zu erhalten und zu vermitteln. Bei historischen Taufsteinen, die im Eingangsbereich stehen, ist die Doppelnutzung als Tauf- und Weihwasserbrunnen möglich. Es genügt meistens, den Deckel so weit anzuheben, daß die Besucher mit der Hand darunter greifen können. Vermutlich wird es in vielen Gemeinden nötig sein, die Erinnerung an Tauf- und Weihwasser aufzufrischen. Dafür bietet sich der alte, mit wenigen Worten zu erläuternde Ritus des Asperges am Beginn der Gemeindemesse an, in dem die

Gemeinde mit Weihwasser besprengt wird. Durch ein solches Erinnern und
eine einladende würdige Gestaltung des Tauf- und Weihwasserbrunnens
kann das Verständnis für die Weihe des Wassers und seinen Gebrauch wieder aufgebaut werden, damit nicht alle häuslichen Weihwasserbehälter auf
den Flohmarkt kommen und die auf den Friedhöfen zu Pflanztöpfen um-
funktioniert werden.

Guardini schrieb: „In der Weihe hat die Kirche das Wasser rein gemacht
... zum Zeichen, daß Gott uns schütze vor allem Unreinen, Finsteren." Wenn
wir uns bekreuzigen mit heiligem Wasser, begegnen sich die erlöste Seele
und die erlöste Natur im Zeichen des Kreuzes.

24 Regel und Vielfalt

Die Vorstellung von Schönheit schwankt im Laufe der Geschichte und der Moden zwischen Regel und Vielfalt. Die klassizistische Idee des Schönen geht von Regelmäßigkeit, Symmetrie und Harmonie aus. Barock, die portugiesische Bezeichnung einer unregelmäßigen Perle, wurde für die Klassizisten um 1800 zum Schimpfwort für einen abscheulichen Stil, der erst Ende des 19. Jahrhunderts positiv gewürdigt wurde. Der Gegensatz zwischen Klassik (Klassizismus) und Barock läßt sich nicht allein, aber doch wesentlich auf Regelmäßigkeit und unregelmäßige Vielfalt zurückführen.

Im Jahre 1519 ließ Pfalzgraf Philipp von Bayern, Bischof von Freising und Administrator von Naumburg, in seiner Bischofsburg einen Arkadenhof anlegen, den ersten nördlich der Alpen (Bild). Arkaden (von lateinisch arcus, Bogen), offene gewölbte Korridore mit Säulen, sind eine Erfindung des Südens. Sie begleiteten, Schatten spendend, schon die Stadtstraßen der Römer und Byzantiner und wurden in der sogenannten Renaissance in Florenz neu entdeckt. Der Architekt in Freising, vermutlich Stefan Rottaler, dem Herkunftsnamen nach ein Niederbayer, hat wahrscheinlich keinen Florentiner oder Venezianer Arkadenhof selbst gesehen. Eine Vorstellung von dieser Aufgabe gewann er wohl durch Erzählungen und Zeichnungen. Er entwarf Säulen, von denen keine zwei einander gleich sind: Blätterbündel, Löwenmasken, Schrifttafeln, Pflanzenfriese beleben ihre abwechselnd runden und eckigen Schäfte. Er und sein Auftraggeber fanden Schönheit in der lebendigen Vielfalt, nicht in der Regelmäßigkeit, mit der die Baumeister Brunelleschi, Alberti, Bramante und später Palladio ihre Säulen gleichförmig gestalteten. Der Wechsel zwischen Regelstrenge und einfallsreicher Vielfalt ist schon in der antiken und mittelalterlichen Kunst zu beobachten und heute noch zu keinem Ende gekommen. In der Gartenkunst können wir seit den neunziger Jahren eine Rückkehr zur Geometrie des französischen Barockgartens beobachten, nachdem zuvor 200 Jahre lang der unregelmäßige englische Garten als Inbegriff des Natürlichen und Schönen gegolten hatte. Gleichzeitig gab die Architektur der Postmoderne die bis dahin verbindlichen Regeln und Schönheitsvorstellungen der Moderne auf.

Auch in der Liturgie gab und gibt es den Wechsel zwischen Regel und Vielfalt. Das Missale Papst Pius' V. von 1570, vorbereitet durch das Konzil von Trient, beendete die liturgische Vielfalt in den Bistümern und erließ verbindliche Regeln für alle Texte der Eucharistiefeier, die überall auf der Welt zur gleichen Tageszeit in der gleichen lateinischen Kultsprache, mit genau festgelegter Lautstärke und begleitet von genau vorgeschriebenen Gesten (Kniebeugen, Kopfneigen, Kreuzzeichen, Handhaltung) zu lesen waren. Diese uniforme Liturgie wurde zur Grundlage der katholischen Barockkultur und verhinderte die Bekehrung Chinas zum Christentum. Gewinn und Verlust.

Die Liturgiereform des Zweiten Vatikanischen Konzils hat die Einheitssprache abgeschafft, verständliche Sprachen sind ebenso erlaubt wie Textvarianten und örtlich oder national unterschiedliche Riten. Heute gibt es in römischen Dokumenten eine Tendenz, die Vielfalt wieder einzuschränken, zu festen, überall gleichen Regeln zurückzukehren. Der Ausgleich zwischen notwendiger Regel und notwendiger Vielfalt muß immer wieder neu gesucht werden.

Dies gilt nicht nur für die Liturgie, sondern auch für die Deutung der Heiligen Schrift. Maßstab sollten dabei Verständlichkeit und Zeitgenossenschaft sein. Denn Jesus hat nach der Schilderung des Markusevangeliums (4,33) das Wort so verkündet, wie das Volk es fassen konnte. Alle seine Worte haben einen Sitz im Leben, ebenso wie die Schriften der Propheten und die Briefe der Apostel. Dieser Sitz im Leben, Voraussetzung jeder Verkündigung, steht nicht fest. Er muß immer neu gesucht werden.

25 Blumenverbot am Altar

Das Fest ist das Gegenteil von Alltag, eine Ausnahme, eine Steigerung, mit einem harten Ende am nächsten Werktag. Zum Fest gehört das Gewand, der Schmuck, der feste Ablauf. Für das Fest werden seit alters Blumen ins Haar gesteckt, als Kranz auf dem Kopf und um den Hals getragen oder als Blütenblätter auf den Boden gestreut. Aber niemals auf den Altar! Er muß als Ort des Sakraments, der Gegenwart Gottes, leer bleiben.

Juden, Griechen und Römer haben in ihren Tempeln Blüten gestreut, Blüten und Blumenkränze in Stein gehauen und in Bronze gegossen. Sie wurden zum Vorbild der Stuck-Girlanden unserer Barockkirchen. Kunstblumen aus Edelstein, Glas, Silberdraht und Holz wurden seit 1600 zum Schmuck von Altären verwendet. Aber erst die Romantik, die das Gefühl anstelle des Glaubens setzte, hat Vasen mit echten Blumen und Blumentöpfe auf Altäre gesetzt und damit gegen den Sinn für das kultisch Reine verstoßen. Von der Blumenvase am Altar zur Seelenerhebung im Waldesdom statt in der Kirche ist nur ein kleiner Schritt: Naturreligion anstelle von Offenbarung.

Der Ort der Gegenwart Gottes im Sakrament ist liturgisch eine „Hochreinheitszone". Faulendes Wasser, verwelkende Blumen oder gar Blumenerde haben hier nichts verloren. So wenig wie am Krankenbett der Intensivstation (vgl. das Piktogramm), so wenig dürfen auf dem weiß gedeckten Altar Blumen stehen. Auch nicht auf den barocken und gotischen Seitenaltären. Die Beseitigung der Schäden an Stuckmarmor, Farbfassungen und Vergoldungen, die durch Blumentöpfe entstanden sind, kostet die Kirche alljährlich Millionen, und damit ist nur die Wiederherstellung eines annähernd gleichen optischen Eindrucks, nicht aber die Wertminderung durch Zerstörung von originaler Substanz beziffert.

Auf keinem Altar, weder alt noch neu, sollten Blumen stehen, weder in Vasen noch in Töpfen. Erstens, weil sie dort nicht hingehören, und zweitens, weil sie schädlich sind. Blumen können verstreut werden und nach dem Fest hinausgekehrt. Der Versuch, die festliche Dekoration durch Hydrokultur und Blumenbinderchemie zu verlängern, widerspricht dem Wesen des Festes als herausgehobenes einmaliges Ereignis.

Ein besonderer Mißbrauch ist die „Stiftung" von Grünpflanzen, die für die Wohnung zu groß geworden sind, an die Kirche. In vielen Altarräumen stehen Philodendren und Gummibäume, denen man ansieht, daß sie für ihren Platz zwischen Sofa und Fernseher zu groß geworden sind. Wer so etwas bringt oder annimmt, hat den Unterschied zwischen Gotteshaus und Wohnzimmer nicht verstanden. Er/sie will den Unterschied zwischen Behaglichkeit, Gemütlichkeit und der Zumutung des Ganz-Anderen, des Höchsten und Reinsten, das wir Gott nennen, nicht wahrhaben.

Als Schmuck und als Ausdruck von Wertschätzung und Zuneigung haben Blumen ihren Platz auch in der Kirche. Aber der Platz auf dem sie stehen

können, die Gefäße und das Maß, das sie haben können, sollten mit dem Künstler oder Architekten verabredet werden, der die liturgischen Orte gestaltet hat. Angemessen ist es, die Jahreszeiten in die Kirche zu holen, mit Blütenzweigen an Ostern, Pfingstrosen an Pfingsten und Fronleichnam, bunten Blättern und Früchten im Herbst. Unangemessen sind hingegen Blumenimporte aus Afrika und anderen Klimazonen. Nicht nur weil sie ökologisch bedenklich sind, sondern weil sie dem Wesen des Kirchenjahres widersprechen. Das Kirchenjahr heiligt den Jahreslauf im Wechsel der Jahreszeiten mit Weihnachten, Ostern, Pfingsten, den Festen Johannes des Täufers, Mariae Himmelfahrt und dem Erntedankfest. Blumen aus anderen Klimazonen unterbrechen den natürlichen Jahreslauf. Aber niemals ist der Platz für Blumen auf dem Altar, auch nicht auf dem Seitenaltar.

Ein mit Blumen geschmückter Tisch ist schön. Champagner ist köstlich, Walzertanz bezaubernd. Allen dreien gemeinsam ist, daß sie für den christlichen Gottesdienst ungeeignet sind.

26 Seitenaltäre

„Die vielen Messen und das eine Opfer" hat Karl Rahner 1947 einen Aufsatz genannt, in dem er die Vervielfachung von Erlösungsgnade durch die Vervielfachung von Messen in Frage stellte. Dieser Aufsatz hat Geschichte gemacht. Er hat das Denken der Kirche verändert und in der Liturgiereform des Zweiten Vatikanischen Konzils Frucht getragen.

Die vielen Messen und die vielen Altäre in alten Kirchen sind eine lateinische Sonderentwicklung aus dem Klosterwesen. Weder die orthodoxen noch die reformierten Kirchen kennen sie. Diese liturgisch-architektonische Form hat mit dem mittelalterlichen Priesterbild zu tun (das Priesteramt ist die Macht, Messe zu lesen), mit den vielen Priestermönchen in den westeuropäischen Klöstern und den sogenannten Votivmessen für Verstorbene.

Seitenaltäre sind Denkmäler eines Eucharistieverständnisses, das den Mahlcharakter vergessen und den Opfercharakter überbetont hat: Je mehr Messen, desto mehr „Gnadenfrüchte", die man Lebenden und Toten zuwenden konnte. Sie wurden als tägliche, ewige Messen gestiftet, zu feiern jeden Tag, bis zum Ende der Welt. Vor allem die Votivmessen für Verstorbene wurden gehäuft. Herzog Maximilian von Bayern (gestorben 1651) ordnete beispielsweise an, daß für ihn nach seinem Tod 30000 Messen zu lesen seien.

Im liturgischen Leben und in der ästhetischen Wirkung alter Kirchen spielten Seitenaltäre eine große Rolle, sei es, daß sie sich wie in der Barockkirche zu einem großen Bild zusammenschließen, sei es, daß sie sich wie in spätgotischen Stadtkirchen im Wettbewerb der Stifter und Künstler zu übertreffen versuchen. Die Empfehlung der Liturgiereform, daß in jeder Kirche nur ein Altar stehen solle, war für Neubauten gedacht, wurde oft aber auch an historischen Kirchen vollstreckt. Die Reform hat sich deshalb in Deutschland oft kunstfeindlich ausgewirkt, wo Seitenaltäre beseitigt und durch Tabernakel-Stelen und Mariensäulen ersetzt wurden. Heute werden Seitenaltäre als dekorative historische Elemente eher wieder aufgestellt als beseitigt. Der Münchner Dom mit den sechzehn neuen Altären ist dafür ein Beispiel.

Wie sollen wir heute mit den liturgisch nicht mehr gebrauchten Seitenaltären umgehen? Wir sollten sie als geschichtliches Erbe verstehen und erklären, als Teil der visuellen Umsetzung von Heilsgeschichte vermitteln, ihre Gestaltung und ihren Anteil an der künstlerischen Wirkung des Kirchenraums würdigen. Wir sollten sie nicht mit Kanontafeln, Kerzen, Kreuzen, Blumen, Altartüchern dekorieren, als ob vor zehn Minuten die letzte Messe zu Ende gegangen wäre. Es wäre besser, sie abgeräumt stehenzulassen (vgl. Bild). Wenn die Mensa unansehnlich ist, kann diese mit einem Tuch knapp abgedeckt werden.

Wir sollten die Seitenaltäre aber auch manchmal benützen. Am Fest des heiligen Altarpatrons könnte man hier zelebrieren oder wenigstens Kerzen aufstellen und anzünden. Bei großen Gottesdiensten bietet es sich

an, am Seitenaltar oder an den Seitenaltären die Kommunion auszuteilen –
an diesem alten Tisch des Herrn, der im Raum eine hervorgehobene Stellung hat. Kommunionausteiler können die Hostienschale auf die Mensa setzen, eine Kniebeuge machen, bevor er/sie sich umwendet und auszuteilen
beginnt.

Die Seitenaltäre sind durch ihre Höhe über den Köpfen der Menge sichtbar. Sie bezeichnen den Ort der Kommunion, Hin- und Rückweg der Kommunikanten verlaufen geordnet. Oft kann auch am Seitenaltar eine Runde
von Kommunikanten gebildet werden, die gemeinsam das Brot nehmen und
damit die Warteschlange – die an Supermarktkassen erinnert – vermeiden.
Mit dieser gelegentlichen Nutzung würden Seitenaltäre in der Liturgie und
im Bewußtsein der Glaubenden als wertvoller Teil unserer Tradition verankert.

27 Kathedra

„Die Kirche ist keine Demokratie, aber sie lebt in der Demokratie"*(Hans Maier)*. Dieser Widerspruch wird sichtbar in Riten und Zeichen. Im Bischofsthron (und im gelegentlich nur wenig niedrigeren Pfarrersthron) erstarrt er zum Denkmal. Die Throne in den deutschen Bischofskirchen sind Monumente eines uneingestandenen Widerspruchs zwischen der demokratischen Gleichheit aller Menschen und einer Hierarchie, die ihre Zeremonien und Zeichen von der Monarchie entlehnt hat. Biblisch gesprochen: zwischen der „königlichen Priesterschaft" aller Gläubigen (1 Petr 2,9) und dem apostolischen Amt, das in der Geschichte Bischöfe zu „Fürsten" adelte. Die Sitze der deutschen Bischöfe sind – wie eine Reise durch deutsche Dome zeigt – monumentale Zeugnisse der Verlegenheit, in demokratischen Zeiten einen Thron zu besetzen.

Sicher: Der Bischofsthron ist rechtlich kein Fürstenthron, sondern ein Lehrstuhl, eine Kathedra. Aber er sieht oft wie der Thron eines Monarchen aus, besonders dann, wenn er in gotischen Kathedralen von seinem angestammten Platz auf der Evangelienseite in die Mittelachse gerückt wird und so den Chorraum zum Thronsaal macht. Der bis dahin auf den auferstandenen und wiederkehrenden Christus ausgerichtete Bau erhält in der Kathedra plötzlich ein neues Ziel. Der Bischof setzt sich zwar nicht an die Stelle Gottes, aber doch in schwindelerregende Nähe dazu.

Daß der Bischof inmitten seines Klerus, dem Volk gegenübersitzend, dieses von der Kathedra aus belehrt, entspricht frühchristlicher Tradition und hat in der weiten Apsis spätantiker Kirchen eine angemessene Bauform gefunden. Seit der Romanik aber steht im Scheitelpunkt der Apsis der Altar. Die Gotik ersetzte die Apsis durch einen polygonal gebrochenen Chorschluß mit hohen Fenstern. Die weiten, hohen Mittelschiffe gotischer Kathedralen oder Stadtkirchen überschreiten in der Richtung auf Gott hin menschliches Maß. Kein noch so prächtiger Thron kann ihre Raumflucht aufhalten. Frühchristliche Formen der liturgischen Versammlung können nicht ungestraft in spätere Kirchbauten übertragen werden.

Aber nicht nur der Platz der Kathedra ist oft problematisch, sondern auch ihre Gestalt. Da die Sitzhöhe durch die Länge unserer Unterschenkel begrenzt wird, kann die optisch notwendige Höhe nur durch unproportional verlängerte Rückenlehnen oder Stufenaufbauten gewonnen werden, welche den Lehrstuhl zum Herrscherthron machen. Symbolträchtige Verzierungen und wertvolle Materialien sollen oft die Kathedra auszeichnen, machen aber den Widerspruch zwischen demokratischen Sehgewohnheiten und hierarchischen Sitzgelegenheiten schmerzlich deutlich.

Ganz anders die von *Blasius Gerg* gestaltete Kathedra des Doms zu Regensburg. Sie wurde von einer qualifizierten Jury nach einem beschränkten Wettbewerb 1989 zur Ausführung empfohlen (unsere Aufnahme zeigt sie im Museum). Helle Kalksteinplatten sind mit Bronzebeschlägen verbunden,

Sitz und Lehne mit hellem Leder bespannt, das bischöfliche Wappen in Gold eingeprägt. Die Form ist von antiken Steinthronen abgeleitet und in moderner Formensprache ausgeführt. Die hohe Rückenlehne steht zur Breite in einem ausgewogenen Verhältnis. Es ist der am besten gelungene deutsche Bischofssitz. Er stand auf der Evangelienseite des Chores unter einem gotischen Schlußstein, der den Dompatron Petrus mit den Schlüsseln des Himmelreichs zeigt.

Die Kathedra wurde 2002 beseitigt und durch einen neugotischen gepolsterten Holzthron in der Mitte des Chores ersetzt. Aus Anlaß des Besuchs von Papst *Benedikt XVI.* im Herbst 2006 wurde sie reaktiviert und für einen Tag als päpstliche Kathedra neu in Gebrauch genommen.

28 Teppiche entwerten

In Flughäfen, Bahnhöfen und Hotels werden rote Teppiche ausgerollt, wenn ein besonderer Gast, ein Staatsbesuch oder ein Filmstar erwartet wird. Kirchen aber sind Gotteshäuser. Es gibt dort keinen Gast, der einen höheren Rang beanspruchen könnte als der im Sakrament wohnende Gott. Deshalb brauchen und sollten Kirchen keine Teppiche ausrollen, wenn sie hohen Besuch erwarten. Sie sollten es auch aus ästhetischen Gründen nicht tun. Denn unsere Kirchen haben in der Regel sorgfältig verlegte, ja oft sehr wertvolle Böden. Diese sind mit Steinplatten oder Schmuckmosaiken gepflastert. Jeder daraufgelegte Teppich entwertet den Boden. Unser Bild zeigt die Pfarrkirche St. Johann Baptist in Aufkirchen.

Wenn zum Beispiel in einem Dom eine Rotmarmor-Treppe des 17. Jahrhunderts durch rote Auslegware des 20. Jahrhunderts übertrumpft wird, wirkt der rote Marmor gräulich. Er kann es an Farbkraft mit dem neuen Textil nicht aufnehmen, wirkt alt und schäbig. Erst wenn der Teppich eingerollt wird, treten Würde, Wert und Schönheit der Chortreppe wieder hervor. Noch mehr gilt dies für Steinböden, die in einem Muster – etwa Rosenspitz – verlegt sind, das genau auf die Proportionen der Architektur abgestimmt ist. Der Teppich löscht Muster und Maß, das Grundmuster der Architektur, aus und bringt in der Regel einen fremden Farbton in den Raum, der sich mit nichts verträgt.

Im Gegensatz zu den Muslimen haben wir keine Teppichtradition oder Teppichkultur. Wir beten auch nicht barfuß, sondern tragen Straßenschuhe auf Steinböden. (Der Versuch Meditationsräume in kirchlichen Einrichtungen mit Teppichböden anheimelnd zu gestalten, ist in der Regel kulturlos, peinlich.) Es gibt Kirchen, in denen aus akustischen Gründen oder im Winter wegen der Fußkälte Teppiche ausgelegt werden müssen. Sie sollten dann aber so klein und so unauffällig wie nur irgend möglich sein.

Die Tradition des Steinfußbodens haben wir wie den Bau der Basilika von den Römern übernommen. Im industriellen Zeitalter können wir uns die Mühe der Gewinnung von Steinplatten und ihres Transportes auf Ochsenkarren und Flößen kaum mehr vorstellen. Platten aus Marmor, Kalkstein oder Sandstein wurden oft auch im Wechsel in geometrischen Verbänden verlegt. Ziegelpflaster bilden Muster, Mosaike aus bunten Steinen, ornamental verlegt oder mit Bildfeldern, waren die aufwendigste und wertvollste Art, Kirchenfußböden auszubilden. Oft zeichnen die Verlegemuster der Bodenplatten die Grundlinien der Gewölbe nach, machen das Oben unten erlebbar und leiten so unseren Blick zum Gott in der Höhe wie beispielsweise in der Salzburger Kollegienkirche.

Die Steine erinnern an die Straßen der Himmelsstadt, das neue Jerusalem der Geheimen Offenbarung, auf welches jede Kirche uns einstimmen, vorbereiten will: die Stadt aus Gold, klar und hell wie Kristall, erleuchtet von der Herrlichkeit Gottes. Die Farbigkeit unserer Kirchen, der romani-

schen wie der gotischen und barocken, erinnert ursprünglich an die Edelsteine in der Mauer der Himmelstadt: Jaspis, Saphir, Smaragd, Hyazinth.
Diese Stadt kennzeichnet unser Bild vom Himmel und von der Kirche, nicht
das Wohnzimmer oder die Hotelhalle.

29 Tabernakel und Madonna

In katholischen Kirchen finden sich in der Regel ein Tabernakel als Ort der andächtigen Aufbewahrung der eucharistischen Gaben sowie eine Madonna, heute meist neutral „Ort der Marienverehrung" genannt. Die beiden Stellen wurden seit der Liturgiereform 1963 architektonisch oft weit auseinandergelegt. Wenn man aus Kenntnis der Kunstgeschichte daran erinnert, daß sie historisch zusammengehören, wenden Theologen ein, Marienverehrung sei doch etwas ganz anderes als eucharistische Anbetung. Aber wo gibt es denn noch eucharistische Anbetung als Tabernakelfrömmigkeit? Wo gibt es moderne Tabernakel, die zur Andacht einladen? Und: Ist die „gebenedeite Frucht des Leibes" Mariens nicht der Leib Christi?

Erst seit der Verehrung (und Dogmatisierung) der Unbefleckten Empfängnis, seit den Marienerscheinungen des 19. und 20. Jahrhunderts (Lourdes, Fatima) und der Erfindung der Maiandacht wird Maria von vielen als „schwebende Jungfrau" gesehen. Davor war sie immer Muttergottes (lat.: *Mater Dei,* griech.: *Maeter Theou*). Erst in der zweiten Hälfte des zweiten Jahrtausends wurde das Bild der Mutter vom Bild ihres Kindes getrennt. Diese Bewegung sollten wir zurücknehmen, sollten zurückkehren zu den biblischen Ursprüngen, wie sie in den Evangelien überliefert sind und im Volksgebet des Ave Maria seit dem 12. Jahrhundert zusammengefaßt werden: „Der Herr ist mit Dir, Du bist gebenedeit unter den Frauen, und gebenedeit ist die Frucht Deines Leibes" (Lk 1,28.42).

Wenn unser Herr „mit ihr" ist, warum dann die Orte und Bilder der Andacht zweiteilen? Warum sie an entgegengesetzte Orte unserer Kirchen verlegen? Warum die gesegnete Frau von der gesegneten Frucht ihres Leibes trennen? Oder ist uns dieses Wort peinlich? Im Französischen heißt es „Frucht Deiner Eingeweide", im Lateinischen „Deines Bauches", im griechischen Urtext „Deiner Bauchhöhle". Für das prüde 19. Jahrhundert war diese Wortwahl des Evangeliums sicher ein Problem. Die Verehrung der ohne Erbsünde empfangenen Jungfrau war ein Ausweg. Aber heute?

Als sich in der lateinischen Kirche im Mittelalter die Verehrung konsekrierter Hostien als „Allerheiligstes" durchsetzte, wurden im Chor der Kirchen auffällige Behältnisse, die sogenannten Sakramentshäuser, errichtet. Sie lösten die bis dahin (und in den östlichen Kirchen immer noch) üblichen unauffälligen Brotkästen in der Sakristei ab. Im Bildprogramm der Sakramentshäuser und der frühen Monstranzen wurde der hier bewahrte und verehrte Leib Christi als Kind auf dem Arm seiner Mutter dargestellt.

In der Geschichte unseres Glaubens und unserer Kunst gehören Muttergottes und eucharistischer Leib Christi zusammen. Dieser Zusammenhang ist für die Frömmigkeit und die Gestaltung unserer Kirchen neu zu entdecken und vor Mißverständnissen zu schützen. Darum können nicht einfach vorhandene Bilder und Gehäuse kombiniert, also etwa eine Kopie des Gnadenbilds von Lourdes auf den Tabernakel gestellt werden. Nur Bilder der

Mutter mit dem Kind oder mit dem erwachsenen toten Sohn auf dem Schoß sind geeignet, in die Nähe des Tabernakels gebracht zu werden. Oder umgekehrt: Der Tabernakel kann einem Marienaltar eingefügt werden, wenn dessen Bild vom menschgewordenen Gott kündet, der „Fleisch angenommen hat durch den Heiligen Geist von der Jungfrau Maria".

Unsere Abbildung zeigt eine frühe Darstellung der Muttergottes aus dem 12. Jahrhundert (Piedendorfer Madonna; Dommuseum Freising), als man anfing das „Ave Maria" als Volksgebet zu sprechen. Es steht stellvertretend für viele Bilder, die Mutter und Leib Christi zusammensehen.

30 Den Himmel auf die Erde holen (1)

Der Turm des Freiburger Münsters umfaßt mit seinem vielbewunderten aus Stein gehauenen Oktogon Licht und Luft. Er umfaßt ein Stück Himmel, das er auf dem Münsterplatz verankert. Dies ist der eigentliche Sinn dieses Kirchturms, weit über der Aufgabe, Glocken und Uhren zu tragen und das Stadtbild zu schmücken. Türme sind keine wesentlichen Teile von Kirchen. Sie kamen in Europa als selbständige Glockenträger (Campanile) erst im 6. Jahrhundert auf, zweihundert Jahre später als der monumentale Kirchenbau. Erst in karolingischer Zeit verschmolzen sie mit dem Baukörper der Kirche: Sie wurden aus dem Wehrbau, dem Bau von Stadttoren, Feldlagern und Burgen übernommen und veränderten den Charakter des westeuropäischen Kirchenbaus von der urbanen Versammlungshalle der Spätantike zur festen Burg des Frühmittelalters. Dies entspricht nicht nur gesellschaftlichen Veränderungen, dem Entstehen des Lehenswesens und des Rittertums, sondern auch einem Gottesbild, das in den Psalmen und bei den Propheten häufig entfaltet wird: Du unser Gott, unser Fels, unsere Burg, unsere Zuflucht.

Die romanischen Dome von Speyer und Limburg, aber auch Kirchen in England, Frankreich und Spanien rufen dieses Gottesbild heute noch in ihrer Außenerscheinung in Erinnerung. Es ist ein Gottesbild, das Christen und Juden gemeinsam haben.

Seit dem 12. Jahrhundert wurde es im Kirchenbau der Gotik durch ein anderes Gottesbild abgelöst: Es geht im wesentlichen auf das Buch der Weisheit zurück: Gott hat die Welt nach Maß, Zahl und Gewicht geordnet. Der Schöpfergott wurde als Baumeister mit Plan und Zirkel dargestellt, als weiser Ordner des Kosmos. Gleichzeitig machte es die Entfaltung der Mauertechnik, der Glasherstellung und von Blei-Eisenkonstruktionen möglich, das Tageslicht kunstvoll in den Kirchenraum zu holen: Das Licht als Quelle des Lebens: „Denn bei dir ist die Quelle des Lebens, in deinem Licht schauen wir Licht" (Psalm 36,10 u. a.). Aus den Gottesburgen wurden lichterfüllte Glashäuser. Das Freiburger Münster, das um 1200 als romanische Gottesburg begonnen wurde, zeigt diesen Wandel der Bautechnik, des Baustils und des Gottesbildes deutlich. Der Turm (vollendet 1354) ist ein Höhepunkt dieser Entwicklung, mit Maßwerk Gottes Licht einzufangen und in die Stadt zu holen, dem Gottes-Licht einen zentralen Platz im Leben der Stadt einzuräumen. Ab welcher Höhe und welchem Aufwand Kirchtürme mehr dem Ruhm des Bauherrn und der Baumeister dienen als der Ehre Gottes, kann im Nachhinein kaum entschieden werden. Die Türme des Kölner Doms (begonnen 1248) wurden 1880 nach einem mittelalterlichen Plan zur Feier der Ausdehnung des Königreichs Preußen an den Rhein vollendet. Sie waren das monumentale Ziel der Eisenbahnlinie Berlin – Köln im Blickpunkt der Hohenzollernbrücke. Ein derartiges Umfunktionieren der Bauabsicht blieb dem Freiburger Münsterturm erspart. Aber der Ehrgeiz der Münsterbauleute

und ihrer Auftraggeber, es mit dem Dom von Straßburg aufzunehmen, ist unleugbar und aus frommem Eifer zur Ehre Gottes allein nicht zu erklären. Trotzdem sind Ehre und Lobpreis Gottes der erste Grund für Macht und Pracht unserer Kirchtürme. Jede Ferienreise in eine europäische Stadt kann uns daran erinnern.

31 Den Himmel auf die Erde holen (2)

Im 14. und 15. Jahrhundert streckten sich Steinmetzarbeiten dem Himmel entgegen, umfingen Licht und Luft, am schönsten im Kirchturm des Münsters von Freiburg (vgl. Beitrag 30). Seit 1524 wurden in Süddeutschland (wie in Moskau) vom Zimmermann auf der Mauerkrone der Kirchtürme Holzrippen aufgebaut, die der Kupferschmied mit Blechen überzog. Diese am Anfang welsche (italienische) Hauben genannten Turmabschlüsse gewannen später Zwiebelform, indem man die runde Form nach oben zog. Sie sind vom Bodensee bis Zagreb, von Süddeutschland über Österreich, Ungarn bis zum Balkan verbreitet. Ihr Vorbild ist der Turm der Kirche Santa Maria del Orto in Venedig, und deren Vorbild sind die über die flachen Ziegelkuppeln der Markuskirche gestülpten, aus Holz und Kupferblech errichteten Außenkuppeln von San Marco. Die Kuppeln von San Marco aber gehen über die Hagia Sophia in Istanbul (532) zurück auf die Anastasis-Kirche in Jerusalem (um 330).

Jeder Zwiebelturm verweist damit auf Venedig, Konstantinopel, Jerusalem und auf deren östliches Erbe Kiew und Moskau. Wenn norddeutsche Reisende beim Anblick des ersten Zwiebelturms südlich von Ulm sagen: „Jetzt beginnt der Balkan", so haben sie recht. Die Zwiebeltürme weisen auf eine kosmopolitische, eben katholische Welt, deren Zentrum das Mittelmeer ist und zu der auch der Balkan gehört.

Erfunden wurde die Kuppel als Bild des Himmels, denn das Firmament breitet sich über uns kreisförmig aus und erweckt durch seine Farbverschiebung vom dunklen Blau des Zenits zum helleren am Horizont den Eindruck, der Himmel „wölbe" sich über uns. Noch bevor es um 700 vor Christus gelang, Steine oder Lehmquader zu einer kreisförmigen Wölbung zu fügen, wurde die Himmelsform in Rundzelten aus Tüchern und Stangen ausgespannt, in Rundhäusern und Rundgräbern aus Steinringen aufgeschichtet. Die Rundzelte der persischen Großkönige waren mit gemalten Sternen geschmückt. Die Römer und die Byzantiner errichteten im Pantheon (2. Jh.) und in der Hagia Sophia (532–536) die eindrucksvollsten Kuppelräume, die in der christlichen und in der islamischen Baukunst vielfach nachgeahmt und abgewandelt wurden.

Die Kirche San Marco in Venedig folgt dem Bauschema einer byzantinischen Kreuzkuppelkirche (fünf Kuppelräume sind in Kreuzform aneinandergefügt, vollendet 1094). Aber da in dieser Stadt im Wasser die gemauerten Kuppeln dem Reisenden zu spät sichtbar wurden, hat man im 13. Jahrhundert über den Mauerkuppeln Holzgerüste errichtet und darauf die Kuppelform mit Kupferdächern wiederholt. Diese Blechdächer heben sich für den Seefahrer über der Horizontlinie und den Hausdächern charakteristisch ab. Um 1500 hat man dann die Pfarrkirche Maria del Orto am nördlichen Stadtrand mit der ersten Turmkuppel geschmückt, um auch diese Kirche im Fernblick für den von Norden Kommenden herauszuheben. 1524 wurde die

Turmkuppel gleichzeitig in München und in Moskau aufgenommen. Im selben Jahr legten sich die bayerischen Herzöge Wilhelm und Ludwig auf ihre Treue zum Papsttum fest. Die venezianische Turmbekrönung der Hauptkirche der bayerischen Hauptstadt (Bild) ist das erste monumentale Zeugnis der Orientierung Bayerns nach Italien, Zeugnis der Zugehörigkeit zur katholischen Welt, aber nicht im Sinn eines engstirnigen Konfessionalismus. Die Kuppel als altüberlieferte Bauform, den Himmel abzubilden, knüpft an Weltarchitektur an und bezeichnet die Kirche als den Ort, wo der Gläubige dem Himmel begegnen kann, hier und hier und da auch. Im Barock entstanden Hunderte, Tausende von Kirchtürmen, die mit ihren Zwiebeln und Kuppeln den Reisenden einladen, hier dem Himmel zu begegnen.

32 Der Auferstehung entgegen gebaut

Unsere Kirchen sind Sonntagsbauten, errichtet für den Gottesdienst am Sonntagmorgen, den wir Christen als Tag der Auferstehung feiern. Diese wöchentliche Feier der Auferstehung hat die Feier des Sabbats abgelöst.

In älteren Beichtspiegeln und Bildzyklen der Zehn Gebote wird das dritte Gebot „Gedenke, daß du den Sabbat heiligst" durch eine Sonntagsmesse dargestellt. Die Gläubigen sind versammelt, alle schauen in eine Richtung, zum Altar im Osten der Kirche. Die Orientierung, die Ausrichtung der Kirchen nach Osten, setzt sich seit dem 5. Jahrhundert allgemein durch. Dabei ist dieses Osten nicht mit dem Magnetkompaß oder nach geographischen Koordinaten ausgerichtet, sondern nach dem Sonnenaufgang, der sich im Laufe eines Jahres kontinuierlich verschiebt. Für den Wiener Stephansdom hat man ermittelt, daß seine Längsachse auf den Punkt zielt, an dem am Stephanitag des Jahres der Grundsteinlegung 1137 die Sonne aufging. Mit Latten und Schnüren hat man offenbar von dem anvisierten Punkt, an dem die Sonne über dem Horizont erschien, die Fundamente des Baus festgelegt. Geographisch weicht diese Richtung weit nach Süden ab, aber sie läßt den Kirchenraum am Tag des Patroziniums in seiner ganzen Länge im Licht der aufgehenden Sonne aufleuchten. Die Orientierung unserer Kirchen ist nicht schematisch überall gleich, sondern sie wandert je nach Patrozinium und Baubeginn zwischen nordöstlichen und südöstlichen Richtungen, aber immer so, daß sie an einem besonderen Tag genau zur aufgehenden Sonne weist. Die Sonne war für lange Zeit in unserer Geschichte (vom 5. bis zum 18. Jh.) das von allen Christen verstandene Zeichen für Christus, das Licht der Welt, dem die Kirche entgegenstrebt. Das Bild europäischer Städte wie Nürnberg, München, Wien, Florenz (vgl. Bild), Paris ist wie das aller alten Dörfer von den nach Osten gerichteten Kirchen geprägt.

Seit dem 16. Jahrhundert entzogen sich einige Kirchen der Orientierung. Sie wurden so gedreht, daß ihre Fassade an einem vorhandenen Platz oder in einer Straße städtebaulich wirksam wurde. Der sozialästhetische Zusammenhang Städtebau wurde wichtiger als das kosmologisch-religiöse Denken. Im 19. Jahrhundert hat man dem Städtebau auf dem Papier entworfene geometrische Muster, die sogenannten Alignements, unterlegt und dann die Kirchen eingefügt. Seit 1970 hat man überwiegend die Orientierung aufgegeben, weil der Altar zur Mitte nicht mehr zum Zielpunkt des Raumes werden sollte und weil man auf städtebauliche Dominanz verzichtet hat. Die Sankt Laurentius-Kirche in München (vgl. Beitrag 2) ist dafür ein frühes Beispiel.

Wenn wir im Urlaub europäische Städte und Dörfer mit ihren gleichgerichteten Kirchen sehen, könnten wir uns besinnen, was Orientierung bedeutet: sich nach dem Aufgang (Lateinisch: oriens) der Sonne richten,

weil sie in ihrem stets erneuten Aufgehen Bild der Auferstehung Christi und aller Gläubigen ist. Wir sollten dies auch weitererzählen, denn die Erinnerung geht verloren: Die alten europäischen Städte und Dörfer drücken in ihrer Anlage um die Kirchen die Hoffnung auf Auferstehung aus.

33 Haupt der Gemeinde

Die meisten Städte und Dörfer Europas sind in Blickbeziehung und Wegenetz auf die Kirche und den Kirchhof ausgerichtet. Dies gilt nicht für Siedlungen, die erst nach der Reformation entstanden sind, aber da die meisten Orte einen mittelalterlichen Kern haben, eben doch für die meisten. Wo wie in Chartres, Siena, Nördlingen (Bild) oder Canterbury noch alte Ortskerne erhalten sind, überragt heute noch die Kirche die Häuser um ein Vielfaches. Sie bildet Mitte und Höhepunkt des Stadtbildes.

Zwei Worte der Heiligen Schrift können dafür stehen: die Rede von Christus als dem „Haupt der Kirche" im Kolosserbrief (1,18) und die Bildrede Jesu von der „Glucke, die ihre Küken versammelt". Im Schreiben an die Gemeinde von Kolossä benützt der Apostel Paulus ein in der Antike geläufiges Bild. Er vergleicht das Gemeinwesen (polis, res publica, ecclesia) mit einem Körper. Seine Glieder haben unterschiedliche Aufgaben. Für Paulus ist Christus das Haupt eines Körpers, den die Mitglieder der Gemeinde bilden. Er ist Hauptsache und Höhepunkt des Gemeindekörpers. In der Einheitsübersetzung des Epheserbriefs, der sich ebenfalls der Sorge des Apostels um die Einheit einer Gemeinde verdankt, wird der Höhenunterschied sogar direkt angesprochen: „Alles hat er ihm zu Füßen gelegt und ihn, der als Haupt alles überragt, über die Kirche gesetzt" (1,22).

Im Zusammenhang alter Städte- und Dorflandschaften ist daran zu erinnern, daß die Trennung in eine politische Gemeinde und in eine Pfarrgemeinde erst in der Neuzeit – oft erst im 19. Jahrhundert – erfolgte und daß für die meisten alten Stadtpfarrkirchen die – heute Kommune genannte – Stadt der Bauherr war. Die Stadt sah in Christus ihr alles überragendes Haupt. Die Kirche und ihre städtebauliche Umgebung drücken dies mit den Mitteln der Architektur aus. (Diese Überlegungen verdanken sich dem Buch „Bilder und Zeichen des religiösen Volksglaubens" von Lenz Kriss-Rettenbeck, München 1963. Der 2005 gestorbene Ethnologe und Museumsdirektor hat zeit seines Lebens auf das Sinnenhafte und Bildhafte unseres Denkens hingewiesen und damit Zugänge zur Sprache der Heiligen Schrift eröffnet.)

Wenn wir von städtebaulicher Dominanz der alten Kirchen sprechen, sollten wir dies aber nicht mit Herrschaft (von lateinisch: dominus, Herr) übersetzen und in den Gebäuden in erster Linie Machtsymbole sehen. Vielmehr sollten wir uns eines Wortes Jesu erinnern (Mt 23,37; Lk 13,34): „Ich wollte deine Kinder sammeln, wie eine Glucke (Henne) ihre Küken unter ihren Flügeln sammelt."

Dieses mütterliche Wort, das zärtliche Fürsorge und keine Herrschaft meint, wird vor allem in den Stadtkirchen der Spätgotik in München, Nördlingen und Amberg anschaulich, wenn ein hohes Dach die drei Kirchenschiffe überspannt und sich mit seinen großen Ziegelflächen über die Hausdächer erhebt, die sich wie kleine Küken um eine Glucke scharen. Das raue,

kleinteilige Ziegeldach erinnert dabei an bergendes Gefieder, ein Bild, das in Zeiten der Legebatterien durch Bilderbücher vermittelt werden muß, während es der Umgebung Jesu und der agrarischen Welt bis 1900 geläufig war. Paul Gerhard hat es um 1660 so übersetzt: „Breit aus die Flügel beide, / O Jesu meine Freude / Und nimm mich Küchlein ein." Überragendes Haupt und liebevoll sorgende Mutter: Zwei Gottesbilder, die durch unsere alten Kirchen vermittelt werden, wenn wir sie sehen wollen.

34 Der Rufer – eine schalltote Glocke

In der Liturgiekonstitution des Zweiten Vatikanischen Konzils 1963 wurden die Bischöfe aufgerufen, Akademien zur Schulung künstlerischer Kräfte einzurichten. Da dies kaum irgendwo erfolgt ist, kam es zu der vielerorts beklagten Zerstörung der sinnlichen Kultur der Kirche *(Alfred Lorenzer)*. Einige kirchliche Museen verstehen sich als Orte ästhetischer Bildung. Einige kirchliche Akademien berühren die Aufgabe gelegentlich. Viele Pfarrgemeinden bemühen sich um Kontakte zur zeitgenössischen Kunst. Aber keine Bistumsleitung gibt der Aufgabe Priorität.

Das Diözesanmuseum in Freising steht seit 1999 mit Klassen der Münchner Akademie der Bildenden Künste in Kontakt. Sicher ist die Einladung einer Akademieklasse zu einer Ausstellung in eine kirchliche Einrichtung nicht das gleiche wie eine kirchliche Künstlerausbildung. Aber in der Auseinandersetzung mit Themen, Inhalten und Werken können auf beiden Seiten Vorurteile abgebaut werden, können Christen lernen, auf die Signale der Zeit zu achten, können Künstler Grundaussagen der Kirche kennenlernen.

Im Sommer 2006 war die Klasse von Stephan Huber zu Gast. Sie erhielt das Thema „Eremiten". Es wurde anhand biblischer und historischer Erzählungen von Elias, Buddha, Johannes dem Täufer, Magdalena, Antonius, Hieronymus, Benediktus und Franziskus erarbeitet. Bilder und Dichtungen der Weltliteratur vom Ramayana bis zu Hesses „Glasperlenspiel" erschlossen das geistige Feld eines einsiedlerischen Lebensentwurfs. Die 24 Studentinnen und Studenten griffen das Thema begierig auf. Einsamkeit geht alle an, Künstler besonders.

Christian Hartard legte eine große Stahlglocke in den Lichthof, vergoldete sie, kleidete sie mit schallschluckendem Schaumgummi aus und nannte sie „der Rufer" (Bild). Seine Überlegung ging von dem Verzicht des Eremiten auf Kommunikation aus. Einer, der eine Stimme hat, zieht sich stumm zurück, wird zum Rufer in der (menschenleeren) Wüste.

Hartards Werk übersteigt diesen Anfangssinn. Die schalltote Glocke, am Boden liegend, erinnert an die vielen stillgelegten Glocken, deren Klang heute eher als Lärmquelle verstanden und bekämpft wird. Darüber hinaus ist die Glocke Zeichen für die Stimme der Kirche, ein bestürzendes Zeichen. Zahlreiche Umfragen und statistische Werte bestätigen uns, daß die Stimme der Kirche immer weniger gehört wird. Gehör und Ruf, Ansehen und Aussehen bedingen sich gegenseitig. Man kann dies auf jedem Schulhof oder Kinderspielplatz beobachten. Sieht unser Glaube so aus, daß unsere Stimme gehört wird? Oder ist Vergoldung und Schaumgummi ein zutreffendes Bild für Aufwand und Pracht einer Kirche, die den Zeitgenossen nichts mehr zu sagen hat?

Neben der Glocke steht ein riesiger Karton, eine Umzugsschachtel mit den Maßen 245 x 245 x 490 Zentimeter. Sie ist begehbar. Drinnen läuft eine

Diaschau aus Erinnerungsphotos, die bei einer Wohnungsauflösung in einem Karton gefunden wurden. Diego Permanetter und Fudo Lang rekonstruierten hier den Lebenslauf eines vereinsamt gestorbenen Mannes. Sie leisten in ihrer anschaulichen, fiktiven biographischen Arbeit eine „Menschensorge", die zur „Seelsorge" werden kann.

Die 24 Arbeiten verbanden sich zu einer eindrucksvollen Eremitage auf dem Freisinger Domberg, welche die historische Sammlung mit ihren Eremiten- und Passionsbildern einbezog und zum Nachdenken über Kirche und Kunst einlud.

35 Heiligenbilder heute

Alle Bischöfe sind Buchhalter – zumindest nach den Regeln der christlichen Ikonographie. Heilige Bischöfe werden als Zeichen ihres Auftrags mit einem Buch in der Hand dargestellt. Dazu kommt dann zur Unterscheidung seit dem 14. Jahrhundert ein zweites Attribut: drei Kugeln für den heiligen Nikolaus, ein Fisch für den heiligen Ulrich, ein Bär für den heiligen Korbinian ... Aber gelten diese Regeln noch? Kann man nach dem Zusammenbruch des Historismus, nach der Revolution der modernen Kunst heute noch die Gewohnheiten des Spätmittelalters und des Barock als Richtschnur nehmen?

Viele Auftraggeber und Künstler sehen da kein Problem. Aber ob das, was dann entsteht, noch Kunst genannt werden kann? Wenn Heilige des ersten Jahrtausends in Barockgewändern, Bischöfe des 4. Jahrhunderts mit Mitren – die erst im 12. Jahrhundert eingeführt wurden – dargestellt werden, fehlt für heute ein wesentliches Element künstlerischer Produktion: Reflexion und historisches Bewußtsein.

Für den Palast der „Allianz"-Versicherung am Main-Ufer in Frankfurt hat der Münchner Künstler Stephan Huber als Kunst am Bau eine Heiligenreihe entworfen, die weder im kirchlichen noch im profanen Bereich ihresgleichen hat. Aus der Funktion des Gebäudes als Sitz einer Versicherungsgesellschaft und dem Standort hat er ein Programm entfaltet, das die Flußläufe von Rhein und Main als blaues Neonlicht im Maßstab 1:1500 nachbildet.

„Dem Main zugeordnet sind Schutzheilige, die in den Kirchen entlang des Flusses präsent sind: von Vierzehnheiligen bis Mainz. Die Schutzheiligen sind körperlos und transluzid. Sie scheinen aus ihrer Hülle zu bestehen. Es sind Erscheinungen, die mit der Glasfassade korrespondieren und zugleich in den freien Raum ragen. Gestik und Alltagskleidung lösen die Figuren aus dem historischen Kontext. Über die beigefügten Attribute sind sie jedoch als Schutzheilige zu erkennen. Not, Angst und der Wunsch nach Hilfe sind so alt wie die Menschheit", schreibt der Künstler. Schutzheilige nahmen diese Ängste schon lange auf, bevor Versicherungen erfunden wurden.

Die Reihe von Stephan Huber beginnt mit Bonifatius, dem Patron von Mainz, und endet mit den Vierzehn Nothelfern von Vierzehnheiligen. Die 22 Figuren wurden nach lebenden Modellen realistisch in Gips modelliert und dann in Polyurethan, einem durchsichtigen Kunststoff, gegossen. Sie erscheinen als modelliertes Licht. Für die Darstellung der Heiligen hat Stephan Huber Elemente der traditionellen Ikonographie in zeitgenössischer Gestalt benutzt, beispielsweise für den Drachen des heiligen Georg einen Plastik-Dino.

Der Fünfte in der Reihe ist der heilige Burkart als Patron von Würzburg (Bild). Er wird üblicherweise, wie alle heiligen Bischöfe, mit einem Buch und als Herzog von Franken mit dem Frankenschwert dargestellt. Huber hat sich

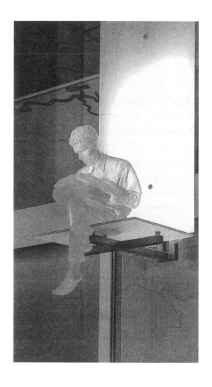

auf das Buch konzentriert. Es wird nicht beiläufig in der Hand gehalten. Der Bischof nimmt es vielmehr zur Hand, führt es sich aufgeschlagen vor Augen, liest konzentriert. Der Heilige des 8. Jahrhunderts (gestorben 753), den Bonifatius 742 zum ersten Bischof von Würzburg geweiht hatte, wird als Mann von heute, nicht als „Weihnachtsmann" mit Barock-Mitra, sondern als ernstzunehmender Intellektueller gezeigt.

Die Tradition des christlichen Heiligenbildes ist hier zeitgenössischer Architektur und dem Weltbild der Moderne anverwandelt. Das Heilige lädt als Kunstwerk im Büro zum Nachdenken ein und öffnet im Alltagsgeschäft eine Spur der Transzendenz.

36 Wie Weihrauch ...

„Wie Weihrauch steige mein Gebet zu dir auf ..." In der Liturgie ist der Weihrauch ein anschauliches Bild für unser Gebet. Vor allem in den Kirchen des Barock ist er, durch Malerei und Stuckmarmor dargestellt, ein wesentliches Element des Gottesbildes. Im romanischen Dom zu Freising, den die Brüder Asam 1724 neu gestaltet haben, begleiten Farbwolken in den Wandpfeilern den aufsteigenden Weihrauch, der in den Deckenbildern zu lichten Wolken wird, von denen sich der Vater im Himmel zu den Menschen in der Kirche herabneigt. An sonnigen Tagen zeichnen die schrägen Bahnen des Sonnenlichts im hellen Rauch das Raumvolumen nach. Der Weihrauch verbindet unten und oben, Menschheit und Gottheit. Auch in anderen Räumen, wo die Künstler nicht auf den Rauch reagiert haben, sind die aufsteigenden Wolken erhebend. So wirkte wohl schon das „immerwährende Rauchopfer", das Aaron jeden Morgen und Abend im heiligen Zelt darbrachte (Ex 8,7f).

Aber der Weihrauch ist nicht nur ein sichtbares Bild. Er brennt, reinigt und konserviert. Er wurde im Alten Bund beim Reinigungsopfer dargebracht (Lev 16). Mit einer glühenden Kohle vom Rauchopferaltar hat ein Engel die Lippen des Propheten Jesaja gereinigt (Jes 6,6). In der Glut verbrennt die Schuld.

Und Weihrauch duftet. Diese Wahrnehmung verbinden die meisten Menschen mit Weihrauch. Für das balsamische Aroma muß das Harz des Weihrauchbaumes (Boswellia carteri und Boswellia sacra), der in Äthiopien und auf der arabischen Halbinsel wächst, auf glühenden Kohlen langsam verbrannt werden. Für die Verbrennung wird Sauerstoff benötigt. Deshalb haben die Rauchfässer der katholischen Liturgie Durchzugsöffnungen im Deckel. Dieser muß leicht zu öffen sein, weil immer nur wenige Körner (1–2 Teelöffel) gleichzeitig verbrannt werden können.

Der Gebrauch von Weihrauch war früher auf feierliche Hochämter beschränkt. Heute kann er wie in den östlichen Kirchen bei jedem Gottesdienst benutzt werden. Dazu wird das Rauchfaß an beweglichen Ketten in bestimmte Richtungen geschwenkt, zum Altar, zum Evangeliar, zu den Opfergaben, zum Priester und zur Gemeinde. Sie alle werden „inzensiert" (von lat: incensum, das Angezündete) und damit gereinigt, geheiligt, für die Erhebung zu Gott bereitet.

Der Brauch ist archaisch, in Ägypten seit fünf Jahrtausenden nachzuweisen. Aber er hat seinen Sinn nicht verloren. Im Gegenteil: In der erneuerten Liturgie hat dieser Ritus neuen Wert gewonnen. Darum ist nicht einzusehen, warum alle Rauchfässer in unseren Kirchen so aussehen sollten, als ob sie 300 oder 600 Jahre alt wären. Warum darf man einem Rauchfaß nicht ansehen, daß es von heute ist, daß wir uns heute Gedanken über den sinnvollen Gebrauch von Weihrauch machen? Das abgebildete Rauchfaß wurde von der Nürnberger Silberschmiedin Annette Zey für die 2005 einge-

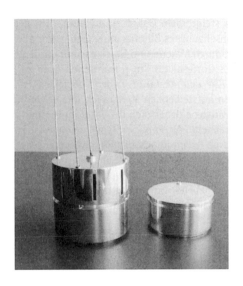

weihte Pfarrkirche St. Florian in München-Riem aus dem Geist der Moderne gestaltet. Es ist klar, edel, einfach und handlich. Rauchfaß und Weihrauchbehälter sind aus der Grundform des Zylinders entwickelt. Ein Gerät, das zeigt, daß Weihrauch und Liturgie nicht von gestern sind, sondern von heute und für heute.

Demgegenüber sind nachgemachte historische Formen immer gefährlich. Sie erwecken den Anschein, Kirche sei unzeitgemäß, Liturgie sei nur möglich in Abwendung von der Gegenwart. Angebote an Kirchen, die nachgemachte, historische Andachtsbilder oder Kultgeräte enthalten, sollten deshalb von vornherein im Papierkorb landen. Denn sie zeigen, daß es den Lieferanten mit der Liturgie von heute nicht ernst ist.

37 Anzug und Talar

Das Schwarz der Popen und Priester ist vom Schwarz der frühen Mönche abgeleitet. Als Stufe höchster Feierlichkeit war Schwarz in der spätantiken Textiltechnik nur durch das mehrfache Färben mit dem kostbaren Saft der Purpurschnecke zu erzielen. Durch schwarze Kleidung hebt sich heute der Kleriker als Mann besonderer Feierlichkeit vom Volk ab. Dies mag für den Priester, der sich in erster Linie als Kultdiener versteht, angemessen sein, ist es aber weniger für den Seelsorger.

Soziale Geltung und Ansehen hängen vom Aussehen ab. Darum gibt es Diätempfehlungen, Sonnenstudios und Kleidungsvorschriften für Banken, Gerichte und Staatsempfänge. Unsere Abbildung zeigt den Nuntius Eugenio Pacelli 1922 bei der Unterzeichnung eines Vertrags mit der Bayerischen Staatsregierung. Der kirchliche Diplomat hebt sich durch seine farbige Kleidung deutlich von seinen weltlichen Verhandlungspartnern ab, die sich für den Anlaß in bürgerliches Schwarz gekleidet hatten. Wenige Jahre zuvor, im Königreich Bayern, wären dem violetten Talar des Kirchenmanns prächtige Hofuniformen mit bunten Bändern voller blitzender Sterne und Kreuze gegenübergestanden. Die Abschaffung der Monarchien in den meisten Ländern Europas hat 1918 das Schwarz des dunklen Anzugs (Fracks, Cuts oder Smokings) wiederum zur Farbe der höchsten Feierlichkeit gemacht, das man zur Hochzeit ebenso wie zu Beerdigung, Abiturfeier und Staatsempfang zu tragen hatte.

Evangelische Kirchenräte tragen bei Empfängen den schwarzen Frack mit Stehkragen, der feierlicher wirkt als die schwarzen Anzüge katholischer Prälaten. Wenn diese ihre Talare in Schwarz und Violett trügen, würde sich das Bild anders, vorteilhafter darstellen.

Der Talar – genau genommen müßte man Soutane sagen –, der von der Schulter bis zu den Fersen die ganze menschliche Gestalt umhüllt, gehört zu den ältesten Formen unserer Kleidung wie die römische Tunika und Paenula, der griechische Chiton, wie nordafrikanische und asiatische Kleider, zurückreichend in die Zeiten, als die Menschen lernten, Kleidung anzuziehen, nicht nur Felle oder Tücher um den Körper zu wickeln. Die bodenlange Kleidung gibt der menschlichen Gestalt Würde und Halt. Man kann in diesen Ganzkörper-Gewändern ebenso würdevoll gehen wie stehen und sitzen. Hosen hingegen sind Beinkleider für Reiter aus kalten Gegenden, die von den Griechen „Barbaren" genannt wurden.

In der demokratischen Gesellschaft unserer Zeit und in einer Mode, bei der alle Künstler Schwarz beanspruchen, Dressman und Mannequins sich mit Rosenkränzen und großen Kreuzen behängen und um die Zulässigkeit von Kopftüchern gestritten wird, ist es wichtig, wie unsere Priester aussehen. Darum die Empfehlung: das liturgische Gewand mit aller Sorgfalt ernst zu nehmen, es in Design und Stoffqualität auf der Höhe der Zeit zu halten, es aber strikt auf liturgische Feiern zu beschränken. Keinesfalls im Chorrock

an einer Demonstration teilnehmen, auch wenn der Bürgermeister dazu die Amtskette trägt.

Die Ausgehkleidung für offizielle, nicht-liturgische Anlässe sollte der Talar oder die Ordenstracht sein. Für alle übrigen Anlässe scheint im deutschen Sprachraum derzeit zivile (bürgerliche) Kleidung angemessen, und zwar in einer Machart und Farbigkeit, die dem sozialen Milieu entspricht, in dem sich der Seelsorger bewegt. Das reicht von der Blue Jeans bis zum Dunkelblau der Bankleute. Altmodisch und Dunkelgrau dagegen sind nicht geeignet, das Ansehen des priesterlichen Berufs und der Kirche zu heben. Den sogenannten „Priesterkragen" (Kollar) würde ich den Anglikanern überlassen, und beim „Priesterkreuz" ist die Frage, wie weit es heute noch als Zeichen der Distinktion taugt. Der Seelsorger sollte auch in seiner Kleidung zu den Menschen, auf die er zugeht, gehören und sich nicht aussondern.

38 Altarinseln?

Die meisten Leser werden beim ersten Blick auf unsere Abbildung an den Papstbesuch in Bayern denken. Aber das Bild ist älter. Es zeigt den Altar, der im Sommer 1960 für den Eucharistischen Weltkongreß auf der Münchner Theresienwiese aufgebaut worden war. Dieser Aufbau und sein Zeltdach haben den Kirchenbau, die profane Architektur und das Konzil angeregt. Ähnliche Wirkungen können von den braven Kulissen der Altäre des Papstbesuchs in Bayern nicht ausgehen. Obwohl gerade der Münchner Papstaltar selbst formal gut gestaltet war – ebenso wie die Regensburger Kathedra –, ertranken sie im Aufwand der Stufen und Kulissen.

Weil die Stufen frei blieben und in regelmäßigen Abständen von Sicherheitsbeamten bewacht wurden, war der Eindruck einer unzugänglichen Insel übermächtig. Wir sollten in Zukunft diesen Eindruck, diese Inszenierung von Ferne, aber auch das Wort „Altarinsel" vermeiden, weil es den Eindruck der Isolation erweckt und den Zelebranten zum „Robinson" macht.

Wenn ein Einzelner zu mehr als fünfzig Menschen sprechen will, muß er wenigstens auf einen Stuhl steigen, damit ihn alle sehen und hören. Sehen und Hören gehören zusammen.

Schon ganz kleine Kinder drehen den Kopf in die Richtung, aus der ein Geräusch kommt. Sie wollen sehen, was da tönt. Mit Hilfe von Radio, Mikrophon und Lautsprechern können wir heute auch unsichtbar-gegenwärtige Sprecher hören. Doch bei einer öffentlichen Veranstaltung bleibt dies enttäuschend. Unsere Anteilnahme ist ungleich höher, wenn wir den oder die Sprecher auch sehen können. Darum wurden seit dem 4. Jahrhundert in großen Kirchen erhöhte Kanzeln eingebaut. Die vielen Menschen im Kirchenschiff konnten sehen, wer zu ihnen sprach und wie dieser mit seiner Person für seine Rede einstand. Heute werden Kanzeln nicht mehr benützt, weil die Verkündigung als Teil der Eucharistiefeier verstanden wird, die man nicht durch den Weg zur Kanzel unterbrechen möchte. Aber so gut wie auf der Kanzel sieht man die Sprecher am Ambo nicht.

Der liturgische Handlungsraum sollte deshalb entweder erhöht oder abgesenkt sein, wie im griechischen Theater und in den Hörsälen unserer Hochschulen. Die Lösung, Altarräume abzusenken, wird viel zu selten erprobt. Ein abgesenktes Rund konzentriert die Gemeinschaft der Teilnehmer ungleich mehr, als wenn in der Mitte oder gar in der Ferne etwas aufragt. In Köln, Regensburg und München waren zuletzt Papsthügel errichtet worden. Aber man hat nicht gewagt, wie damals in München den Altar in die Mitte zu stellen. Die Gläubigen wurden nicht um den Papst versammelt, sondern im Hinblick auf den Papst. Deshalb brauchte es mächtige Stufen und Sichtblenden, um die eine Person für 250000 sichtbar zu machen. Aus Sicherheitsgründen mußten die Stufen freibleiben. Dadurch entstand der Eindruck unzugänglicher Ferne, ganz anders als beim Eucharistischen Kongreß 1960, wo sich Bischöfe, Priester und Laien in konzentrischen Ringen um

den Altar versammelten. „Jesus Christus hat den Tisch in die Mitte der Welt gestellt" (Aloys Goergen). Die Liturgie hat seit 1960 den Altar als Mitte neu entdeckt. Sie sollte ihn auch bei Großveranstaltungen nicht zum Ziel in der Ferne machen.

39 Unser Kreuzzeichen

Wenn wir uns bekreuzigen, zeichnen wir mit den Fingern ein Kreuz auf unsere Stirn oder unseren Leib, dessen Linien gleich lang sind. Wenn der Bischof eine Kirche weiht, bezeichnet er die Wände mit zwölf Kreuzen mit gleichlangen Balken, den sogenannten Apostelkreuzen. Wenn der Papst den Segen „Urbi et Orbi" erteilt, schreibt er in die Luft drei Kreuze mit gleichlangen Balken. Warum nennen wir dann dieses unser Segenskreuz „griechisches Kreuz", so als ob es der griechischen orthodoxen Kirche gehörte oder von dort herkäme? Es ist vielmehr das Kreuz aller Christen und könnte deshalb „katholisches Kreuz" genannt werden, wenn wir katholisch im ursprünglichen Sinn als „für das Ganze" (griechisch kat'holon) verstehen und nicht als Konfessionsbezeichnung.

Das Kreuz mit den nach unten verlängerten Längsbalken dagegen nennen wir „lateinisch". Es ist viel später entstanden, erst nach der Erfindung des Kruzifixes (Kreuz mit daran befestigtem Leib) in der Zeit der Karolinger. Das lateinische Kreuz, das sich der Körperform eines Aufgehängten anpaßt, ist eigentlich ein leeres Folterinstrument, Bild des Balkens, an dem man Jesus von Nazaret hinrichtete.

Aber nicht nur diese geschichtliche Ableitung, sondern seine Form selbst stimmt traurig. Es wirkt in aller Regel als Pfeil nach unten, als depressives Zeichen. Die Hoffnung auf Auferstehung, auf Überwindung des Todes kommt in ihm nicht vor, sondern nur Trauer und Mitleid. Das „katholische" Kreuz dagegen mit seinen gleich langen Armen ist im Gleichgewicht. Gläubige Hoffnung und betroffene Trauer halten sich die Waage.

Als sichtbares Zeichen ist das Kreuz wie jedes (etwa das Verkehrs-) Zeichen ein Gegenstand optischer Wahrnehmung und deshalb nach wahrnehmungsästhetischen Gesetzen zu prüfen. Es ist nicht von vornherein über Kritik erhaben, weil es fromm oder gut gemeint ist. Je wichtiger wir das Kreuz nehmen, desto wichtiger wird auch seine Form.

In den Evangelien und den Briefen der Apostel wird das Kreuz Jesu immer nur Stauros (griechisch für Pfahl) genannt. Der erste Christ, der über die Form des Kreuzes nachgedacht hat, war Justin der Märtyrer. Justinus ist um 100 in Palästina geboren, hatte Philosophie studiert, ließ sich taufen und lebte als christlicher Lehrer und Philosoph in Rom bis zu seinem Martyrium 165. Er erinnerte an Plato, der die Welt als von Gott geschaffenes Sphärenkreuz beschrieben hatte, weil Sonne, Mond und Sterne immer wieder die Horizont-Ebene kreuzen. Nach Justin hat Gott die Welt so geschaffen, damit wir in ihr das Zeichen unserer Erlösung erkennen. Uns wird heute der Sonnenuntergang und die scheinbare Bewegung der Gestirne anders erklärt. Aber für die frühen Christen war das Kreuz mit gleichlangen Armen Zeichen, daß im Tode Jesu der göttliche Heilsplan erfüllt und das Universum in Christus harmonisch verbunden ist. Es ist Zeichen für Christus, die Mitte der Welt, von dem aus alle Himmelsrichtungen ausgehen und zu dem sie

zusammenströmen (Gregor von Nyssa). Das „katholische" Kreuz wurde deshalb nicht nur als Erinnerungszeichen an den Tod Jesu, sondern als Abbild des Kosmos und Zeichen der Erfüllung verstanden.

Wir sollten es deshalb auch wieder als unser Zeichen verstehen und gestalten. Es muß nicht das typisch westeuropäische Kruzifix verdrängen, sollte aber doch als Zeichen von höchstem Rang nicht nur beim Segnen in die Luft geschrieben, sondern auch als Zeichen der Andacht bleibend sichtbar vor Augen gestellt werden, wie dies die Edelsteinkreuze des ersten Jahrtausends getan haben.

Unsere Abbildung zeigt eine karolingische Silbermünze (Denar) Kaiser Ludwigs I. (814–840) aus einem Schatzfund in Freising. Die Umschrift lautet „+LUDOVICUS IMP", also „Ludwig, der Herrscher (Imperator)". Auf der Rückseite steht „CHRISTIANA RELIGIO", „christliche Religion".

40 Der Kelch

An einem Studientag des Münchner Priesterseminars haben zwanzig junge Theologen die Kelche des Münchner Doms (Bild) besichtigt. Denn das ästhetische Urteil entsteht im Vergleich. Die Kelche stammen aus dem 17. bis 20. Jahrhundert. Die meisten sind vergoldet. Unter ihnen fiel ein Edelstahlkelch ohne alle Verzierung auf. Ihn hielten die Studenten am Anfang für „spinnert", verrückt. Aber er wurde im Laufe des Tages immer verständlicher, immer schöner.

Ein barocker Kelch faßt einen halben Liter Wein. Dennoch wurde er immer nur mit einem sechzehntel Liter gefüllt. Denn nur einer, der Zelebrant, durfte daraus trinken, nachdem er zuvor auf lateinisch geflüstert hatte: „Trinket alle daraus" und „Tut dies zu meinem Gedächtnis". Der barocke Kelch war zwar ein Trinkgefäß, aber doch in erster Linie Symbol „des neuen und ewigen Bundes". Als Zeichen wurde der Kelch im Barock durch seine Größe, seinen Goldglanz und die darauf angebrachte Symbolik dargestellt: mit Edelsteinkreuzen, Email-Medaillons mit Abendmahlsszenen, mit in Silber getriebenen Dornenkronen, Engeln und so weiter.

Ist dies noch unsere Sprache? Wie ernst sollen wir die Worte „neu und ewig" nehmen? Widerspricht nicht der ausschließliche Gebrauch von alten oder auf alt gemachten Geräten der Forderung, die hinter „neu und ewig" steht? Die meisten Kelche „des neuen Bundes" sehen heute aus wie „altehrwürdig und früher".

Die Ästhetik der Moderne entstand zwischen 1910 und 1920 aus dem Widerspruch zum Historismus, aus der Ablehnung nachempfundener Formen. Sie erstrebte das Reine, das Geistige, das Elementare. Sie lehnte das Ornament und die Applikation überkommener Symbole ab. Grundformen wie Kubus, Kegel, Zylinder und Kugel wurden zum Ideal, dem die Architektur, das Design und die Malerei des Bauhauses nacheiferten. Die üppigen Verzierungen der Architektur, der Möbel und Geräte um 1900 wurden als unecht und verlogen verleumdet. Ethische Werte wie Wahrheit und Reinheit prägten die Streitschriften der Architekten und Künstler in Werkbund und Bauhaus.

Dieses Streben nach Reinheit trat nach 1900 nicht zum erstenmal auf. Es ist ebenfalls für das 11. Jahrhundert bezeugt, in den Schriften und Regeln von Bernhard von Clairvaux. Auch in den Kirchen der Bettelorden, der Dominikaner und Franziskaner, wird es spürbar. Ebenso wie im Bildersturm der Reformation und den weiten kahlen Kirchen der Calvinisten und in der sogenannten Revolutionsarchitektur um 1800. Jeder dieser Reinigungsprozesse verurteilte die üblichen Verzierungen und versuchte, die Schönheit des Reinen und Ursprünglichen wiederherzustellen. Er verdeckte wie frisch gefallener Schnee die bunten Blätter und zeigte die Formen der Erde klar und rein.

Der Kelch, den *Friedrich Koller* 1999 entworfen hat (Bild, im Vordergrund), besteht aus zwei gegenständigen Kegelformen, deren Spitzen in

einem Knauf zusammengefaßt sind. Der untere Kegel ist massiv. Er macht das Gefäß schwer und standfest. Bei barocken Kelchen ist der aus Silber getriebene Fuß hohl. Von unten gesehen wirken sie, wenn der Priester der Gemeinde zugewandt den Kelch erhebt, enttäuschend. Sie wurden früher in der Liturgie mit Velum verdeckt herein- und hinausgetragen und sind deshalb nur für den Blick aus der Nähe entworfen.

In der langen Sichtachse des Münchner Doms ist der Doppelkegelkelch das einzige Gefäß, das dem Fernblick standhält. Es wird als Gerät von heute für die Liturgie von heute erkannt, wirkt klar und rein und widerspricht dem verbreiteten Vorurteil, nur Verzierung mache schön.

41 Reine Form, Reinheit der Form

1960, rechtzeitig zum Eucharistischen Weltkongreß in München, wurde in der Wohnsiedlung „Parkstadt München-Bogenhausen" die Kirche Sankt Johann Capistran fertiggestellt. Ihr Architekt, Sep Ruf (1908–1982), wurde international bekannt durch den deutschen Pavillon auf der Weltausstellung in Brüssel 1956 und das Kanzleramt in Bonn. In München, wo er an der Kunstakademie den Architektur-Lehrstuhl innehatte, war er der profilierteste Vertreter der internationalen Moderne in der Nachfolge des Bauhauses. Er hat zwei Kirchen gebaut. Die erste, Zwölf Aposteln in München Laim, 1952, war ein ganz moderner Bau auf einem konventionellen Grundriß, ein rechteckiger Langbau mit runder Apsis. In der Folge kam der Architekt durch den Theologen Aloys Goergen, der an der Kunstakademie Ästhetik lehrte, mit den Gedanken der liturgischen Erneuerung in Berührung. In seiner zweiten Kirche, Sankt Johann Capistran, stellte er den Altar als großen Nagelfluhblock in die Mitte und fügte den Bau im Kreis darum. Von außen und von innen stellt sich das Bauwerk als Mauerkreis dar, gefügt aus rotem Sichtziegelmauerwerk. Nur im Grundriß und an der zentralen Lichtkuppel sieht man, daß der äußere und der innere Kreis nicht konzentrisch angelegt sind. Dort, wo die Kreise sich überschneiden, steht die gläserne Eingangsfront. Dort, wo sie auseinandertreten, sind im sichelförmigen Zwischenraum Sakristei, Taufkapelle und Beichtraum angelegt. Die flache Decke ist aus radial angeordneten Holzstäben gebildet. Sie ist von der Mauerkrone durch ein Lichtband getrennt und in der Mitte durch ein Lichtauge mit fünf Metern Durchmesser geöffnet. Die Kirche hat – wie das Pantheon in Rom – keine Andachtsecke, in die man sich zurückziehen könnte. Die Kreisform selbst ist meditativ. Der schmucklose Altar erscheint als ruhende Mitte einer kreisenden Welt.

Die hier abgebildete Außenansicht läßt die Raumanlage nur erahnen. 22 schlanke Pendelstützen aus Stahlrohr halten das Dach. Sie betonen in ihrer Schlankheit die Macht der runden Mauer, die als geheimnis- und bedeutungsvolle bergende Form erscheint.

Die Pfarrkirche wurde zu Münchens letzter „Kathedrale". Denn an ihr wirkten, dem Ideal des Bauhauses folgend, Steinbildhauer (Josef Henselmann), Bronzegießer (Heinrich Kirchner), Glasmaler (Josef Oberberger) und Silberschmied (Franz Rickert), alle Professorenkollegen des Architekten, in schöpferischer Zusammenarbeit mit. Der Bau hätte Weichen stellen können für den künftigen Kirchenbau. Aber der Tod des Erzbischofs, Kardinal Wendel, am letzten Tag des Baujahres, zerstreute die Mannschaft. Münchens neuer Erzbischof, Julius Döpfner, regelte die Zuständigkeit für Bau und Kunst anders und setzte andere Akzente. Kirchenbauten mit hohem künstlerischem Anspruch gehörten nicht zu seinen Prioritäten.

Darum fand Sankt Johann Capistran keine Nachfolge und erscheint heute noch vielen Theologen als zu modern. Auch die Gemeinde tut sich

schwer mit dem formalen und künstlerischen Anspruch. St. Johann Capistran nahm 1960 in vielem die liturgische Erneuerung des Zweiten Vatikanischen Konzils (1962–1965) vorweg. Heute erscheint es, als ob viele jüngere Kirchbauten eher hinter den Idealen des Konzils zurückbleiben möchten. Die Modernität dieser Kirche ist auch im Zeitalter der Postmoderne nicht überholt.

42 „Seven virtues" – Tugenden heute

Für die Ausstellung „Schöpfung" im von Papst Johannes Paul II. ausgerufenen Gott-Vater-Jahr 1999 hat der in Düsseldorf lebende Künstler Mischa Kuball (geb. 1959) die Installation „Seven virtues" („Sieben Tugenden") geschaffen. Seit 2002 ist sie in der ehemaligen Küche des Knabenseminars im Untergeschoß des Dommuseums Freising ausgestellt. Der Verein „Ausstellungshaus für christliche Kunst in München" machte den Erwerb möglich. Für die meisten Kinder und Jugendlichen ist sie der Höhepunkt ihres Museumsbesuchs: „Am schönsten ist der Sternenraum", schreiben sie immer wieder in das Besucherbuch.

Das Wort „Tugend" hat etwas altväterlich Abgestandenes. Es kommt am ehesten noch verkleinert als „Sekundärtugenden" im öffentlichen Sprachgebrauch vor. Im „Sternenraum" aber sind die Jugendlichen bereit, sich stundenlang mit Namen und Begrifflichkeit von Tugenden auseinanderzusetzen, weil im Ineinander der leuchtenden Buchstaben ein Kosmos von großer Schönheit entsteht (Bild). Natürlich funktioniert die Arbeit zunächst über die Diskokugeln, die den jungen Leuten als Teil ihrer Welt vertraut sind. Diese Kugeln, auf Kniehöhe aufgehängt, reflektieren nach allen Seiten Buchstaben der Worte Maß, Weisheit, Stärke, Gerechtigkeit, Liebe, Hoffnung, Glaube. Die aus der antiken Philosophie (Plato, Seneca) stammenden vier sogenannten Kardinaltugenden sind mit den aus dem ersten Korintherbrief bekannten drei theologischen Tugenden nach der Tradition der Kirchenväter zur Siebenzahl, den Tagen der Woche und der Schöpfung, zusammengefügt. Jede Kugel repräsentiert eine Tugend.

Einige Theologen zeigten sich von der Reihenfolge irritiert. Aber die Installation begann mit dem „Maß nehmen", dem Vermessen des Raumes und der Entfernung zwischen Projektor und Spiegelkugel. Der Glaube ist an das räumliche Ende gesetzt, weil wir im Licht des Glaubens die Welt als gute Schöpfung erfahren.

Kein Besucher kann sich dem Werk entziehen. Sobald er den Raum betritt, gleiten die Lichtzeichen über seinen Körper, über seine Kleidung. Er taucht ein in ein Meer von Bedeutungen, in dem siebenmal die Sonne aufgeht, ihm selbst aber der Boden unter den Füßen entzogen ist. Direkt unter den Kugeln bilden die Lichtzeichen ein dichtes konzentrisches Muster, das sich nach außen weitet. Dazwischen versucht man zu gehen und sieht nicht mehr, wohin man die Füße setzt, vielmehr, daß auf Schuhen und Beinen Lichter erscheinen. Das Licht ist in Buchstaben geformt, die Wörter bilden und Sinn vermitteln. Das uralte Staunen des Menschen angesichts des Sternenhimmels und seiner Bewegung, das thaumazein, das Wundern als Ursprung aller Fragen nach dem Sinn der Welt, wird hier ins Bewußtsein gerufen. Die Utopie eines von Tugenden regierten Kosmos ohne Zusammenprall – gewaltlos, friedfertig, schön – scheint auf.

Soziologische Untersuchungen haben nachgewiesen, daß die katholische Kirche mit ihrer Zeichensprache und ihrem visuellen Erscheinungsbild, mit ihrer Semantik und Ästhetik nur den traditionell-konservativ ausgerichteten Teil der Bevölkerung Deutschlands erreicht. Damit kann sie sich nicht begnügen. Sie hat den Auftrag „Licht der Welt" zu sein (Mt 5,14). Mischa Kuball hat ein Werk geschaffen, das diese Grenzen überspringt.

Der englische Titel seven virtues leistet etwas, was die deutsche Übersetzung nicht kann: nämlich an die virtuellen Welten, die besonders Jugendliche faszinieren, zu erinnern. Diese sind häufig von „star wars", von Kämpfen mit Außerirdischen und Monstern, erfüllt. Dem setzt der Künstler das Abenteuer einer gerechten, von Liebe erfüllten Welt entgegen. 2006 zeigte er eine Lichtinstallation in den benachbarten Kirchen St. Peter und St. Cäcilia (Schnütgen Museum) in Köln.

43 Ein priesterlicher Gestus?

Kleine Kinder sind klein, Erwachsene riesengroß. Darum strecken Kleinkinder ihre Arme nach oben, wenn sie getröstet, gefüttert, auf den Arm genommen werden möchten. Die Mutter, der Vater, die Kindergärtnerin beugt sich herunter und hebt das Kind auf. Mit dem Erlebnis, daß Hilfe von oben kommt, wächst der Mensch auf. Andere Lebewesen haben andere Verhaltensformen, die Aufmerksamkeit der Eltern auf sich zu lenken. Von der frühkindlichen Prägung ist der Gestus in die Religionen der Welt gewandert. Juden, Muslime und Christen erheben ebenso wie die Ägypter, Griechen und Römer ihre Hände zum Gebet. Heute lernen wir jedoch, daß Gott nicht über den Wolken wohnt. Dort fliegen nur Flugzeuge. Das Weltbild der modernen Physik hat unsere Meinung von oben und unten gründlich ausgetrieben, aber die allen Menschen gemeinsame Grunderfahrung, daß Hilfe von oben kommt, ist durch Physik nicht aufzuheben. Sie ist in unserer Natur als Zweibeiner verankert, ist eine anthropologische Konstante. Sie wird seit dem Altertum belegt durch Bilder von hilfeflehenden und betenden Menschen. Darum war es eine weise Entscheidung der Liturgiereform, die Teilnehmer am Gottesdienst aufzufordern, beim Herrengebet, dem Vaterunser, zusammen mit dem Priester die Hände zum Gebet zu erheben.

Zähneknirschend haben sich viele Pfarrgemeinden daran gewöhnt, weil sie es einsahen, wenn es auch ihrer Gewohnheit widersprach. Heute wird es ihnen von vielen Seelsorgern wieder ausgetrieben. In einer Verlautbarung der deutschen Bischöfe (Nr. 62, 1999) wird gefordert, diesen Gestus für den zelebrierenden Priester zu reservieren, wie es früher üblich war. Der Priester betete und feierte für die andächtig aber untätig anwesende Gemeinde. Das Zweite Vatikanische Konzil aber hat die feiernde Gemeinde wieder entdeckt, sie zu tätiger Anteilnahme aufgefordert.

In der französischen Landpfarrei, in der ich seit dreißig Jahren die Sonntagsgottesdienste in den Sommerferien mitfeiere, haben die Bauern, Bäuerinnen und Rentner sehr mühsam gelernt, beim Vaterunser die Hände ein bißchen zu erheben. Der jetzige Seelsorger aber ist dagegen, ebenso wie gegen die Unruhe, die beim langen Austausch von „Zeichen des Friedens" in der Kirche herrscht. Es ist bewegend zu sehen, wie unsicher gerade die älteren Gottesdienstbesucher (junge kommen nicht) geworden sind: Sollen wir? Dürfen wir? Oder sollen wir wieder so wie früher ganz still sitzen? Wie viele solcher Verunsicherungen ihrer Gläubigen kann sich die Kirche leisten?

Die Hände zu erheben, ist ein in der menschlichen Natur liegender, überall auf der Welt verbreiteter Gestus, der uns auch von den Psalmen empfohlen wird („Jeden Tag, Herr, rufe ich zu dir; ich strecke nach dir meine Hände aus", Psalm 88,10; ähnlich Pss 63,5; 119,48; aber auch die Psalmen waren in der lateinischen Kirche lange Zeit ein den Priestern vorbehaltener Text).

Die Hände zu falten, ist dagegen ein vergleichsweise junger Gestus. Er entstand im mittelalterlichen Lehenswesen. Der Vasall legte seine gefalteten Hände in die Hände des Lehensherrn, der sie zum Zeichen der Unterwerfung und des Schutzes mit beiden Händen umfaßte. Später hat man die vor der Brust gefalteten Hände als Ausdruck eines in Andacht brennenden Herzens gedeutet. Will die Kirche wirklich von den Laien diesen mittelalterlichen Gestus der Unterwerfung fordern und das Erheben der Hände den Priestern vorbehalten? Und damit zum Ausdruck bringen, nur das Gebet der Priester sei Gebet im vollen Sinn des Wortes? Oder sind all die in den frühchristlichen Katakomben dargestellten mit erhobenen Händen betenden Frauen Bilder von Priesterinnen? Unser Archiv-Bild zeigt ein Grabfresko für eine Frau namens Dionysas-Dionisia aus der Kallistus-Katakombe in Rom.

44 Christkönig

Ein gefolterter Angeklagter gesteht vor seinem Richter: „Ja, ich bin ein König". Dieser Abschnitt des Johannes-Evangeliums wird als Festtagsevangelium von der Kirche am Christkönigsfest im Lesejahr B vorgetragen. Der Text entspricht nicht den Bildern, die man zum Thema Christkönig – das Fest wurde 1925 von Papst Pius XI. eingeführt – in unseren Kirchen entwarf. Die Situation des Angeklagten vor dem Richter war in zahllosen Kreuzwegstationen in katholischen Kirchen verbildlicht. Von dort ging keine Bilderfindung für Christkönig aus. Auch die Paralleltexte aus der sogenannten Matthäus-Apokalypse – „Wenn der Menschensohn in seiner Herrlichkeit kommt und alle Engel mit ihm, dann wird er sich auf den Thron seiner Herrlichkeit setzen" (vgl. Mt 25,31) – oder aus dem Lukas-Evangelium „Über ihm war eine Tafel angebracht; auf ihr stand: Das ist der König der Juden" (vgl. Lk 23,35) –, die in den Lesejahren A und C vorgelesen werden, wurden nicht zum thematischen Bilderkern des neu eingeführten Festes, denn man suchte nur in Bilderfindungen der Vergangenheit.

Die Kirche war 1925, eigentlich seit Papst Pius IX., in einen Abwehrkampf gegen die Moderne verstrickt, in eine „defensive Kräftekonzentration" (Hubert Jedin), die sie blind und taub werden ließ gegen die religiösen, spirituellen Aufbrüche der Moderne am Anfang des 20. Jahrhunderts. Damit war auch die kirchliche Kunst in ein Getto gesperrt, dem Licht und Luft fehlten. Die neuen Christkönigsbilder lehnten sich an romanische und ägyptische Herrscherbilder an, waren steif, prunkvoll und hieratisch (priesterlich), und sie verwechselten Hierarchie mit Monarchie, Herrschaft des Heiligen mit Herrschaft eines Einzelnen, oder Gottesherrschaft mit Königsherrschaft.

Die Kunst der Ostkirche hat dagegen ein Christusbild entwickelt, das „Pantokrator", Allherrscher, genannt wird. Es zeigt einen Philosophen, einen Mann mit langem Haar und Bart und einem Buch, aber ohne Krone und Szepter. Es erscheint in der Deckenmalerei byzantinischer Kirchen und seit dem 7. Jahrhundert auf byzantinischen Münzen. Christus wird dort „König der Könige" genannt, aber er trägt keine Krone. Dies tut nur der Kaiser zu seinen Füßen. Zwischen dem Gottesbild und dem Herrscherbild wurde deutlich unterschieden. 1925, als die meisten Staaten Europas ihre Monarchen verjagt hatten, tat man das nicht mehr. Christus wurde von der Kirche als König gefeiert und von Künstlern als Monarch dargestellt, just in dem Moment, als die Monarchien entwertet waren.

Im Hauptdeckenbild des Freisinger Doms, der nach jahrelanger Restaurierung 2006 wieder geöffnet wurde, hat Cosmas Damian Asam 1724 einen Christus gemalt, der Kronen verteilt, nicht selbst gekrönt und verherrlicht wird. Der gekreuzigte Auferstandene des Freisinger Domgewölbes krönt die Heiligen mit der Krone des Lebens. Dies ist der Wille des Vaters im Himmel, dessen Bild im Gewölbescheitel erscheint. Alle Gläubigen sind aufgefordert,

durch Glaube, Hoffnung und Liebe sich den Heiligen anzuschließen und mit ihnen die Krone des Lebens zu empfangen. Das Bild des Auferstandenen, der die Krone des Lebens darbietet, trägt heute weiter als das eines gekrönten Monarchen auf Wolken.

Die Restaurierung der Raumschale (Stuck, Wand- und Deckenmalerei) des Freisinger Doms ist ein Beispiel dafür, wie durch Denkmalpflege unser Glaube gewinnend neu anschaulich wird. Denkmalpfleger und Theologen stehen sich oft aus Unkenntnis feindselig gegenüber.

Staatliche Denkmalpflege wird von vielen Kirchengemeinden als Einmischung und Einschränkung ihrer Gestaltungsfreiheit empfunden, und manche staatliche Denkmalpfleger verstehen sich als Aufsicht, um kirchliche Unkultur zu verhindern. In der verständnisvollen Zusammenarbeit von staatlicher und kirchlicher Denkmalpflege aber können Räume unseres Glaubens wiedergewonnen werden, die als Raumkunstwerke weit über die Gemeinde der Kirchgänger hinaus wirken.

45 In Geist und Wahrheit

Im Gespräch mit der Samariterin am Jakobsbrunnen überliefert das Johannesevangelium die Forderung Jesu, Gott „in Geist und Wahrheit" anzubeten (4,23). Aber vermitteln das Schauspiel der Liturgie, ihre Geräte und die Ausstattung unserer Kirchen Geist und Wahrheit?

Wenn am Sonntag das Evangelienbuch nach der Lesung weggelegt wird, weil man jetzt andere Bücher und Zettel braucht; wenn die Gaben der Gläubigen, die bei der Gabenbereitung eingesammelt werden, nicht zum Altar, sondern in die Sakristei gebracht werden; wenn am Karfreitag der Hymnus vom Triumph des Kreuzes gesungen und danach ein Marterbild enthüllt wird; wenn für die Kommunion alte Hostien aus dem Tabernakel geholt werden: Solche Gelegenheiten, wo Absicht und Durchführung eines Ritus, wo Gebet und Gestus sich widersprechen und das Ritual damit unwahr wird, gibt es in vielen Pfarrgemeinden regelmäßig. Wie sieht dann unser Glaube aus?

Die Kommunion wurde bis ins 13. Jahrhundert unter den Gestalten von Brot und Wein gespendet. So geschieht dies auch heute noch in den meisten christlichen Kirchen – außer in der katholischen. Hier haben die Konzilien von Konstanz (1414–1418) und Trient (1548–1563) erklärt, daß Christus in Brot und in Wein je ganz gegenwärtig sei. Deshalb sei die Reichung des konsekrierten Weins an Laien überflüssig und zu verbieten. Seit dem Zweiten Vatikanischen Konzil ist die Kelchkommunion für alle nicht mehr grundsätzlich verboten. Aber wir haben Schwierigkeiten mit dieser Art, das Sakrament zu spenden. Der Ausweg, den man im Barock gefunden hatte – das Brot in einem Trinkgefäß zu reichen –, sollte jedenfalls nicht mehr begangen werden.

Zu den ältesten Forderungen der Reformatoren gehört, daß das Wort Jesu „Trinket alle daraus" ernst genommen werden müsse. Daher die Forderung nach dem „Laienkelch", die zuerst von *Jan Hus*, dann von *Martin Luther* und vielen anderen erhoben wurde. Der Laienkelch wurde zum Unterscheidungsmerkmal reformatorischer Liturgie.

Nach dem Verbot durch das Trienter Konzil entstanden katholische Ersatzlösungen, zum Beispiel der Brautwein. Dem Brautpaar wurde bei der Hochzeitsmesse am Altar Wein zu trinken gegeben, aber nicht konsekrierter, sondern nur gesegneter Wein aus einem eigenen Kelch. Während sich dieser Brauch verloren hat, ist ein anderer bis heute erhalten geblieben: Der Altardienst holt nach dem Vaterunser aus dem Tabernakel ein Ziborium, einen großen Kelch, aus dem er konsekrierte Hostien verteilt. Anschaulich wird den Laien ein Kelch gebracht. Aber er ist mit Brot gefüllt, mit den Hostien von Messen der letzten Wochen.

Als Gefäß zur Aufbewahrung einiger konsekrierter Hostien ist das Ziborium im Mittelalter entstanden. Es hatte zur würdigen Handhabung oft Fuß und Stiel wie ein Kelch, aber statt der Trinkschale ein Deckelgefäß, meistens

achteckig in Formen einer Miniaturarchitektur. Seit 1600 hat es die Kelch-
form, und zwar in der Größe der Abendmahlskelche, die in der evangelischen Kirche verbreitet waren. Auf den Deckel konnte eine Krone aufgesetzt und daran ein textiles Mäntelchen befestigt werden. So wurde das
Ziborium zur Anbetung ausgesetzt und mit ihm der eucharistische Segen
gespendet, in einer Form, die weniger feierlich war als Aussetzung und
Segen mit der Monstranz. Unsere Abbildung zeigt ein Ziborium, das der
Münchner Goldschmied Johann Michael Ernst um 1710 geschaffen hat und
das 1791 der Münchner Frauenkirche gestiftet wurde. Das Gefäß ist von
Weinranken in Silberfiligran übersponnen. Es hat, wenn man Krone und
Deckel abnimmt, Form und Größe eines evangelischen Abendmahlskelches,
war aber immer nur für Hostien bestimmt.

Es gibt Formen, die in sich unwahr sind. Brotkelche gehören dazu. Wir
sollten sie nicht länger verwenden, sondern sie in den Museen unserer
kunstvollen Irrtümer verwahren.

46 Leib Christi

In Beitrag 45 zeigten wir einen Brotkelch, ein Ziborium, wie er seit 1600 in vielen katholischen Kirchen in Gebrauch ist. Heute stellen wir eine Pyxis vor, die griechische Ahnfrau unserer Büchse; so werden die älteren Behälter für Hostien genannt. Die Hostienbüchse ist nicht vollständig erhalten. Es fehlen der Fuß und der Deckel. Erhalten ist nur die Wandung, geschnitzt in Paris aus dem Stoßzahn eines afrikanischen Elefanten, vor 700 Jahren.

Um 1300 war Elfenbeinschnitzerei eine Spezialität der Pariser Kunsthandwerker, den „Ymagers en ivoire", den Bildermachern aus Elfenbein, die eine ganze Straße mit ihren Werkstätten besetzten. Niemand weiß, wie diese Menschen an das afrikanische Material kamen. In Afrika hat man bis heute keine französischen Münzen oder Handelswaren des Mittelalters gefunden, gegen welche das Elfenbein getauscht worden wäre. Daß im Mittelalter Schiffe von Frankreich nach Westafrika segelten, ist auch nicht überliefert. Fest steht aber, daß diese interkontinentale Handelsverbindung durch den Hundertjährigen Krieg gegen England (1337–1453) abgebrochen wurde und damit das Handwerk mangels Werkstoff erlosch. Davor wurden Luxusartikel für den Adel, kleine Kästchen und kleine Andachtsbilder geschnitzt, die in vielen Kirchenschätzen überliefert sind.

Die Hostiendose zeigt in zwei Bildstreifen ihren Inhalt an: den Leib Christi, in unserer Aufnahme Geburt im Stall und Tod am Kreuz. Die Szenen unten sind in Arkaden gefaßt, die in der oberen Reihe breiter ausladend. Einer alten und in der Ostkirche bis heute fortdauernden Tradition folgend, ist Maria als von der Geburt erschöpfte Frau liegend dargestellt. Sie richtet sich auf einem Ellenbogen auf und wendet sich ihrem gewickelten Kind zu. Zwei liegende Tiere, Ochs und Esel, deuten den Ort, die Krippe und den Stall an. Joseph sitzt im Hintergrund, in der Haltung der Erschöpfung. Rechts schließen die Figuren von zwei zur Krippe eilenden Hirten an. Die Anbetung des Kindes durch die Magier aus dem Osten nach Matthäus und die Flucht nach Ägypten bilden die anderen Szenen der oberen Bildreihe.

Daß Brot in jeder Messe Leib Christi genannt wird, ist eine Zumutung an den Glauben. Die Kunst der Goldschmiede und Elfenbeinschnitzer, welche die Gefäße und Geräte der Kults hergestellt haben, sollte glauben helfen, sollte anschaulich machen, was der Glaube bedeutet. Mit den Worten Thomas von Aquins aus dem Hymnus „Pange lingua": Sie sollte das Defizit der Sinne, die den Leib Christi im Brot nicht erkennen, abarbeiten. Dies bleibt eine Aufgabe des Kultgeräts bis heute. Auch wenn uns die unmittelbare Übersetzung der Evangelien in erzählende Reliefs heute kaum mehr möglich scheint und wir andere Weisen künstlerischer Umsetzung brauchen.

In seinen vom Gebrauch abgegriffenen Reliefs enthält das 700 Jahre alte Kultgefäß eine evangelische Wahrheit: Christus ist geboren unter Schmer-

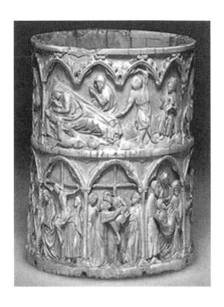

zen und Anstrengung wie jeder Mensch, und er ist nicht leuchtend vom Himmel gefallen, wie die meisten Weihnachtsbilder in Westeuropa seit 1400 glauben machen wollen. Er brauchte die liebevolle Sorge einer Mutter, die ihn „in Windeln gewickelt" hat, wie es der Evangelist Lukas erzählt und wie es hier zu sehen ist.

Die falschen Bilder eines leuchtend-nackten Kindes und einer kniend-anbetenden Mutter brauchen wir deshalb nicht zu beseitigen. Aber wir sollten wissen und erzählen, daß sie nicht dem Evangelium entsprechen, sondern einer zeitgebundenen spätmittelalterlichen Mystik. Weihnachtsbilder und Krippen heute dagegen sollten wieder dem Evangelium folgen und nicht einer vergleichsweise jungen falschen Tradition.

47 Krippe und Christbaum

Die Geburt Jesu wird seit dem 4. Jahrhundert am Jahresende, in der Zeit der Wintersonnenwende, gefeiert. Seit 400 Jahren prägen zwei ganz unterschiedliche Zeichen dieses Fest: Christbaum und Krippe. Der Christbaum ist zuerst im Elsaß nachgewiesen, in Bürgerhäusern in Schlettstadt und Straßburg, die Krippe in Jesuitenkirchen von Coimbra, Prag und Altötting. Die ersten Christbäume waren mit Äpfeln, Hostien und Kerzen geschmückt. Sie wurden am 24. Dezember aufgestellt, nach dem alten kirchlichen Kalender der Gedenktag von Adam und Eva. Das Grün erinnerte an das Paradies, die Äpfel an den Sündenfall, die Hostien an die Erlösung, die Kerzen an Christus, „das wahre Licht, das in die Finsternis kam" (Joh 1,4–9). Der ganze Baum war Licht in der Finsternis der längsten Winternacht und Zeichen der Erlösung. Der Brauch, ihn im Wohnraum aufzustellen, wurde später durch die Hugenotten vom Elsaß aus nach Frankreich, in die Pfalz, nach Baden und andere evangelisch gewordene Landschaften verbreitet. In Bayern führte ihn Karoline von Baden, die erste Königin von Bayern, zum Weihnachtsfest 1800 ein.

In der Biedermeierzeit wurde der Christbaum zum Inbegriff der „Deutschen Weihnacht". Unser Bild zeigt eine Darstellung zum Märchen vom Tannenbaum von Hans Christian Andersen. Als die Nationalsozialisten ihn zum Zeichen eines heidnisch-germanischen Julfestes machen wollten, wurde er als Antwort darauf auch in katholische Kirchen übernommen. Seither umrahmen symmetrische Fichtenwälder viele Altarräume in der Weihnachtszeit. Aber der ursprüngliche Sinn, der sich im Grün, im Apfel, der Hostie und dem Licht konkretisiert, wird kaum irgendwo gesucht. Außerhalb der Kirchen wurden Christbäume, überreich beladen, zum Symbol des Konsums.

Wenn wir seine christliche Botschaft wieder entdecken wollen, sollten wir in der Kirche nur einen Baum aufstellen, ihn mit Äpfeln, Hostien und Wachs(!)kerzen schmücken und die Texte vom Paradies, vom Licht, vom Abendmahl lesen.

Das Figurentheater der Weihnachtskrippe haben die Jesuiten vielleicht nicht erfunden. Aber als Medium der Verkündigung haben sie es überall auf der Welt verbreitet, in Portugal, Böhmen und Bayern, in ihren Missionsgebieten in Amerika und Asien. Die Figuren aus Holz, Wachs oder Terrakotta wurden so aufgestellt und beleuchtet, daß sie zu sprechen und zu handeln scheinen. Das Geschehen wurde sowohl als Erzählung aus alter Zeit und einem fernen Land historisiert, als auch im Hier und Heute vergegenwärtigt. Das neue Bildmedium wurde zu einem Welterfolg. Bald wurden Weihnachtskrippen auch an Fürstenhöfen, in Bischofs- und Klosterkirchen nachgebaut, im 19. Jahrhundert dann auch in Privathäusern.

Mit den Krippen wurden zunächst das Weihnachtsevangelium des Lukas und die Erzählung von den Weisen aus den Morgenland nach Matthäus illustriert. Bald aber überlagerten andere weihnachtliche Legenden, Privatoffenbarungen und Dichtungen die knappen Berichte der Evangelisten. Um

1900 bemühte man sich darum, in den Figuren und Landschaften Palästina realistisch darzustellen. Seit 1930 setzten sich Heimatkrippen mit blonden Frauen und Kindern in Trachtenkleidung durch.

Heute sollte sich eine Kirchenkrippe neu mit den Texten des Evangeliums auseinandersetzen. Sie sollte fremde Motive aus Privatoffenbarungen, Apokryphen und Weihnachtsmärchen reduzieren und sich entweder um Authentizität bemühen oder um Modernität. Entweder man entscheidet sich, Palästina zur Zeit Jesu nachzustellen, also Jesus und seine Mutter als orientalische Juden zu entdecken, oder man überträgt das Geschehen in unsere Gegenwart: Wo würde heute eine überall abgewiesene junge Schwangere ihr Kind bekommen können? In einer Tankstelle? Einem Gewerbepark? Und wen würden die Engel in der Nähe wach finden? Obdachlose, Polizisten, Müllmänner?

Die Geburt Jesu mit Figuren und Kulissen in eine angeblich „gute, alte Zeit", beispielsweise ein Bergdorf des 18. Jahrhunderts, zu versetzen, ist verlogen. Krippen sollten nicht gemütlich sein, sondern aufregend wie die Geburt und das Leben Jesu.

48 Gott ist Mensch geworden

Nach 2000 Jahren christlicher Sozialisation geht uns der Satz „Gott ist Mensch geworden" leicht von den Lippen. Schwieriger wird es, wenn wir die heute üblichen Worte für Neugeborene benützen: „Gott ist Baby geworden" oder „Gott ist Säugling geworden". Für das Lukasevangelium war die Geburt Jesu ein natürlicher Vorgang: „Sie gebar ihren erstgeborenen Sohn, wickelte ihn in Windeln" (2, 7). So aber sehen die Weihnachtsbilder in unseren Kirchen und Museen und auf den Weihnachtspostkarten nicht aus. Da liegt ein nacktes Kind mit Goldstrahlen auf dem Boden und wird von einer Frau mit langem offenem Haar kniend angebetet.

Es war eine Frau, die sechs Kinder geboren hatte, und die wußte was für eine harte und schmutzige Arbeit Gebären ist: die heilige Birgitta von Schweden, die seit 1370 alle bei uns verbreiteten Bilder von der Anbetung des neugeborenen Jesus angeregt hat. Zuvor, und in der Ostkirche bis heute, wurde Maria dargestellt, wie sie erschöpft von der Geburt auf einem Lager liegt und sich ihrem gewickelten Kind liebevoll zuwendet.

Distanzierte Anbetung statt tätiger Zuwendung – dieser Wandel in der Bildvorstellung hat mit Reinheitsvorstellungen zu tun. Birgitta wollte sich die Jungfrau Maria nicht mit Blut befleckt vorstellen, das göttliche Kind nicht an einer Nabelschnur hängend. Darum beschrieb sie eine Vision, wie Maria allein mit aufgelöstem Haar im Stall von Betlehem betete und plötzlich das Kind vor ihr lag, ganz rein und leuchtend wie die Sonne. In den entsprechenden Bildern wurde Jesus zum Sternenkind, nicht zum Menschensohn.

Darstellungen einer Geburt gibt es in der europäischen Kunst nicht. Sie sind möglich, wie Beispiele der afrikanischen und altamerikanischen Kunst zeigen, aber nicht in einer Bildwelt, die auf die Griechen zurückgeht. Hier war nur die Sorge um das neugeborene Kind und das Nähren an der Brust bildfähig. Die stillende Gottesmutter war ein beliebtes Andachtsbild der frühen niederländischen Kunst. An diese Tradition knüpfte Rembrandt 1635 an (vgl. Bild). Er zeigt eine Frau in einer einfachen Tracht, die ein dicht eingewickeltes Kind an ihre Brust hält. Das Kind ist satt und schläft ein; sein Mund und die Brust sind von Milch und Spucke verschmiert. Aber das Kind darf noch nicht schlafen, es kann noch nicht in das Korbbett gelegt werden. Es muß erst aufstoßen, sonst wird es die Milch erbrechen. Alle Eltern und Kinderpfleger wissen das. Nach dem Stillen ist ein schwieriger Moment, das Kind will satt einschlafen, soll schlafen, aber erst muß man es noch ein wenig aufrecht halten, den Schlaf verzögern, bis zum befreienden Aufstoßen. In diesem Moment des gespannten Wartens muß es still sein. Darum hat der Mann im Bild, Josef, sein Werkzeug – Bohrer, Sägen, Beil – beiseite gelegt und beugt sich ganz sanft und aufmerksam über das Kind.

Jeder, der mit kleinen Kindern zu tun hatte, kennt diese Situation und erkennt sie im Bild Rembrandts wieder. Eine alltägliche, menschliche Situation, die in der nebenstehenden Radierung nochmals – anders – dargestellt ist.

Nichts weist auf die göttliche Natur des Kindes hin: Gott ist Säugling geworden. Er, der allen Vögeln ihre Nahrung gibt, begnügt sich mit ein paar Tropfen Milch, wie der Dichter Sedulius im 5. Jahrhundert schrieb.

Rembrandt hat die Menschwerdung Gottes ernst genommen, wörtlich verstanden. Katholische Weihnachtsbilder sind „göttlicher". Strahlen, Goldglanz und Engel möblieren unsere Krippen zu Vorsälen des Himmels, so als ob Jesus von Nazareth gar nicht wirklich auf der Erde gelebt hätte. Peter Paul Rubens ist in seiner Hirtenanbetung für Neuburg an der Donau 1620 Rembrandt vorausgegangen in seinem Verzicht auf übernatürliche Lichterscheinungen. Sein weiß gewickeltes Kind liegt auf gelbem Stroh, das von einer Laterne so beleuchtet wird, daß es zu glänzen beginnt. Rembrandt zeigt nicht den Stall von Betlehem sondern die Werkstatt in Nazareth, kein Weihnachtsfest, sondern den Alltag einer jungen Arbeiterfamilie mit unendlicher Zärtlichkeit und Geduld.

49 Adam und Eva an der Krippe

Von einem hellgelben Strohhaufen heben sich ein blauer Esel und ein roter Ochse ab, daneben ganz in blauem Umriß eine Frau mit einem nackten Kleinkind, am Rand der Futtertrog, die Krippe, als notdürftiger Kinderbettersatz. Die Szene ist in eine rechteckige Form eingepaßt, die Andeutung eines Stalls. Ihm fehlt die Vorderwand, er ist offen wie ein Puppenhaus. Giotto di Bondone hat um 1300 die biblische Geschichte in solchen Puppenhäusern ausgemalt. Über dem Stalldach befindet sich auf unserem Bild ein nachtblauer Himmel mit einem Gestirn. Von rechts schreitet ein nackter roter Mann vor blauem Grund auf das Licht des Stalls zu, von links eine Frau mit einem grünen Tuch um die Hüften, begleitet von einem Reh.

Das Gemälde steht in einem Geflecht von Traditionen: Die Geburt im Stall nach der Erzählung des Lukasevangeliums wird seit 320 mit einer Krippe und Tieren dargestellt. Ausgehend von dem Vergleich Adam und Christus bei Paulus (1 Kor), entwickelten die Kirchenväter seit dem 4. Jahrhundert das Gegensatzpaar Eva und Maria, das bald zu einem Thema von Dichtung, Malerei und Skulptur wurde. Eine künstlerische Tradition wurde bereits genannt, die kirchliche Monumental-Malerei der Toskana um 1300. In Florenz und Siena wurden damals die Grundlagen der europäischen Malerei erarbeitet.

Aber der Maler unseres Bildes, Karl Caspar (1879–1956), wählte andere Farben. Weder nackte Männer noch Ochsen sind rot, Esel sind nicht blau. Seine Farben bilden nicht mehr ab. Damit steht er in der Tradition der Malerei des „Blauen Reiter". Die kleine Münchner Künstlergruppe wollte 1912 damit aufhören, einfach Sichtbares wiederzugeben. Statt dessen wollte sie „sichtbar machen", wie es Paul Klee formulierte.

Dieser Ausstieg aus dem überlieferten Aufgabenkreis der Kunst, nämlich Natur nachzuahmen, wie es seit Aristoteles als selbstverständlich galt, ist das einzige Ereignis von welthistorischer Bedeutung, das je in München stattgefunden hat. Der Aufbruch der modernen Kunst über die Grenzen des Materialismus zum Geistigen – so sagte das Wassilij Kandinski – fiel in die Zeit, als die katholische Kirche den Antimodernisteneid für ihre Priester einführte, um sich auf Dauer in einer defensiven Kräftekonzentration von der modernen Welt abzusetzen. Künstler, die sich der Kirche verpflichtet fühlten, gerieten dadurch in ein Dilemma. Entweder sie verrieten ihre Kunst, um den kirchlichen Auftraggebern zu gefallen, oder sie trennten sich von der Kirche.

Karl Caspar hat sein Leben lang an der Bibel als Quelle seiner Kunst festgehalten. Aber sein Werk entstand seit 1912 außerhalb der Kirchen, verteidigt von mutigen Katholiken wie Konrad Weiß und Carl Muth, aber ohne Chance gegen eine kirchliche Ablehnungsfront. Carl Muth hatte 1898 mit seiner Schrift „Steht die katholische Belletristik auf der Höhe der Zeit?" den Inferioritätsstreit ausgelöst, den Streit darüber, ob Katholiken ihrer Umwelt

kulturell unterlegen seien. Karl Caspar, der zu den Gründungsmitgliedern des Deutschen Künstlerbundes gehörte, wollte eine Kunst auf der Höhe ihrer Zeit. Die Kirche konnte ihm bis lange nach seinem Tod nicht folgen, mit Ausnahme des Weihbischofs Senger von Bamberg, der ein Casparfresko für die Ostapsis des dortigen Doms durchsetzte, das 1928 großen Streit auslöste. Im Münchner Dom wurde noch 1953 ein Entwurf Caspars als zu modern abgelehnt und erst 1976 für die Unterkirche das Passionstriptychon von 1917 erworben.

Sollten sechzig Jahre, zwei Generationen, der Abstand bleiben, mit dem die Kirche den Entwicklungen der modernen Welt hinterherhinkt?

50 Aufbruch

Zuletzt wurde mit einem Weihnachtsbild von Karl Caspar nicht nur an Adam und Eva erinnert, sondern auch an die große Zeitverzögerung, mit der die katholische Kirche in Deutschland im 20. Jahrhundert auf Entwicklungen in der bildenden Kunst reagierte (Beitrag 49). Dies galt jedoch nicht überall, und es galt für Architektur weniger als für die Bildkünste. Wir zeigen deshalb hier einen Kirchenbau in Köln: den Altarraum der 1932 vollendeten Kirche Sankt Engelbert im Stadtteil Riehl, errichtet von *Dominikus Böhm* (1880–1955).

Der Sakralbau, dem die Kritiker nachsagten, er würde mehr dem Geist des Orients als dem des Abendlands entstammen, ist auf einem kreisförmigen Grundriß errichtet, dem ein rechteckiges Altarhaus angefügt ist. Die Wände sind aus acht gekrümmten Parabeln von 20 Metern Höhe gebildet. Das glatt-runde Zinkblechdach ist zwischen ihnen tief heruntergezogen. Es verschaffte der Kirche den Spitznamen „Zitronenpresse".

Den Gedanken eines Zentralbaus hatte Dominikus Böhm aus den Bestrebungen der liturgischen Erneuerung entwickelt. Der hohe Raum wird durch acht hochsitzende Rundfenster mit gedämpftem Licht in der Höhe erfüllt. Der dunkle Marmoraltar steht dagegen im hellen Seitenlicht eines großen bis auf den Boden reichenden parabelförmigen Chorfensters. Dies macht ihn zum Zielpunkt des Kirchenraums. Er steht frei vor der gekrümmten Rückwand. Nach dem Plan des Architekten sollte diese mit einem Wandbild der Auferstehung bemalt werden. An der Bogenwand rechts vom Altar ist eine runde Betonkanzel mit geradem Schalldeckel angebracht. Sie wirkt wie die Kommandobrücke eines Dampfers.

Der Bau von Schiffen hat im 20. Jahrhundert tatsächlich auf die Architektur von Kirchen gewirkt. Nicht nur im übertragenen Sinn von „Schiff der Kirche" oder „Kirchenschiff", sondern formal, wie *Kerstin Wittmann-Englert* in ihrem Buch „Zelt, Schiff und Wohnung. Kirchenbauten der Nachkriegsmoderne" (2006) gezeigt hat. Wir werden auf das Buch und die dort vorgestellten Bauten noch zurückkommen.

Der Bonner Liturgiewissenschaftler *Albert Gerhards* schrieb über den Aufbruch zur Moderne im europäischen Kirchenbau des 20. Jahrhunderts: Diese Entwicklung sei noch immer von atemberaubender Aktualität. „Die avantgardistische Ära ging mit innerkirchlichen Aufbrüchen Hand in Hand. Die Bewegungen der Zeit zwischen den Weltkriegen bildeten die entscheidende Grundlage für die Reformen der zweiten Jahrhunderthälfte, für die Entwicklung der Ökumene zwischen den christlichen Kirchen sowie für deren neues Verhältnis zu den anderen Religionen... Diese Baudenkmäler zu erhalten, ist eine dringliche Aufgabe... Sie stellen einen wesentlichen Teil des kulturellen Gedächtnisses der Kirchen dar und sind auch heute ausgezeichnete Orte geistlicher Erfahrung für den Einzelnen sowie eine heilsame Herausforderung für die feiernde Gemeinde."

Wer einmal die großen Kuppelmoscheen des Architekten *Sinan* in Istanbul besucht hat, wird sie als geist- und lichtvolle Räume einer Begegnung mit Gott, dem Schöpfer des Himmels und der Erde, nicht mehr vergessen. Insofern ist die anfängliche Kritik, der Entwurf von Dominikus Böhm sei dem Geist des Orients verpflichtet, berechtigt. In ihrer großzügigen Rundung, atemberaubenden Höhe und asketischen Bildlosigkeit hat Sankt Engelbert vieles mit den besten Moscheen des Islam und den evangelischen Kirchen Skandinaviens gemeinsam. Eine katholische Vorstadt-Pfarrkirche, die Grundideen religiöser Versammlung, zeichenhaften Höhendrang, sammelnde Rundung und Ausrichtung auf Gott in Reinheit und Klarheit verwirklicht. Wir dürfen diese Aufbrüche nicht vergessen. Unsere Bauten und unsere Feiern müssen sich an ihnen messen lassen.

51 Theologie in der Kitschhöhle

Wer in einer deutschen Universitäts- und Bischofsstadt ein theologisches Buch sucht, muß Läden aufsuchen, in denen es einem übel wird von all dem aufdringlich nachgemachten, verkitschten Zeug als Devotionalien an den Wänden und auf den Bucheinbänden. Die genau beobachtete, ausdrucksvolle Pinselzeichnung gefalteter Hände, die *Albrecht Dürer* 1506 in Venedig für das Rosenkranzbild angelegt hatte (das Bild befindet sich heute in Prag, die Zeichnung in Budapest), begegnet jetzt nicht nur als Bronze-Relief auf Marmorgrabsteinen und in Andachtsecken, sondern auch als maschinell gepreßtes Buchenholz-Relief auf einem Bibel-Einband (Bild) zwischen unendlichen Margeriten, Engeln, Pinien-Silhouetten, Kerzen und winkenden Päpsten auf den anderen Büchern. Theologische Wissenschaft verbirgt sich in einem Abschaum von Zerfallsprodukten ästhetischer Kultur. Warum?

Die erste Antwort, daß die katholische Kirche den Aufbruch moderner Ästhetik aus Angst vor dem Modernismus verpaßt habe, stimmt zwar immer noch. Aber fast hundert Jahre nach diesem Aufbruch und vierzig Jahre nach dem ZweitenVatikanischen Konzil reicht diese Erklärung nicht mehr. Die zweite Antwort lautet: Viele Theologen interessieren sich nicht für ästhetische Fragen. Es ist ihnen gleichgültig, wie ihre Bücher aussehen und in welcher Umgebung sie zu finden sind. Das ist zwar ziemlich wahr, zugleich aber unannehmbar. Darum forderten die deutschen Bischöfe (vergeblich?), daß „Kunst und Kultur in der theologischen Aus- und Fortbildung" intensiviert werden müsse (in der Arbeitshilfe 115 der Bischofskonferenz).

Die dritte Antwort lautet: Verlage, Buchhändler, Devotionalien-Hersteller meinen, daß sie auf dem untersten kulturellen Niveau die meisten Katholiken erreichen. Dagegen müssen sich engagierte Katholiken wehren. „Wir sind nicht Bild!" Wir sind Romano Guardini, Michelangelo, Peter Paul Rubens, Dominikus Böhm, Arnold Stadler ... Als „Licht der Welt" sind wir zur höchsten Kultur verpflichtet. Dazu gehört die theologische Wissenschaft ebenso wie die Ästhetik.

Warum es unziemlich, ja unanständig ist, Dürers Hände-Zeichnung als Maschinenvorlage für industriell hergestellte Reliefs zu benützen oder *Matthias Grünewalds* Kreuzigung aus Isenheim für versilberte Papst-Andenken, kann man erklären: Kunst ist Stoff, zum Beispiel Farbe auf Papier oder Holz oder Marmor. Stofflichkeit und Maßstab sind Bedingungen seiner Existenz. Wer davon absieht, verfremdet, verfälscht. Er legt falsches Zeugnis ab. Betrügerisch ist auch die Abbildung von Schnitzwerkzeugen (Geißfuß, Hohleisen) in der Werbung, denn das Relief ist nicht geschnitzt, sondern gepreßt. Für Albrecht Dürer war die Handstudie Teil eines Werkprozesses. Er hat sie nicht signiert, im Gegensatz zu seiner Druckgraphik, aus der das eingepreßte Monogramm abgekupfert ist, weil sie nicht für die Öffentlichkeit bestimmt war. Auf dasselbe Blatt hat Dürer noch eine dritte Hand gezeichnet, die aber als störend bei den Reproduktionen weggelassen wird. Schon

die Isolierung der „betenden Hände" als selbständiges Andachtsbild ist kitschige Verfremdung, noch mehr aber ihre mechanische Umsetzung ins Buchenholz-Relief. Der subtile Entwurf wird zum plakativen „Totschläger". Damit wird Sensibilität für künstlerische Werte zerstört. Diese Sensibilität aber ist für die Gesellschaft und insbesondere für die Kirche als „Licht der Welt" lebensnotwendig. Sie braucht die Kunst als Ausdruck des Höchsten, zu dem Menschen streben, des Höchsten, zu dem sie fähig sind.

Die Definition von Kitsch als schamloser, bequemer Lüge von dem Moraltheologen *Richard Egenter* (in „Kitsch und Christenleben", 1950; vgl. Beitrag 6) trifft die „Prachtvolle Dürer-Bibel mit Holzeinband" voll. Aber sie trifft leider auch für die meisten Devotionalien und für die Sonnenuntergänge und Blumen auf den Umschlägen religiöser Literatur zu. Wir müssen unsere Religion und die Theologie aus diesen Kitschhöhlen befreien.

52 „Pax Christi" Krefeld

In seinem Buch „Der Geist der Liturgie" (1999) schrieb Joseph Ratzinger: Die Kunst ist seit dem Expressionismus „gegenstandslos im wörtlichen Sinn... Sie kann nur noch das Willkürliche und das Leere produzieren, dem Menschen die Absurdität seines Schöpfertums zu Bewußtsein bringen".

Er formulierte damit die Vorurteile vieler konservativer Kreise, deren Meinung immer noch von Hans Sedlmayrs „Verlust der Mitte" (Salzburg 1948) bestimmt wird. Die Entdeckung der zeitgenössischen Kunst als theologischen Ort seit den fünfziger Jahren durch die französischen Dominikaner wie Pie-Raymond Regamey und Marie-Alain Couturier, durch deutschsprachige Theologen wie Otto Mauer, Aloys Goergen, Herbert Schade, Alex Stock, Gerhard Larcher, Friedhelm Mennekes und viele andere wird nicht wahrgenommen.

Hier soll keine Theoriediskussion geführt, sondern es sollen anschauliche Beispiele gezeigt werden, etwa das abgebildete Weihwasserbecken. Klaus Rinke hat es 1991 für die Kirche „Pax Christi" in Krefeld ausgeführt. In Beitrag 23 habe ich mich dafür ausgesprochen, das Wasser als Element des Kults nicht in getrennten Gefäßen und Weihegraden als Tauf- und als Weihwasser anzubieten, sondern in einem überzeugenden Brunnen. Doch wenn Weihwasser so angeboten wird wie in „Pax Christi", bekommt es eine neue Würde, wird es zum Anstoß der Andacht.

Die Schale einer großen Zackenmuschel enthält das Lebenselement Wasser. Über der Wasseroberfläche hängt ein Lot. Es bezeichnet die Schwerkraft, der wir unterworfen sind, und lenkt unseren Blick nach oben, zu dem, der Erde und Wasser geschaffen hat, erinnert uns, daß Christen aus Wasser und Geist wiedergeboren sind.

Das Weihwasserbecken ist ein Geschenk des Künstlers, von dem im Jahr zuvor das „Tor zur Ewigkeit" in die Seitenwand der Kirche eingebaut worden war, eine polierte Platte schwarzen Granits in der Form eines Bogenportals, ein schwarzer Spiegel als Ort der Verheißung. Dieses Tor hat Pfarrer Karl Josef Maßen im oberösterreichischen Kollerschlag gefunden. 1968 hörte er einen Vortrag von Johannes Cladders, damals Direktor des Museums Abteiberg in Mönchengladbach. Seitdem interessiert ihn zeitgenössische Kunst. Er ging zu anderen Vorträgen, besuchte Kunstsammlungen, Ausstellungen und Ateliers. Er erkannte immer mehr, wie wichtig die lebendige Kunst für einen Seelsorger heute ist. 1973 erhielt er den Auftrag, ein Gemeindezentrum in Krefeld aufzubauen. 1978 wurde es eingeweiht. Seither arbeitet er als Pfarrer der Pfarrgemeinde „Pax Christi". Seine Kirche in Krefeld zieht Besucher aus weitem Umkreis an, aus dem Ruhrgebiet, aus dem Rheinland, aus Westfalen und den Niederlanden. Denn sie ist einzigartig, zumindest in Deutschland.

Außer Altar (Ulrich Rückriem), Ambo (Klaus Becker) und Weihwasserbecken hat der Seelsorger kein Kunstwerk, das sich in der Kirche befindet,

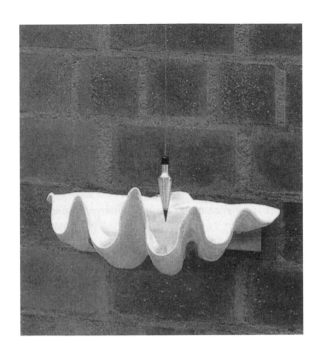

in Auftrag gegeben. Er hat sie vielmehr gesucht: in Düsseldorf und in Kollerschlag, in Berlin und Köln. Sie waren da und schienen geradezu zu warten, in eine Kirche zu kommen und dort etwas anderes zu werden als im Atelier und in der Ausstellung. Pfarrer Maßen hat die Autonomie der Werke und der Künstler anerkannt. Indem er sie zusammenführte, entstand ein Ort einzigartiger Spiritualität.

In „Christ in der Gegenwart im Bild" (Oktober 2005) wurde die Eisentreppe von Magdalena Jetelova vorgestellt, die als vierzehn Meter hohes Zeichen in den Himmel über der rheinischen Tiefebene ragt, und das „Tor zur Ewigkeit" (April 2005). 33 Werke von 24 der besten Künstlerinnen und Künstler Deutschlands sind in dieser Vorstadtkirche auf Dauer versammelt zu einem Ort der Besinnung und der Hoffnung aus dem Geist der Gegenwart.

53 Jannis Kounellis in „Sankt Paul", München

Die Sankt-Pauls-Kirche in München ist als Kathedrale des Oktoberfests und wegen ihrer Ähnlichkeit mit dem Frankfurter Dom weltbekannt, zumindest von außen, von der Theresienwiese aus gesehen. Sie gehört zu den städtebaulich markanten Großkirchen der Vorstädte, die heute wegen der Umschichtung der Bevölkerung nur noch sehr kleine Pfarrgemeinden haben. Der derzeitige Pfarrer, der mit einer halben Stelle auch in der diözesanen Künstlerseelsorge arbeitet, möchte sein Gotteshaus zu einem Raum der Begegnung von Kirche und zeitgenössischer Kunst machen. Dazu lädt er Künstler, Fotografen, Schauspieler, Tänzer ein.

In der Fastenzeit 2006 stand im dreischiffigen Kirchenraum die Installation „Dornenkrone" von Jannis Kounellis. Unsere Abbildung zeigt einen Blick in das südliche Seitenschiff. Die Arbeit entstand 2001 und war zuerst in der Kunststation St. Peter in Köln auf den Emporen zu sehen, danach im Diözesanmuseum in Freising. Seither wird sie in der Fastenzeit in verschiedenen Kirchen aufgebaut.

Diese „Via Crucis", dieser Kreuzweg, besteht aus sechzehn Kreuzen, zusammengeschraubt aus Stahlträgern von sechs, vier und 2,90 Metern Länge. Sie sind auf je einem Ende des Längs- und des Querbalkens aufgestellt, wie Kreuze an Wallfahrtsorten abgestellt werden. Aber weil es keine Wand gibt, an die man sie lehnen könnte, haben sie ein drittes, schräg angeschraubtes Bein. Damit stehen sie fest und sperrig im Raum. Sie erinnern an Panzersperren, mit denen heute noch viele Grenzen gesichert sind. Eine Pfarrgemeinde, die sich diese Sperren einlädt, schränkt sich ein. Sie kann nicht mehr überall den Boden putzen oder feierliche Einzüge halten, sondern muß Umwege in Kauf nehmen. Immer wieder steht ein Kreuz ärgerlich im Weg. Es steht so da, daß der Kreuzungspunkt sich auf Schulterhöhe anbietet, einlädt, das Kreuz zu tragen. Zusammen bilden die in die Höhe gereckten Balken einen Dornenkranz, verletzend, hart.

Der Künstler Jannis Kounellis ist 1936 in Piräus geboren, er lebt und arbeitet in Rom und Düsseldorf. Sein Werk war mehrmals auf der „Documenta" in Kassel, auf der „Biennale" in Venedig und anderen großen internationalen Ausstellungen zu sehen, sehr oft aber auch abseits von Galerien und Ausstellungshäusern in Fabrikhallen, Schiffen, Kirchen und Theatern. Kounellis benützt Gegenstände des Alltags, Tische, Betten, Säcke, Schrauben, Eisenträger, Kohle und Baumwolle, Eisen und Blei, Feuer, Tiere und Pflanzen. Er läßt die Orte und Materialien traditioneller Kunst hinter sich. Seine Arbeit jenseits der überkommenen Grenzen führte ihn zu zwei künstlerischen Bewegungen, die in Europa seit den sechziger Jahren entstanden: „arte povera" und „Spurensuche". Mit dem Begriff „arte povera" wird seit 1967 eine Tendenz im Werk vor allem italienischer Künstler – außer Kou-

nellis Mario Merz, Giulio Paolini und Giuseppe Penone – zusammengefaßt, die das Schöne im Einfachen und Armen entdeckten, eine Kunst in der geistigen Tradition des Poverello, des heiligen Franz von Assisi, kritisch gegenüber Konsum und Verschwendung wie der Heilige, radikal, indem sie zu den Wurzeln der Dinge und der Wahrnehmung zurückkehrt. Für die Bewegung der „Spurensuche" sind neben Nikolaus Lang vor allem Anne und Patrick Poirier und Christian Boltanski zu nennen, französische Künstler, die mit Relikten und Photographien im Alltag immer wieder übersehene Spuren vergangener Ereignisse sichtbar machen und so die Themen Geschichte, Leid und Schuld ins Bewußtsein der Gesellschaft heben.

Installationen auf Zeit in der Kirche sind ein Weg, die zeitgenössische Kultur und die Kirche miteinander bekanntzumachen. Noch wichtiger ist der Weg von Pfarrer Karl Josef Maßen in Krefeld bildender Kunst auf der Höhe der Zeit auf Dauer eine Heimat in der Kirche zu geben. Dies entspricht katholischer Tradition seit der Spätantike.

54 Alle Bilder sind falsch

Die Römer haben die Meinung aufgebracht, daß man eine Person mit einer abgeformten Wachsmaske ihres Gesichts darstellen könnte. Für die Griechen, die Ägypter, die Babylonier und die älteren Kulturen der Menschheit war dagegen der Mensch nur mit seinem ganzen Körper, mit Armen und Beinen, mit Haut und Haar, darstellbar. Das ferne Echo der praktischen römischen Verkürzung des Menschen auf sein Gesicht ist das Paßfoto, mit dem wir uns ausweisen.

Unsere Abbildung zeigt Papst Benedikt XVI. beim Besuch des „wahren Bildes" von Manoppello, einem der vielen Bilder, die nicht als von Menschen gemachte sondern als Abdruck vom Gesicht Jesu, als Berührungsreliquie, verehrt werden. Der Glaube an Bilder, die ohne die Hand eines Künstlers (Griechisch: acheiropoeta) entstanden sind, wurde in der Zeit des Bilderstreits im 6. Jahrhundert zuerst in Syrien vertreten, um die Zulässigkeit, ja Heiligkeit von Bildern Jesu und seiner Mutter zu verteidigen. Die älteren Bilder Jesu traten ohne diesen Anspruch auf. Sie waren Teil einer Wandbemalung oder eines Sarkophagschmucks und behaupteten weder einen himmlischen Ursprung noch eine Anwesenheit des Göttlichen im Bild. Sie erinnerten an Jesus und an seine Worte, in dem sie ihn als jugendlichen Hirten mit Schafen oder als langbärtigen Lehrer der Völker mit Büchern darstellten.

Da keine Zeile des Neuen Testaments etwas vom Aussehen Jesu überliefert (außer dem roten Mantel und der Dornenkrone bei seiner Verspottung durch die Soldaten des Pilatus; Mt 27,28f), suchten die Christen im Alten Testament Beschreibungen des Messias. Sie stießen auf den unansehnlichen „Mann der Schmerzen, von Krankheit gezeichnet" im Jesaja-Buch (53,3) und auf den „schönsten aller Menschenkinder" in Psalm 45 (Vers 3). Zwischen diesen Extremen bewegt sich das Bild Jesu seit dieser Zeit. Das symmetrische jugendliche Gesicht mit dem kurzen zweigeteilten Bart und langem Haar ist ein Kompromiß, erarbeitet in Jahrhunderten zwischen 313 und 787.

In der Ostkirche wurden und werden Bilder für wahr erklärt. Im Westen hielt sich hingegen das Bewußtsein, daß alle Bilder Fiktion sind. Dies entspricht nicht nur den historisch nachweisbaren Fakten, sondern auch der Weise, wie die Heilige Schrift Wortbilder gebraucht: Gott wird Fels genannt, Burg, Hirte, Herrscher oder auch Licht, um nur die häufigsten Gottesbilder des Ersten Testaments zu nennen. Das Wesen Gottes wird mit Bildern umkreist, bleibt aber geheimnisvoll ohne begriffliche Definition. Im Neuen Testament wiederum nennt Jesus Gott „Vater" und vergleicht das Reich Gottes mit einem Senfkorn, einem Gastmahl, einem Acker, einem Weinberg. In der Apokalypse des Johannes wird es mit einer „Stadt aus Gold wie Glas, auf Edelsteinen gebaut", verglichen.

Bilder – Sprachbilder wie Werke der bildenden Kunst – enthalten Wahrheit, aber nie die ganze. Darum braucht jedes Bild ein anderes, das es er-

gänzt, berichtigt. Damit dürfen wir aber nicht zum umgekehrten Bildersturm einladen, der jede Wand in unseren Kirchen behängt und bemalt,
jeden Pfeiler mit Figuren umstellt. Mit dem Zuviel an Bildern zerstören wir
den Raum als betretbares Bild der Begegnung mit Gott. Der richtige Weg ist
der alte: also auf Bilder zeitweise zu verzichten, sie etwa in der Fastenzeit
zu verhängen. Und nicht das Gegenteil, also neue Fastenbilder dazwischen
zu hängen. Bildaskese, Bilderfasten: Der zeitweise radikale Verzicht auf Bilder kann helfen, sie in ihrer Wahrheit und Beschränkung wieder zu erleben.

55 Den guten Geschmack gibt es nicht

Einige Beiträge dieser Reihe wurden als Anflug von Geschmacksdiktatur verstanden, manche vorgestellte Werke als Muster mißverstanden. Doch darum ging es nie. Der Autor schläft jedoch bei ausgewogen formulierten Sätzen ein. Wenn jemand sich bemüht, alles Für und Wider ausgleichend zu versöhnen wie viele oberhirtliche Worte und jeden besonderen Umstand zu berücksichtigen wie die Beipackzettel unserer Medikamente, erlebt er das Ende nicht mehr wach. Auf das Wecken aber kommt es an. Aufmerksamkeit, Interesse zu wecken für die sichtbare Seite unseres Glaubens.

Die von der Wochenzeitschrift vorgegebene kurze Form ist dafür ein heilsamer Zwang. Die Läääänge von ausgleichenden Hirtenworten und umständlichen Beipackzetteln findet hier keinen Platz.

Die deutsche Möbelindustrie etwa hat sich von der Idee des guten Geschmacks längst verabschiedet. Sie stellt sich auf eine Mehrzahl von Geschmäckern ein, die zielgruppenorientiert beschrieben werden: Nach einer jüngeren Untersuchung gibt es moderne Performer (jung, leistungsorientiert, flexibel, etwa 9 Prozent), Postmaterielle (liberal, intellektuell, 10), Etablierte, welche die Exklusivität suchen (10), die bürgerliche Mitte (konservativ, 16), Traditionsverwurzelte (überwiegend Ältere, 14) sowie Hedonisten, Progressive und andere. Die Möbelbauer haben es aufgegeben, ein Bett oder einen Schrank zu entwerfen, die von Form und Verarbeitung so überzeugend sind, daß sie allen gefallen, in jede Wohnung passen. Die katholische Kirche aber umfaßt vom Anspruch her (kat`holon = allgemein) alle denkbaren Milieus. Trotzdem sehen zuviele Altarräume aus wie die verlängerten Wohnzimmer traditionsverwurzelter Damen. Hier ist Einspruch notwendig. Die Kirche ist kein Wohnzimmer, sondern ein locus tremendus, ein „ehrfurchtgebietender Ort" (Gen 28,17), Haus Gottes und Tor des Himmels. Ehrfurcht und Gemütlichkeit schließen sich aus wie Wohnzimmer und Kirche.

Wenn in Beitrag 7 eine Mitra von Paula Preisinger (1964) vorgestellt wurde, so nicht, um sie als Muster zu empfehlen. Es ging vielmehr darum, daß die bischöfliche Würde nicht auf jene ausladenden Pappdeckelkonstruktionen angewiesen ist, die uns im Fernsehen erschrecken, sobald ein kirchliches Thema angesprochen wird.

Wenn in Beitrag 27 eine inzwischen ausgemusterte bischöfliche Kathedra vorgestellt wurde, so um daran zu erinnern, daß in demokratischen Zeiten monarchische Throne lächerlich sind, während ein feierlicher Lehrstuhl auch heute durch eine einfache edle Form überzeugen kann.

Und auch der Kelch in Beitrag 40 sollte nicht als Muster verstanden werden, sondern als Beweis gegen das weitverbreitete Vorurteil, daß nur das Reichverzierte schön sei. Die Altarinsel des Eucharistischen Weltkongresses von 1960 in München (Beitrag 38) wiederum sollte daran erinnern, daß wir in liturgischer Ästhetik schon einmal weiter waren als bei den Papstbesu-

chen der letzten Jahre. Auch die Medaille Papst Pauls VI. (Beitrag 18) zeigte künstlerisches Niveau, das unter Johannes Paul II. verloren ging. Lauter Erinnerungen. Das Kreuz ist Zeichen unseres Heils – nicht das Kruzifix.

Unsere Abbildung erinnert an einen der schönsten Orte Europas: den Chorraum der Stiftskirche von Blaubeuren. Es ist ein ehrfurchtgebietender Ort, in dem durch die Verantwortung der Benediktiner, die Kunst des Baumeisters Peter von Koblenz und des Bildhauers Michael Erhard von Ulm und durch die erhaltende Kraft des Luthertums (seit der Einführung der Reformation) deutlich wird, daß wir „Gott mit ganzem Herzen und mit aller Kraft lieben" sollen. Davon sollen wir unseren „Söhnen (und Töchtern) erzählen" und es „auf den Straßen verkünden" (Dtn 6, 4–7). Der Beitrag an dieser Stelle verkündet es auf den Straßen: Die Liebe zu Gott muß sichtbar werden „mit aller Kraft", also mit Anstrengung, ohne müde Routine, auf dem höchstmöglichen künstlerischen Niveau, heute wie vor 500 und 1000 Jahren.

56 Gotteszelt

Über den Hügeln an der Autobahn nach Lindau ragt kurz hinter dem Ammersee ein Spitzzelt hoch in den Himmel: die Kirche „Maria am Wege" in Windach, erbaut 1969/71 von den Architekten Josef Wiedemann und Rudolf Ehrmann. Über einem zwölfeckigen Grundriß erhebt sich 27 Meter hoch eine Dachkonstruktion aus Holzbindern. Horizontale Fensterbänder gliedern die verschieden stark geneigten Segmente und durchlichten den Raum. Von den Zeltkirchen der Nachkriegszeit, welche die Kunsthistorikerin Kerstin Wittmann-Englert in dem materialreichen, gut recherchierten und theologisch reflektierten Buch „Zelt, Schiff und Wohnung. Kirchenbauten der Nachkriegsmoderne" (Lindenberg 2006) vorstellt, ist es derjenige Bau, der durch seine unterschiedlichen Neigungswinkel am ehesten den Eindruck von Kartenhaus, Provisorium, Unterwegssein vermittelt.

Im Alten Testament erinnert das Wort „Zelt" in den Psalmen an den Himmel (vgl. Psalm 104: Himmelszelt). In den Geschichtsbüchern wird mit „Zelt" das Bundeszelt gegenwärtig, Symbol für den Bund Gottes mit seinem Volk am Sinai (Ex 26), für das Wandern Gottes mit und für sein Wohnen unter dem Volk, das er sich auserwählt. Im Lateinischen wird dieses Zelt tabernaculum genannt. Textile, gemalte oder plastisch gebildete Vorhänge verwiesen seit der Spätantike in Kirchen auf dieses Bundeszelt und auf die Wohnung Gottes unter den Menschen. Aber erst in den fünfziger Jahren des 20. Jahrhunderts hat man mit starren Materialien (Beton, Holzbinder, Stahlträger) Kirchen gebaut, die an Zelte erinnern.

Kerstin Wittmann-Englert unterscheidet Firstzelte, Spitzzelte, Faltdächer und hängende Dächer und weist jedem Typus zahlreiche katholische und evangelische Beispiele zu. Sie waren Ausdruck einer unbehausten Gesellschaft der Nachkriegszeit, vielfach vertrieben und ausgebombt, verunsichert durch die Katastrophen des nationalsozialistischen Terrors und des Zweiten Weltkriegs. Die Vorstellung vom wandernden Gottesvolk, die im Hebräerbrief (13,14) angedeutet wird („Denn wir haben hier keine bleibende Stätte, sondern nach der künftigen suchen wir"), hatte für diese Zeit etwas Tröstliches, machte Mut zu einem Neuanfang, der mit der liturgischen Erneuerung und dem Aufbruch des Zweiten Vatikanischen Konzils die Weltkirche veränderte.

Die „unbehauste" Kirche „Maria am Wege" hat große sammelnde Kraft. Der Altar auf dem Grundriß eines gleichschenkligen Kreuzes steht unter der Spitze des Zeltdachs und wird von einem steil einfallenden Lichtkegel wirkungsvoll hervorgehoben. Der Boden des wandlosen Raums senkt sich zum Altar, der dadurch nicht zerstreuend, zentrifugal, sondern zentripetal, als sammelnde Mitte wirkt. Die volle, bewußte, tätige Teilnahme der Gläubigen am Gottesdienst wird durch diesen Raum einladend dargestellt.

Kirchen in Zeltform wurden ebenso von katholischen wie evangelischen Pfarrgemeinden und Baumeistern erbaut. Nicht alle haben diese zeichen-

hafte Wirkung und sammelnde Kraft. Oft blieb das Zeltdach ein modisches Attribut über konventionellen Grundrissen. Ab 1960 wurde das Zelt als Bauform abgelöst von Formen des Schiffbaus, der als „Schiff der Kirche" zu theologischen Assoziationen einlädt. Ab 1970 verzichteten zahlreiche Pfarrgemeinden auf städtebaulich wirksame und sakral bedeutungsvolle Formen und errichteten Gemeindezentren, in denen der Sakralraum von Sozialbauten aufgesogen wurde. Diese Tendenz ist vorbei. Man „trägt wieder" sakral, und zwar nicht nur im Kirchenbau, sondern auch im Museumsbau und in Verwaltungsbauten.

Zur Zeit werden wie vor 200 Jahren wohl mehr Kirchen aufgegeben als neue gebaut. Hindutempel, Moscheen und „Königreichssäle" der Zeugen Jehovas drängen in unsere Städte. Damit wächst die Verantwortung der Kirche für ihr bauliches Erbe und für das kirchliche Baugeschehen. Es darf nicht nur unter ökonomischen Gesichtspunkten abgewickelt werden. Wir bräuchten starke Diözesanbaumeister.

57 Umdenken

Die gemütlich summende Vorsilbe „um-" hat im Deutschen zwei verschiedene Bedeutungen. Im Wort „umgeben" weist sie darauf hin, daß etwas um etwas herumgelegt wird oder -liegt, ein In-der-Nähe-Sein. In „umkehren" wiederum ist nicht eine Umgebung gemeint, sondern eine radikale Richtungsänderung: ein In-die-Gegenrichtung-Gehen. „Kehrt um! Denn das Himmelreich ist nahe", ruft Johannes der Täufer im Matthäusevangelium (3,2). Im griechischen Urtext steht *metanoeite,* „Denkt um!" Diese Aufforderung zum Umdenken, zum geistigen Umkehren, zum Denken in andere Richtungen ist keine Eigenheit von Propheten und Bußpredigern, sondern ist – zumindest seit 1912 – ein Wesensmerkmal der Kunst, ein zentrales Anliegen von Künstlern.

Arnulf Rainer (geboren 1929) hat dafür den Gestus des Übermalens, des Durchstreichens von vorhandenen Bildern gefunden. Seit vierzig Jahren übermalt er Kreuze. Das abgebildete entstand 1983 und befindet sich im Freisinger Dommuseum. Ein Schwarzweißfoto eines romanischen Kruzifixes ist auf eine kreuzförmige Platte aufgeklebt. Die Konturen des Körpers sind mit ausfahrenden Kohlestrichen nachgezogen. Der Umriß scheint sich zu beleben, Haare scheinen zu sprießen. Auf diese Form schlägt der Künstler ein. Er hat die rechte Hand mit Farbe gefüllt, mit roter, dann mit grüner, mit blauer und zum Schluß mit schwarzer Farbe. Die Spuren des Schlags, die Abdrücke der Finger sind deutlich zu sehen, und aus der Überfülle läuft, rinnt, tröpfelt Farbe langsam trocknend nach unten, wie Harz aus einem verwundeten Baumstamm, Blut aus einem menschlichen Körper.

Warum schlägt der Maler den Kruzifixus, gibt er ihm Backenstreiche? Er kann ihn nicht ertragen. Er nimmt ihn wahr, nimmt ihn ernst als das, was er ist: ein Skandal, ein Ärgernis, wie der Apostel Paulus ihn beschreibt (1 Kor 1,23). Ein Bild, das die meisten als Kunstwerk sehen, als Zimmerschmuck, Schmuckstück oder Rangabzeichen, wird auf einmal wahrgenommen als Zeugnis der grausamen Hinrichtung eines Unschuldigen, als Skandal, wie Paulus es nennt. Wer dieses Kreuz gesehen hat, kann die geistlose Dummheit so mancher Kreuze, die in Schulen, Wohnzimmern, Büros und Kirchen gedankenlos hängen, nicht mehr aushalten, weil sich in ihnen nur Tradition spiegelt, kein Nachdenken, kein Ringen um das Verständnis dessen, was Golgatha bedeutet. Arnulf Rainer fordert zum Umdenken auf im Umgang mit dem Kreuz.

Es gibt viele Bereiche des Lebens, in denen Umdenken nötig wäre und in denen Künstler durch ihre Werke zum Umdenken auffordern, zum Beispiel im Verhältnis zu unserer Geschichte *(Christian Boltanski)*, zur Umwelt *(Joseph Beuys)*, zum Konsum *(Sylvie Fleury)*, im Verhältnis der Geschlechter *(Pipilotti Rist)*. Am Anfang stand die Revolution der modernen Kunst 1912 in der Künstlergruppe „Der Blaue Reiter". Dieses Symbol einer künstleri-

schen Wende wurde erst kürzlich entschlüsselt als Bild eines heiligen Georg im Kampf gegen den Materialismus, für „die Epoche des großen Geistigen", die *Wassilij Kandinsky* in „Über das Geistige in der Kunst" ankündigte und für die *Franz Marc* seine ganze Kraft einsetzte, um „Symbole zu schaffen, die auf die Altäre der kommenden geistigen Religion gehören".

Umdenken und zum Umdenken auffordern ist der Hauptberuf von Künstlern seit damals. Die Kirche braucht dieses so wichtige Humankapital, diese ethische Kraft, diese Kultur des Umdenkens.

58 Fliederfarben – Veilchenbraun

In älteren Sakristeiinventaren wird als liturgische Farbe oft Veilchenbraun genannt. Farben werden unterschiedlich wahrgenommen, nicht nur von Menschen, sondern auch von Epochen. Violett etwa ist eine Mischung von Rot und Blau. Im späten Mittelalter sah man offenbar mehr den Rot-Anteil am Violett als heute. Im Deutschen und anderen europäischen Sprachen benennen wir diese Farbe nach einer Blume, dem Veilchen (lat. viola), so wie für die Franzosen Lila, die blassere Erscheinung von Violett, die Farbe des Flieders (franz. lila) ist.

Die liturgischen Farben der katholischen Kirche wurden nach römischem Brauch um 1200 festgelegt, im Missale von 1570 vorgeschrieben: Weiß, Rot, Grün, Violett, Schwarz. Sie entsprechen der Farbwahrnehmung und den Färbetechniken des frühen 13. Jahrhunderts. Warum sollten wir sie heute noch benutzen, wo uns doch die Chemie Tausende von Farbnuancen liefern kann und unsere Farbwahrnehmung durch Globalisierung, Kunststoffe und Medien völlig verändert ist? Warum soll es keine blauen Meßgewänder geben oder orange oder solche in Regenbogenfarben? Weil wir damit aufhören würden, katholisch zu sein. Die liturgischen Farben sind ein Zeichen der Einheit der Weltkirche und ihrer Übereinstimmung mit der Kirche in der Geschichte. Aber sie brauchten nicht so fade zu sein, wie wir sie in Kirchen (und in Katalogen) finden. Auch die liturgische Farbe der Fastenzeit – Violett, zwischen Flieder und Veilchen wie auf unserem Bild aus Sankt Georg in Bad Fredeburg – muß ausdrücken, daß wir Gott „aus ganzem Herzen, mit aller Kraft" lieben.

Das internationale „Farbsystem RAL" (1925 entstanden, steht für „Reichsausschuß für Lieferbedingungen") hält dafür zwischen Rot 3000 und Blau 5000 tausend Nummern frei. Wassilij Kandinsky beschrieb (in „Über das Geistige in der Kunst", 1912) Violett als „abgekühltes Rot im physischen und psychischen Sinne. Es hat etwas... Trauriges an sich. Es ist dem Klang ähnlich des Englischen Horns, der Schalmei und in der Tiefe den tiefen Tönen der Holzblasinstrumente (z. B. Fagott)." Der Vergleich mit der Musik stimmt. Im Reich der Farben gilt, wie im Reich der Töne: Ein zu lange ausgehaltener Ton wird unerträglich. Auch die monochrome Malerei, die Malerei mit einer Farbe, lebt von der Modulation der Farbe zum Hellen, zum Dunklen, zum Warmen, zum Kalten, zum Glatten oder Rauen.

Unsere Kirchen sind in der Fastenzeit oft uniform, das gleiche (Trevira-) Tuch, derselbe Ton überall. Das ist stumpfsinnig im wörtlichen Sinn, nur abgestumpften Sinnen erträglich. Damit soll keinem textilen Luxus das Wort geredet werden.

Warum müssen die Talare der Ministrantenscharen alle gleich in fünf Farben angeschafft werden? Die „Unterröcke" der Ministrant(inn)en stellen nämlich Talare dar, über denen das Chorhemd getragen wird. Und Talare wechseln mit Würde und Weihegrad des Klerikers die Farbe und nicht mit dem Kirchenjahr.

Nicht Luxus und pflegeleichten Aufwand brauchen wir im Gottesdienst, sondern Farbkultur. Farben sind in ihrer Wirkung von ihrer Materialität abhängig: violett gefärbte Seide wirkt anders als Wolle, Leinen, Baumwolle oder Trevira und ganz anders als ein Violett im Gemälde, in der Wandfarbe, als Anstrich. Das bedeutet: Farbkultur ist an eine Kultur der Stofflichkeit, des Gefühls für den richtigen Stoff gebunden, und die geht uns im Zeitalter der medial manipulierbaren Bilder immer mehr verloren. Aber Gottesdienst ist Wirklichkeit, kein Film. Darum sollte jeder Mann (Frauen würde das vermutlich leichter fallen), der ein Meßgewand bestellt, Stoffe befühlen, sie in die Hand nehmen, sich über Techniken des Färbens und der Verarbeitung informieren und dann erst einkaufen oder einen Auftrag wagen. (Und niemals aus dem Katalog bestellen!) Kann der Leiter eines Pfarrverbands die Zeit dafür aufbringen? Vermutlich nicht. Dann aber muß er die Aufgabe delegieren. Kult verlangt Kultur.

59 De gustibus

Wenn Diskussionen über Gestaltungsfragen heiß werden, versucht meist ein Teilnehmer abzukühlen mit der lateinischen Redensart: „De gustibus non est disputandum (Über Geschmäcker soll man nicht streiten)". Ich möchte zum Gegenteil einladen. Denn das Sprichwort gilt für Konversationen, wenn man nichts will, als sich unterhalten.

Wenn man in einem altdeutsch eingerichteten Zimmer zum Abendessen eingeladen ist, sollte man aus Höflichkeit nicht zum Ausdruck bringen, für wie scheußlich man Kuckucksuhren hält. Und in einer Ikea-Wohnung sollte man nicht sagen, wie stumpfsinnig man den Elchgeschmack findet. Aber wenn es um die Gestaltung eines Altarraums geht, gilt diese Regel nicht. Hier müssen die Beteiligten diskutieren, sich mit Argumenten, nicht mit Vorlieben auseinandersetzen und dabei – in einem manchmal schmerzlichen Prozeß – klären, welche Vorstellungen die anderen mit ihren Gestaltungswünschen verbinden.

Zum Beispiel: Ist der Priester, der mit uns Eucharistie feiert, Mitglied der Pfarrei, brüderlich teilend, oder ist er Stellvertreter Christi, der an Gottes statt an uns handelt? Danach richtet sich sein Standplatz, sein Sitz. Ästhetische Entscheidungen, die „sowohl als auch" sein wollen, führen in der Regel ins Nichts.

Eine Stufe mehr oder weniger, eine Leiste zugefügt oder nicht oder ein Wechsel im Material verändern ästhetisch und damit in der Bedeutung sehr viel. Wer kann das beurteilen? Wer ist so scharf im Sehen?

Wer seinen Blick übt, schult, sucht, vergleicht. Ästhetische Urteilskraft wird einem nicht mit einem Amt zuteil, sondern nur durch andauernde Übung. Um die Form mußte immer gerungen werden. Ohne das gäbe es kein Straßburger Münster und keine Hochaltäre. Bei der Mühe um die richtige Gestalt geht es nicht um Geschmacksfragen, sondern um Bedeutungen, Wertungen, letztlich um die Hierarchie der Wahrheiten.

Unsere Abbildung zeigt den Bamberger Tintoretto: Der Dompropst Johann Christoph Neustetter hat ihn nach 1600 für den Bamberger Dom gestiftet, weil oder obwohl sein Bischof den Dom mit altdeutschen Bildern ausgestattet hatte, mit einer Art Flügelaltar, in dem Holzschnitte von Albrecht Dürer in große Gemälde übertragen waren. Der Dompropst hielt diesen Rückgriff auf Dürer offenbar für eine Sackgasse und stiftete ein Riesengemälde (4,46 Meter hoch) von aufregender Modernität. Ein Bild, das vom Boden der Tatsachen abhebt, eine Fülle hektisch bewegter Gestalten staunend und ergriffen zeigt, Himmel und Erde ekstatisch vermählt. Ein Bild, das die Betrachter aufregen soll zur Gottesliebe, wie es das Konzil von Trient von den Bildern der Heilsgeschichte verlangt. Der Venezianer Jacopo Robusti, genannt Tintoretto (1518–1594), hat das Konzil von Trient (1548–1564) aus der Nähe erlebt und sich in tiefer Religiosität ganz zu eigen gemacht hat. Er war zwischen Tizian und Rubens ohne Zweifel der bedeu-

tendste Maler für Altarbilder in Europa. Gerade in der für diese Spalte notwendigen Verkleinerung wird sichtbar wie ekstatisch ja verrückt so eine Komposition im romanischen Dom mit seinen altdeutschen Bildern gewirkt haben muß. So aufregend, daß man es im Dom seit 1830 nicht mehr ausgehalten und schließlich an die Oberpfarrkirche abgegeben hat.

Wir wissen nicht, mit welchen Worten Bischof und Dompropst über ihre unterschiedlichen Geschmäcker gesprochen haben. Aber die Ergebnisse zeigen, wie ernsthaft damals die Auseinandersetzung zwischen unterschiedlichen ästhetischen Vorstellungen war. Sie muß es wieder werden, bei jeder Neueinrichtung einer Kirche. Es geht nicht ohne Liebe, Eifer und die Anstrengung aller Kräfte.

60 Glatt und rauh

Glatt und rauh nehmen wir mit den Fingerspitzen und mit den Augen wahr. Die Zunge kann die Glätte der Butter und die Rauhheit des Brotes spüren. Eine glatte Fläche ist geschlossen. Sie spiegelt den Lichteinfall. Eine rauhe Fläche wirkt offen. Vor- und Rücksprünge nehmen das Licht im Widerspiel von Dunkel und Hell auf.

Auf einen Menschen bezogen ist weder glatt noch rauh ein Kompliment. Unsere Abbildung zeigt eine Installation von Felix Schlenker in der Taufkapelle der 1978 gebauten Pauluskirche in Schwenningen. Das Rauhe ist hier das Alte, nämlich der barocke Taufstein. Das Glatte ist neu hinzugefügt: Ein Quadrat aus drei hochweiß gelackten Spanplatten. Auch wer nicht sehen will, daß hier im Namen eines Dreieinigen Gottes, des Vaters, des Sohnes und des Heiligen Geistes, getauft wird, erlebt das Glatte als kontrastreiche Steigerung des Rauhen. Der Gegensatz steigert den Ort.

Oft ist auch das Alte glatt – Biedermeiermöbel, Barockkommoden – und kontrastiert mit neuem Rauhen. Aber in der Regel bevorzugt heutige Technik und Einrichtung das reibungslos Glatte, das Pflegeleichte. Darum verbinden wir mit dem Rauhen gern das Andere, das Alte, Ursprüngliche, Echte. Dies machen sich gewissenlose Bildhauer zunutze. Sie bestellen im Steinbruch einen glattgesägten Quader und rauhen ihn dann mit dem Spitzmeißel nachträglich auf, damit der Altarblock urtümlich echt wirkt. Hunderte solcher auf bruchrauh gefälschte Altarblöcke stehen in unseren Kirchen, tausende solcher Grabsteine auf unseren Friedhöfen. Einer, der sich gegen diese verfälschende Tendenz stellt, ist der Bildhauer Ulrich Rückriem. Er sprengt Steine, in seinen Steinsetzungen erscheint das Bruchrauhe als lebendige Fläche.

In der Natur erleben wir Rauhheit und Glätte, wo Wasser über Felsen läuft. Vom Frost gesprengte Felsbrocken werden im Geschiebe der Bäche und Flüsse zu glatten Kieselsteinen, wie wir sie auch am Meer finden, wo Wellen an den Strand schlagen. Der Kieselstein wiederum ist eigentlich das einzige von Natur aus allseitig glatte. In einer Richtung glatt sind die Schuppen der Fische, das Gefieder der Vögel, das Fell des Pferdes.

Auch Metalle, aus denen wir glatte Gegenstände fertigen wie Silberkannen oder Stoßstangen, kommen in der Natur nur als Erze, als rauhe, mit Steinen gemischte Brocken vor. Darum empfinden wir alles Glatte, das größer ist als ein Kieselstein, als künstlich, als geglättet, poliert und im Gegensatz dazu das Rauhe als natürlich. Mit diesen Empfindungen arbeiten Möbeldesigner, die Entwerfer von Fertighäusern und die Kirchenausstatter oft in der Absicht zu täuschen, Natürlichkeit vorzutäuschen, wo technische Produkte verkauft werden sollen.

Das glatteste Material, das wir im täglichen Leben kennen, ist Glas. Weil es in unserer Architektur als Baustoff immer wichtiger wird, erscheinen zeitgenössische Gebäude oft sehr glatt. Viele Architekten bemühen sich,

dieser Glasglätte rauhe Materialien entgegenzusetzen, zum Beispiel schalungsrauhen Beton, Rauhputz oder Kopfsteinpflaster.

In jedem kultivierten Gebäude, gleich ob Tempel, Kirche oder Schloß, bestimmen rauhe und glatte Oberflächen im Wechselspiel die Raumschale vom Fußboden bis zur Decke. Die Kultur dieses Wechsels, vom Kalkputz zur Stuckglätte oder vom Sandstein zum Glasfenster und zur vergoldeten Rippe zu entdecken, bereitet Augenfreude, kann uns darauf einstimmen, in der Kirche mehr zu sehen als ein Gemeindehaus, vielleicht sogar einen Hinweis auf „die Stadt, gebaut aus reinem Gold, wie reines Glas", die uns in der Geheimen Offenbarung als Trostbild (Offb 21,18) vorgestellt wird.

Rauh und glatt sind wie rund und eckig, wie stehend und liegend Grundbedingungen unserer Wahrnehmung von Räumen und Dingen. Sie weisen mit ihren Assoziationen von Natur und Kunst/Technik, von Alt und Neu, auf Grundlagen unseres Weltbildes. Wir sollten mit ihnen sensibel umgehen.

61 Gethsemane vergessen?

Wenn Künstler sich an Kirche und Christentum erinnern, machen sie einen Kreuzweg. So zumindest erfährt man es als Leiter eines kirchlichen Museums, das diese Bilder dann ausstellen soll. Der Kreuzweg Jesu scheint das einzige zu sein, was Weltstars wie Robert Wilson und unbekannten Malern zum Thema christliche Religion einfällt. Als ob wir Passionisten wären und keine Christen. Als ob unsere Botschaft nicht Frohbotschaft (Evangelium) hieße. Der Anblick vieler Kirchen gibt den Künstlern recht: Die Eucharistie (Danksagung) feiernde Gemeinde ist von vierzehn Kreuzwegstationen eingekreist, und sonst ist nichts Sehenswertes im Raum. Christentum depressiv!

Diejenigen, die den Kreuzweg für wesentlich christlich halten, wissen nicht, daß er eine barocke Erfindung ist, die sich erst nach 1750 in der Weltkirche verbreitet hat. Sie wissen auch nicht, daß er auf Kosten des Evangeliums Legendenmotive verbreitet. Daß der Schmerzhafte Rosenkranz mit seinen fünf Stationen viel mehr vom Evangelium überliefert als der Kreuzweg mit seinen vierzehn, ist kaum mehr bekannt. Wegen der franziskanischen Kreuzweg-Propaganda wurde der Ölberg vergessen, ebenso wie Geißelung und Dornenkrönung. Und nach 1950 hat man sich der oft drastischen, volkstümlichen Ölberggruppen geschämt.

Hunderte von Ölbergen wurden abgebaut, ihre Szenerie zerstört, die Figuren irgendwo deponiert oder verschleudert. Oft steht heute an ihrer Stelle ein Schaukasten mit kirchlichen Drucksachen oder ein Missionskreuz, die meisten schauerlich. Der Maler Karl Caspar (1879–1956)hat zeit seines Lebens die Bibel gemalt. Für ihn war der Ölberg (Gethsemane) ein Lebensthema. Wir zeigen eine Lithographie von 1913.

„Der Herr kniet im fahlen Licht des Mondes auf einer Platte des Bergstumpfes ..., im Hintergrund kubisch und artifiziell die Stadt Jerusalem, das Symbol der offiziellen Gesellschaft, die den Menschen der Not und Verlassenheit ignoriert ... Von dort nähern sich die Häscher, die schattenartigen Abgesandten des Hohenpriesters und der Römer – unsterbliche Vertreter von Kirche und Staat –, die immer bereit sind, sich am Wehrlosen zu profilieren", schrieb der Jesuit Herbert Schade dazu 1980.

Im Bild des Ölbergs, in der Ölbergandacht, erinnert sich der Christ der Angst und Einsamkeit Jesu, erfährt er seine eigene Angst und Einsamkeit geborgen im größeren Leiden Christi. Wir brauchen weniger Kreuzwege und mehr Ölberge, weil wir uns so auf die Quellen unseres Glaubens, das Evangelium, besinnen und weil uns Angst und Einsamkeit angehen.

Darum sollten wir irgendwohin weggeräumte Ölbergfiguren wieder aufstellen und zwar dort, wo sie ursprünglich standen: vor den Kirchen im Freien, wetterfest und diebstahlsicher verglast, mit einem roten oder warmfarbig weißen Licht, das Tag und Nacht brennt. Denn wir wissen nicht, wann ein(e) Einsame(r) Trost braucht. Bei einigen Kirchen sind die Figuren

der schlafenden Apostel verlorengegangen. Dann kann man immer noch die Hauptsache aufstellen, den betenden Jesus, der uns einlädt, mit ihm zu beten, mit ihm „unter Tränen und Klagen unsere Bitten" (Hebr 5,7) an den Vater zu richten. Im oberbayerischen Schliersee ist dies erfolgt. Eine zuvor als Abstellraum genützte Turmkammer wurde zum Betraum umgestaltet. Wie der Pfarrer berichtet, wird diese Ölbergkammer von vielen Betern das ganze Jahr über besucht.

Weil so viele Ölberge abgebaut wurden, können wir nicht mehr mit allgemeinem Verständnis rechnen. Auch hier haben wir eine Kette der Überlieferung abreißen lassen. Darum müssen wir den Ölberg, besonders wenn er wieder draußen aufgestellt wird, mit einer Beischrift erläutern, die auf Künstler, Entstehungszeit und vor allem die Absicht hinweist: Unsere Angst und Einsamkeit hat Er getragen.

62 Kreuznimbus und Dornenkrone

Bis heute gibt es in der Ostkirche kein Christusbild ohne Kreuznimbus, ohne den Kreis mit eingeschriebenem Kreuz um das Haupt. In der westlichen Kunst hat sich dieses Alteritätsmerkmal nur bis 1200 gehalten. Alterität bedeutet Anderssein. Mit dem Nimbus (Heiligenschein) werden Heilige von gewöhnlichen Menschen unterschieden, mit dem Kreuznimbus der Gottessohn von anderen Menschen. Er ist ein Zeichen, „der Herrlichkeit Gottes, die im Antlitz Jesu Christi erstrahlt" (2 Kor 4,6).

Erst im 13. Jahrhundert erscheint auf dem Haupt Christi am Kreuz die Dornenkrone. Matthäus, Markus und Johannes erzählen von ihr im Zusammenhang der Verspottung Jesu durch die Soldaten des Pilatus: „Die Soldaten flochten einen Kranz aus Dornen und legten sie auf seinen Kopf" (Joh 19,2). Matthäus erwähnt auch ein Rohr als Spottzepter. Er und Johannes nennen den roten Mantel als Persiflage königlicher Kleidung. „Als sie ihn verspottet hatten, zogen sie ihm den Mantel aus und zogen ihm seine Gewänder an"(Mt 27,31a). Die Dornenkrone wird nicht mehr erwähnt. Im 12. Jahrhundert aber wurde sie in Westeuropa zu einem Andachtsgegenstand. Als Reliquie wurde sie in den Kreuzzügen erbeutet, 1063 nach Konstantinopel und 1239 nach Paris gebracht. König Ludwig der Heilige errichtete die Sainte Chapelle in seinem Palast als architektonischen Reliquienschrein, der zu den Wundern christlicher Kunst gehört.

Dem heiligen Bernhard von Clairvaux (1097–1153) wurde lange Zeit der Hymnus Salve Caput cruentatum („Sei gegrüßt, blutüberströmtes Haupt") zugeschrieben. Auf ihn geht tatsächlich die Wende vom Triumph des Kreuzes, wie er noch in älteren Hymnen am Karfreitag besungen wird, zum Mitleiden mit der Passion Jesu zurück. Heute wird diese Dichtung mit dem Zisterzienser Arnulf von Löwen verbunden. Paul Gerhardt, an dessen vierhundertsten Geburtstag neulich erinnert wurde, hat den Text ins Deutsche übersetzt: „O Haupt voll Blut und Wunden, voll Schmerz und voller Hohn, /o Haupt, zum Spott gebunden mit einer Dornenkron."

In Bildern des Gekreuzigten taucht seit 1200 die Dornenkrone immer häufiger auf, später auch beim kreuztragenden Jesus. Die Dornenkrone nimmt zunehmend den Platz des Nimbus ein und verdrängt ihn. Damit verschwindet die „Herrlichkeit Gottes im Antlitz Christi" und macht dem Bild von Qual und Spott Platz. Aber der Wechsel vom herrlichen zum mitleiderregenden Christusbild ging nicht ohne Widerstände und Umwege.

Bildhauer fanden einen Weg, die neue Dornenkrone und den alten Kreuznimbus zu vereinen, indem sie ins Haupt über und unter dem Kranz drei Löcher bohrten und dort goldene Strahlen einsetzten. Der Dreistrahlnimbus entstand als Kompromiß zwischen Dornenkranz und Nimbus, zwischen dem Bild der Herrlichkeit und des Mitleidens. Da die drei Strahlen im Werkprozeß nachträglich eingesetzt sind, gingen sie oft verloren und wurden auch nicht vermißt, weil die spätmittelalterliche und barocke Mitlei-

densfrömmigkeit für sie ohnehin kein Verständnis hatte. Im 20. Jahrhundert wurden sie oft entfernt, weil sie nicht mehr original erhalten waren. Heute sollten wir sie wieder ergänzen, wenn ein Kruzifix noch im religiösen Kontext steht und nicht nur als Kunstwerk ästhetisch gewürdigt wird. Wir sollten auch in der Feier der Heiligen Woche die „Herrlichkeit Gottes im Antlitz Christi" nicht vergessen.

Unsere Abbildung zeigt den Kruzifixus im Chorbogen der Sankt-Georgskirche in Freising, dessen Originalfassung 2002 freigelegt wurde. Er wird dem Wiener Bildhauer Hans Kaschauer zugeschrieben. Wie Kometenschweife gehen die langen Strahlen von dem blutüberströmten Kopf aus. Sie betonen seine Neigung, den Verlust an Lebenskraft und weisen auf die übernatürliche Kraft, die von diesem Tod am Kreuz ausgeht.

63 Er ist nicht hier

2002 konnte das Dommuseum in Freising mit Hilfe zahlreicher Stifter eine Elfenbeinplatte erwerben, die auf einer Seite im oströmischen Reich um 1000, auf der anderen Seite in Deutschland im 11. Jahrhundert beschnitzt worden war. Die byzantinische Seite zeigt eine *Hodegetria*, den in der ganzen Ostkirche verbreiteten Bildtyp der auf ihren Sohn weisenden Muttergottes.

Die im Westen geschnitzte Seite zeigt drei Reliefs übereinander (Bild). Das oberste wird als Darstellung des Abendmahls erkannt, das untere mit etwas mehr Mühe als Darstellung der Himmelfahrt. Aber das mittlere ist von kaum jemand zu identifizieren. Zwar folgt es genau der Oster-Erzählung der Evangelien. Aber davon haben sich unsere Osterbilder seit dem 12. Jahrhundert weit entfernt. Sie zeigen einen aus dem Grab steigenden, springenden oder fliegenden, kräftigen Mann mit einer Kreuzfahne.

Aber genau das, was *Nikolaus von Verdun* am Klosterneuburger Altar (um 1181) oder *Matthias Grünewald* am Isenheimer Altar (1515) und Tausende nach ihnen gebildet haben, wird in den Evangelien nicht erzählt. Dort ist nur von drei Frauen die Rede, die den toten Jesus salben wollen und ihn im Felsengrab nicht finden: „Was sucht ihr den Lebenden bei den Toten? Er ist nicht hier", verkündet ihnen ein Engel, dessen Aussehen Matthäus so beschreibt: „Leuchtend wie ein Blitz, mit einem Gewand weiß wie Schnee." Der zweite Satz des Engels wird heute aus dem griechischen Urtext übersetzt mit: „Er ist auferweckt worden." Die lateinische Vulgata gebrauchte hier eine aktive Verbform: „Surrexit" = „Er ist auferstanden." Dieser Spruch steht ganz klein auf dem Spruchband des Engels. Davon gingen später die westeuropäischen Auferstehungsdarstellungen aus, von einem aktiven Aufstehen, Heraussteigen oder Herausspringen. Großartige Kunstwerke, die zu den Irrtümern in der Veranschaulichung unseres Glaubens, unserer Glaubensästhetik, gehören.

Aber es sind nicht die Maler, die uns die biblische Geschichte verfälscht haben. Es ist der westeuropäische Forschungsdrang, die Neugier, die kein Geheimnis aushalten kann, sondern alles rational ergründen und anschaulich darstellen will.

Das Freisinger Relief hält sich an das Evangelium. Es erzählt vom leeren Grab, von den Wächtern (Mt 27,66; 28,4), vom Engel und den drei Frauen. Das Grab ist, wie die Grabeskirche in Jerusalem, als hochragender Bau gegeben, in dem ein leeres Tuch hängt oder liegt, die im Johannesevangelium (Joh 20,6f; vgl. Lk 24,12) erwähnten Leinenbinden und das Schweißtuch. Der Engel sitzt auf einer schräg gestellten, das heißt geöffneten Steinplatte (Mk 16,4). Die „Essenzen" (Salböle, Duftstoffe) der drei Frauen (Mk 16,1) sind durch runde Deckelgefäße und Weihrauchfässer an langen Ketten angedeutet. In ihrem gleichmäßigen Schreiten und Schwenken der Rauchfässer erwecken sie die Vorstellung einer liturgischen Prozession zum Heiligen

Grab. Sie feiern das *Mysterium paschale*, das Ostergeheimnis, das ihnen der Engel verkündet.

Das Geheimnis anzunehmen, auszuhalten und zu feiern lehrt dieses kleine Kunstwerk. In der Pfingstpredigt des Petrus steht: „Den ihr ans Kreuz geschlagen habt. Ihn hat Gott auferweckt, indem er die Wehen des Todes löste" (Apg 2,24). Wir sollten nicht wissen und nicht malen wollen, auf welche Weise Gott dies bewirkt hat, sondern es glauben, verkünden und feiern.

Dafür genügt als Zeichen in der Liturgie die Osterkerze. Neben sie gestellte Bilder, wie man sich früher den Auferstandenen vorgestellt hat, entwerten sie. Die Re-Inszenierung von barockem Figurentheater mit auffahrenden Holzfiguren mag katechetisch oder als folkloristisch-touristisches Spektakel mancherorts sinnvoll sein. In der Osterliturgie aber hat sie nichts verloren.

64 Mutlose Altäre?

In der profanierten Karmelitenkirche in München wurde 2007 eine Ausstellung gezeigt: „Raum-Kunst-Liturgie / Altarräume im Erzbistum München und Freising 1997–2007". In gestalterisch sehr ansprechender Form wurden mit Modellen, Fotografien, Grundrissen und Texten zwanzig innerhalb der letzten zehn Jahre neugestaltete Altarräume vorgestellt. Bau- und Kunstreferat der Erzdiözese legten anschaulich Rechenschaft ab über einen zentralen Aspekt ihrer Tätigkeit. Die Beispiele konnten sich sehen lassen. Für jeden Raum wurde eine seinem Anspruch, Charakter und Maß entsprechende Lösung erarbeitet, in großer Variationsbreite, auf hohem gestalterischem Niveau.

Im „Münchner Merkur" war am Ende einer Besprechung zu lesen: „Bei hohem Qualitätsbewußtsein sind Zurückhaltung und Funktionalität die obersten Gebote. Und dominieren so sehr, daß man sich schnell nach mehr Mut sehnt ..." Die Autorin hätte mehr Kunst erwartet. Die Vorstellung von Altären als „ Kunst zum Niederknien" – so der Titel einer anregenden und verwirrenden Ausstellung 2001 in Düsseldorf – beruht auf der seit dem 18. Jahrhundert üblichen Verwechslung von Retabel und Altar. Gemälde von Grünewald und Rubens, Skulpturen von Riemenschneider werden Altar genannt, obwohl im kultischen Sinn nur der früher vor ihnen quer liegende Stein als Altar diente und geweiht war.

Es wird wohl noch Generationen dauern, bis der Unterschied von Altar und Retabel (Flügelaltar, Schreinaltar, Altarbild, Hochaltar) im allgemeinen Bewußtsein ankommt. Nur eine Messe, die von den Teilnehmern abgewandt lateinisch flüsternd gelesen wurde, brauchte ein Retabel als sinnlichen Ersatz für das nicht mehr Hörbare und nicht mehr Erlebbare. Daß die Retabel und die (oft für den Kunstgenuß aus ihnen gelösten) Altarbilder seit 1400 zur höchsten Aufgabe der westeuropäischen Kunst wurden, lädt andauernd zu Verwechslungen von Kultwert und Kunstwert ein.

Wir zeigen eine neuromanische Münchner Vorstadtkirche, Sankt Martin in Moosach, erbaut 1921–24 von Hermann Leitenstorfer. In ihrer zweiten Neugestaltung (1999) wurde sie mit einem Altar von Rudolf Bott und einer Farbstele dahinter in der Apsis von Godi Hirschi ausgestattet. Diese ist dreiseitig drehbar und zeigt für den Jahreskreis einen hellgrünen Verlauf, in Advent und Fastenzeit einen Farbverlauf in Lila und für Festtage in Weißgold. Die Apsis enthält luftkriegsbeschädigte Reste eines unerträglichen Gott-Vater-Bildes. Es wurde konserviert und verdeckt. Jetzt wirkt die Apsis als anspruchsvoll hohe, sammelnde Nische, die durch die wechselnde Farbe den Ton für die Feier am Altar angibt. Der im Grundriß (und den Resten der Ausstattung) neuromanische Bau gehört durch seine knapp formulierten Architekturdetails (Arkaden, Kapitelle, Konsolen, Balkendecke) der Neuen Sachlichkeit an. Zu den besten Vertretern dieses Baustils der Weimarer Republik in München gehörte Hermann Leitenstorfer. Die jetzige Ausstattung betont diese Qualität.

Die elf Stufen hohe, für den langen Raum höchst feierlich wirksame Chortreppe wird durch Plattformen auf der fünften und zehnten Stufe gegliedert. Auf der unteren erheben sich der Altar als drei Meter langer Tisch aus schwarzem Stahl und der helle Ambo aus Eichenholz. Durch ihre Größe und anschauliche Schwere bilden sie das Ziel des langen hohen Kirchenschiffs. Auf der zehnten Stufe stehen seitlich die Sitze für den Zelebranten und den Altardienst, in der Mitte auf der elften Stufe vor der Farbstele ein zartes aber deutlich erkennbares Vortragekreuz.

Im Katalogbeitrag des Münchener Liturgiewissenschaftlers Winfried Haunerland steht der Satz: Die Feier des Gottesdienstes ist ein Dialog. „Nicht nur der Mensch steht anbetend vor Gott. Vielmehr kommt Gott hier auf den Menschen zu und bietet ihm sein Heil an." Der Raum von Sankt Martin macht dies in strenger Schönheit anschaulich.

65 Vom Wert des Materials

Heute ist es möglich, jedem Material einen „Look" zu verpassen, der es als etwas anderes erscheinen läßt: Plastik als Leder, Aluminium als Messing oder Silber, Kunststoff als Stahl. Mit der Vergoldung von Bronze, Silber und Holz begann dieser Prozeß der Nachahmung schon vor 5000 Jahren im Alten Orient. Einen Höhepunkt erreichte die Materialnachbildung im Barock. Damals hatte man Holzbauteile von Altären und Wand-Dekorationen in der Farbigkeit von Marmor und Gold gefaßt, übertraf mit polierten Stuckmosaiken die Farbe und den Glanz von Marmor. Die Materialimitation war entgegen weitverbreiteter Meinung keine Einsparung, sondern ein Versuch, die Natur mit Kunst zu übertreffen.

Holz- und Stuckaltäre in Marmorfassung zum Beispiel können weit einladender in den Raum ausgreifen, sich weit eindrucksvoller zum Gewölbe strecken, als dies mit Marmorbauteilen möglich wäre. Im Stuckmarmor konnte der Künstler die Verteilung der Farb- und der Hell-Dunkel-Werte nach seinem Plan genau regeln. Er mußte sich nicht überraschen lassen von dem, was beim Schleifen eines Steins an der Oberfläche sichtbar wurde. Die Kunst im Dienste des Kults – oder der Fürstenpropaganda – sollte über die Natur hinausführen.

Im 19. Jahrhundert wurde die Materialimitation industrialisiert und damit ein Überdruß erzeugt. Er führte zu Gegenbewegungen, zuerst in England (in der „Arts-and-Crafts-Bewegung"), dann hierzulande mit der Gründung des „Deutschen Werkbunds", 1907. Zentrale Forderung der in ihm zusammengeschlossenen Architekten, Künstler, Techniker und Kaufleute war die Materialgerechtheit: Jeder Werkstoff sollte in seiner natürlichen Schönheit und in einer seinen technischen Eigenschaften entsprechenden Verarbeitung unverhüllt sichtbar sein. Ethische Werte der Zurückhaltung, der Reinheit und Wahrheit sah man im materialgerechten Bauen und Gestalten verwirklicht. Der Geschäftsführer des Deutschen Werkbunds, *Theodor Heuß*, wurde 1949 zum ersten Präsidenten der Bundesrepublik gewählt. In seiner zehnjährigen Amtszeit wurden die Gedanken der Materialgerechtheit populär. Unzählige bemalte Möbel und farbig gefaßte Skulpturen wurden abgebeizt. Auch die Ästhetik des Münchner Moraltheologen *Richard Egenter* („Kitsch und Christenleben", 1950) geht von der Wahrheit und Reinheit materialgerechter Gestaltung aus. Die steinsichtigen Restaurierungen der Dome von Speyer und Trier sind von ihr infiziert, während die Farbfassung des Doms von Limburg das Gegenteil verkündet.

Der Kunsthistoriker kennt und schätzt beides: Materialimitation und Materialgerechtheit, jeweils dort, wo sie zum Stil des Werks gehört. Die Entscheidung zwischen dem Vorzeigen und Verbergen des Materials liegt auf der Ebene, wo Ästhetisches und Ethisches nicht zu trennen sind. Ob Materialimitation betrügerisch vortäuscht oder ästhetisch veredelt, ist im Einzelfall zu entscheiden. Bei Katalogen für „Kirchliches Kunsthandwerk"

gilt der Generalverdacht des Unehrlichen. „Kunststoff mit Eichentönung" ist so falsch wie „barock nachempfunden, antik gefaßt". Da die Kirche beansprucht, Wahrheit zu verkünden, aus der Wahrheit zu leben, muß sie bei diesen Entscheidungen sehr sorgfältig vorgehen. Im Zweifel ist das Materialgerechte ein Ja-Sagen zur Schöpfung.

Abgebildet ist ein Bauwerk aus einem einzigen Material: die romanische Kirche in Hopperstad, Sogn, in Norwegen. Sie wurde um 1130 als dreischiffige Kirche in Ständerbauweise aus Holz errichtet.

66 Länge eines Balkens, Breite eines Bretts

Balken und Bretter werden heute aus Baumstämmen gesägt, früher wurden sie gebeilt, mit dem Beil herausgeschlagen, wie es der Holzschnitt von Hans Burgkmair in der Lebensgeschichte Kaiser Maximilians I. („Weißkunig", 16. Jh.) zeigt. Bäume wachsen nicht in den Himmel. Darum haben die Länge von Balken und die Breite von Brettern eine natürliche Grenze. Dies wird heute meist vergessen, weil wir mit Klebstoffen riesige Platten (Sperrholz, Tischlerplatten, Preßspanplatten o. ä.) und Holzbinder (verleimte Bretter) herstellen können und weil wir papierdünne Holzoberflächen (Furniere) auf alle möglichen Werkstoffe kleben können. Alle diese Kunsthölzer haben mit dem gewachsenen Werkstoff Holz nur Bestandteile gemeinsam, verleugnen aber gerade das wesentlich Organische, das natürlich Gewachsene und seine Grenzen. Sie sind auch wegen ihrer chemischen Bestandteile ökologisch bedenklich, zum Teil sogar gesundheitsschädlich.

Holz ist auf Zug und Druck belastbar. Man kann es aufeinanderstapeln wie Steine im Blockbau oder aufrichten und verspannen, im Ständerbau wie im Dachstuhl oder in der Stabkirche. Mit Holz kann man Bauteile vorkragen lassen wie Erker, Balkone und ganze Geschosse.

Die Grundform der christlichen Kirche ist seit dem 4. Jahrhundert die Basilika: ein dreischiffiger Raum, der so weit gespannt wurde, wie es die Dachbalken zuließen. Das mittlere Schiff ist höher und hat über den Dächern der Seitenschiffe Fenster. In diesen von der Balkenlänge bestimmten mehrteiligen Hallen versammelten sich die Christen seit Kaiser Konstantin zum Gottesdienst. Später wurde die konstruktiv bedingte Dreiteiligkeit theologisch-allegorisch erklärt als Hinweis auf den Dreifaltigen Gott. Sie konnte auch soziologisch auf Klerus (Mitte), Männer (rechts), Frauen (links) oder ständisch auf Adel, Geistlichkeit und Bürgertum gedeutet werden. Alle diese Erläuterungen sind aber auf dem Holzweg, weil sie das maßgebende Holz, die Balkenlänge, nicht beachten.

Holzbinder bestehen aus Brettern, die so versetzt auf- und aneinander geleimt werden, daß sie Stärken und Längen erreichen, die weit über die Wachstumsgrenzen von Bäumen hinausreichen. Mit Holzbinder-Konstruktionen kann man Tragweiten von 75 Meter überspannen. Sie wurden vor allem für Sportstätten, Versammlungsräume und seit 1950 auch für Kirchen verwendet. Sie müssen nicht maßlos wirken, aber viele tun es.

Holz nimmt aus der Luft Feuchtigkeit auf und gibt sie ab. Dadurch ändert es sein Volumen. Beim Holzbinder und bei Holzplatten ist durch Leime diese natürliche Bewegung des Werkstoffs ausgeschaltet. Ältere Holzkonstruktionen – ob Schrank, Tür oder Haus – rechnen mit dieser Bewegung und verbinden Hölzer deshalb beweglich: Balken entweder durch Zapfen, Verblattung, Kamm. Bretter durch eine Rahmen-Füllungskonstruk-

tion: Aus vier Brettern wird ein Rahmen gebildet, in den ein Brett als Füllung beweglich eingesetzt ist. Vergleichbar einem Fenster: vier Rahmenschenkel, eine Scheibe. Alle älteren Türen von Schränken und Häusern sind so gebildet.

Ab 1950 setzte sich die verleimte Platte durch. Ein Türblatt aus Rahmen und Füllung hat ein konstruktiv bedingtes Maß in sich, die moderne Tür dagegen ist aus einer riesigen nur mit Kran zu bewegenden Platte in beliebiger Größe herausgeschnitten. Diese Beliebigkeit bleibt sichtbar. Sie kann auch durch Beschläge und Farbe nicht versteckt werden.

Wir sollten in unserer Architektur die Grenzen des Wachstums wieder beachten, Maß und Kleinteiligkeit als Werte erkennen. Der Baum ist das einzige Lebewesen, das aufrechtsteht wie der Mensch. Darum ist Holzarchitektur, die das Maß der Bäume, das Verhalten des Holzes berücksichtigt, auch eine menschliche Architektur. Furniere, aufgeklebte Holzschichten sind dagegen Humbug.

67 Raum der Freiheit

An der Neuhauser Straße in der Münchener Innenstadt erhebt sich die Michaelskirche, erbaut von 1583 bis 1597 als Jesuitenkirche, seit 1920 wieder von Jesuiten genutzt. Der weite, hohe Raum (Bild) ist streng und licht. In einer Zone des höchst verdichteten Kommerzes, wo jeder Quadratzentimeter ausgenutzt wird, um zu verkaufen, zu bewirten, zu werben, zu musizieren, zu betteln, zu demonstrieren, stellt die Michaelskirche einen Raum der Freiheit dar. Man kann stundenlang in dieser Kirche sitzen, ohne von Kellnern, Polizisten oder Verkäufern bedrängt zu werden. Beim Sitzen mit offenen Augen erfährt man Geschichten, sieht den heiligen Ignatius Messe lesen, den heiligen Franz Xaver beten, den Erzengel Michael die Teufel bekämpfen, erlebt die strenge Ordnung des Raums durch die Wandpfeiler, zwischen denen sich tiefe Kapellen wölben, die oben von Licht umspült die Wölbung wie ein großes geblähtes Segel zu halten scheinen. Gebläht – das klingt so, als ob in der Kirche Wind wehte. Sind die Gebete, das Seufzen und Warten der Menschen unten etwa ein Aufwind? Die optische Wirkung des geblähten Segels entsteht durch den Verlauf des Schattens auf der gekrümmten hellen Fläche. Bauherren und Baumeister des 16. Jahrhunderts kannten die Verse aus Psalm 104: „Du hast den Himmel gespannt wie ein Zelt." Die Wölbung bildet das Himmelszelt, ein von Gott gespanntes Tuch, nach. Das spürt jeder Besucher. Auch wenn ihm die theologischen und kunsthistorischen Kenntnisse fehlen. Diese dienen nur dazu, das Erlebnis in Worte zu kleiden.

Der Ruf der Jesuiten ist weit mehr mit der Vorstellung von Gehorsam und Disziplin verbunden als mit dem von Freiheit. In Sankt Michael werden viele bewegende, mitreißende Gottesdienste gefeiert. Die Cäcilienmesse von Gounod in diesem Raum überwältigt geradezu. Es werden packende Predigten gehalten und viele Beichten abgenommen. Was hat das mit Freiheit zu tun?

Die Teilnahme an Gottesdienst, Predigt und Beichte ist seit dem Ende der Religionspolizei des Absolutismus – in Bayern seit 1799 – freiwillig. Aber auch schon vorher war der Bau nicht als Zwingburg, als „Bastille", entworfen, sondern als Werbemaßnahme, als Einladung, in diesem Fall eine herzoglich-bayrische Einladung zur Betrachtung der sogenannten Letzten Dinge Auferstehung, ewiges Leben, Hölle, Jüngstes Gericht, zur Begegnung mit dem Schöpfer und Erlöser. So stellt es das Programm der Fassade dar und der Engelreigen im Inneren. Nichts Irdisches ist vollkommen: Das Zeichen der Erlösung, das große Kreuz, wurde 1830, als die Kirche Garnisonskirche war, weggeräumt, auf die Seite gestellt. Die Jesuiten haben bisher versäumt, es wieder in die Mitte zu holen.

Die Weite des Raums und die vielen Bilder laden ein zum Verweilen, zum Herumschauen, zum Herumdenken in aller Freiheit. „Auch die Schöpfung soll von der Knechtschaft und Vergänglichkeit befreit werden zur Freiheit

und Herrlichkeit der Kinder Gottes" (Röm 8,21). „Wo der Geist des Herrn wirkt, da ist Freiheit", heißt es in einem anderen Paulusbrief (2Kor 3,17). Das stellt die Kirche von Sankt Michael vor Augen in ihrer lichten Weite, Höhe und Fülle. Andere Kirchen tun dies mit anderen Räumen und Bildprogrammen. Aber alle sollten geisterfüllte Freiräume sein. Und darum müssen sie offen stehen, jeden Tag, von morgens bis abends, auch auf die Gefahr von Diebstahl, Verschmutzung und Beschädigung hin.

68 Stein auf Stein

Die Nachrichten von den ältesten massiven Bauten der Menschheit werden ständig aktualisiert. Bis vor kurzem galt Jericho mit 10000 Jahren als die älteste aus Steinhäusern gebaute Stadt. Die Häuser dieser Siedlung waren größtenteils oval oder kreisrund. Eine Kreisform mit Steinen zu legen, ist schwieriger, als eine gerade Mauer zu bauen. Deshalb nimmt man an, daß die steinernen Rundhäuser weniger massive Vorgänger hatten: Rundzelte, aus Holzstangen mit verflochtenen Palmblättern oder Rinden gedeckt. Ihre Nachfahren sind die Tuchzelte der Nomaden. Palmblätter, Rinden und Tücher schützen vor Sonne, Regen, Hitze, Kälte und Wind, aber nicht vor Schwertern und Lanzen. Zur Abwehr von Feinden wurde vermutlich der Steinbau entwikkelt. Er steht mit dem Ackerbau in Verbindung. Denn wer einen Acker bestellt hat, kann einem Feind nicht ausweichen, wie Jäger, Sammler oder Viehhirten, sondern muß seinen Boden verteidigen, wenn er die Früchte ernten will.

Grenzen, Mauern und Kriege sind Folgen des Ackerbaus. Die Erinnerung daran lebt fort in der biblischen Erzählung von Kain, dem Ackerbauern und Städtebauer, der seinen Bruder, den Viehhirten Abel, erschlägt (Gen 4,1–17). Von dort zieht sich eine Blutspur durch die Geschichte, die im Wilden Westen und im Sudan noch nicht zu Ende gekommen ist.

Aber Mauern halten nicht nur Feinde ab. Sie widerstehen auch dem Tod, der Fäulnis, dem Verrotten alles organischen Materials. Darum begegnen sie schon in Jericho bei Grabbauten, später bei den Pyramiden Ägyptens und den Mausoleen der hellenistischen Zeit. Unverwesliche Steine sind ein Medium der Erinnerung, auf das man Gesetze schreibt, die man als Denkmale aufstellt.

Steine werden zu Mauern: aufeinander geschichtet. Die ursprünglichste Bauform verwendet die Steine, wie man sie findet, in verschiedenen Größen und Formen. Wir sprechen vom Feldsteinbau. Weil Steine verschiedener Form und Größe nicht fest aufeinandergelegt werden können, müssen Feldsteinmauern sehr dick sein. Sie sind eher geformte Steinhaufen. Wenn Steine zu Würfelformen behauen werden, kann man sie mit ebenen Flächen aufeinanderlegen. Diese behauenen Steine werden aus Steinbrüchen möglichst in der Nähe der Baustelle gebrochen, heute mit Dynamit, früher mit quellenden Hölzern. Zum Behauen verwendet man heute Werkzeuge aus Stahl, früher aus härteren Steinen. Die zur Würfelform behauenen Steine werden auch Quader genannt. Quadermauern brauchen eine geringere Grundfläche als Feldsteinmauern. Ihre Glätte leitet Wasser schneller ab und erschwert das Besteigen. Darüber hinaus wirkt die Quadermauer in ihrer regelmäßig gefugten Glätte künstlich. Sie setzt sich als Bauwerk in der Natur gegenüber Fels und Hügel ab.

Steine kann man auch aus Lehm backen. Die Stabilität der Mauer wird durch ihr Gewicht verbürgt. Bei hohen und mehrgeschossigen Bauwerken wird dies zum Problem. Im Prinzip kann man nur senkrecht mauern, eben Stein auf Stein legen. Wenn ein Gebäude eine waagrechte Decke erhalten

soll, muß man zu Holz (später zu Stahl) greifen, das größere Spannweiten überbrücken kann.

Im Sichtmauerwerk – im Bild die Klagemauer in Jerusalem – bleiben die Steine und ihre Fugen sichtbar. Sie bilden ein Muster und lassen den Maßstab erkennen. Verputzte Mauern haben dagegen eine gleichmäßige Oberfläche und verbergen ihr Material. Oft sind ihnen Steinfugen aufgemalt.

Die meisten christlichen Kirchen sind gemauert. Ihre technische Stabilität und die konservative Kraft des Kults bewirken, daß sie in den meisten europäischen Orten die ältesten Gebäude sind. Auch von untergegangenen Kulturen sind in erster Linie die gemauerten Kultbauten (Tempel, Steinsetzungen) erhalten.

Steinbauten nehmen ihr Material aus der Erde, verbinden sich mit der Erde, fügen sich den Gesetzen der Schwerkraft. Steinkirchen verweisen auf Gott als den Fels der Zuversicht, auf seine bergende Macht. Und sie verweisen auf die Geschichte, auf die Weitergabe des Glaubens und das Beten und Hoffen vieler Generationen.

69 Das Gewölbe nannte Gott Himmel

„Dann sprach Gott: Es entstehe ein festes Gewölbe inmitten der Wasser, und es bilde eine Scheidewand zwischen den Wassern! Gott bildete das feste Gewölbe und schied zwischen den Wassern ... Das Gewölbe nannte Gott Himmel. Es ward Abend, und es ward Morgen: zweiter Tag." Die schriftliche Fassung der Schöpfungserzählung im ersten Kapitel unserer Bibel wird heute in das 6. Jahrhundert vor Christus datiert. Damals kannte das Volk Israel bereits die Kunst, behauene Steine so miteinander zu verkeilen, daß sie nicht abstürzen, „weil alle zugleich fallen möchten". Das Gewölbe ist die dem Stein angemessene Art der Raumüberdeckung, weil in ihm nur Druckspannungen auftreten.

Die älteste gewölbte Kuppel der Welt ist bisher über einer Grabkammer in Ur in Mesopotamien nachgewiesen. Sie wird in die Zeit um 2600 vor Christus datiert. Das Steingewölbe verrottet und verbrennt nicht und bewahrt so den Raum für den Toten durch die Jahrtausende. Außerdem bildet es den Himmel ab.

An einem wolkenlosen, sonnigen Tag sehen wir den Himmel über uns scheinbar gewölbt, dunkelblau in der Höhe des Zenits, heller bis weiß dem Horizont zu. Erst seit gut hundert Jahren können wir diese Farbverschiebung mit der physikalischen Optik erklären. Sie hängt mit der Brechung des weißen Sonnenlichts durch den Sauerstoff der Atmosphäre zusammen. Aber schon seit Jahrtausenden hat sie der Mensch wahrgenommen und aus ihr die Vorstellung entwickelt, daß sich der Himmel über der Erde wölbt.

Diese Wahrnehmung hat auch unsere Sprache geprägt. Das lateinische Wort für Himmel caelum (frz. ciel, ital. cielo) ist vom griechischen Wort koilon (Höhle) abgeleitet. Das deutsche Wort vom indoeuropäischen Stamm hem (bedecken), den wir im Hemd noch bewahrt haben. Himmel ist damit entweder die bergende Höhle der Erde oder ihre bedeckende Hülle. Das letztere erinnert an die Aufnahmen des „blauen Planeten", die vom Weltall aus gemacht wurden und die uns die Atmosphäre als „Hemd" der Erde zeigen.

Gewölbe sind durch ihre Form gebaute Himmelsbilder. Oft ist diese Bedeutung durch aufgemalte Sterne oder Wolken verstärkt. Grundformen des Gewölbes sind die Tonne (ein liegender Halbzylinder), das Kreuzgewölbe (zwei sich schneidende Tonnen) und die Kuppel (eine Halbkugel). Vermutlich gab es schon vor der Erfindung der Wölbetechnik Himmelsbilder als oberen Abschluß von Innenräumen, etwa in Rundzelten mit textilen Sternenhimmeln oder mit Sternenmalerei auf Holzdecken. Aber räumlich bildet nur die Wölbung den Himmel ab.

Seit dem 19. Jahrhundert werden Gewölbe vor allem als Baustruktur, als Ingenieurleistungen, gesehen. Ihre Bildfunktion wird übersehen. Es wäre aber falsch, in jedem gemauerten Bogen ein Himmelsbild sehen zu wollen. Römische Viadukte, Aquädukte, Markthallen, Thermen und Arenen sind wegen ihrer Stand- und Feuerfestigkeit gewölbt. Aber in den ältesten Grab-

gewölben, im Rundtempel des römischen Pantheons und in den byzantinischen Kuppelkirchen überwiegt die Bildbedeutung als gebauter Himmel. Sie wandelt sich mit den Stilformen und geschichtlichen Horizonten. Form, Bemalung und Ornamentik verdeutlichen das Himmelsbild: Sterne weisen auf den Kosmos, Pflanzen auf das Paradies, bunte Steine auf das Himmlische Jerusalem, Schlußsteine mit Heiligenbildern auf die Gemeinschaft der Heiligen. In barocken Kuppelbildern wird an die Gemeinschaft der Heiligen um den Dreifaltigen Gott erinnert.

Im gotischen Rippengewölbe – in unserem Bild das Münster, das die Zisterzienser 1368 in Bad Doberan bei Rostock errichtet haben – zeichnen die Rippen die Bahnen der Gestirne nach, die Pfeiler, aus denen sie emporwachsen, erinnern an Palmen. Die Wölbung erinnert uns daran: Jeder Besuch einer Kirche ist ein Stück Himmel auf Erden, der Trost und Freude spenden und Hoffnung erwecken soll.

70 Licht der Herzen

„Komm, Heiliger Geist, und sende einen Strahl deines himmlischen Lichts. Komm, Vater der Armen. Komm, Geber der Gaben. Komm, Licht der Herzen." So lauten – wörtlich übersetzt – die ersten beiden Strophen des Pfingst-Hymnus Veni Sancte Spiritus. Er ist um 1220 entstanden und wird heute Stephan Langton, dem einstigen Erzbischof von Canterbury, zugeschrieben. Er war einer der maßgeblichen Autoren und Redaktoren der „Magna Charta Libertatum" für die „Gemeinschaft des Königreichs England" (1215), der ersten Vorläuferin aller Verfassungen, in denen staatliche Machtverhältnisse rechtlich geregelt und Witwen und Waisen geschützt sind.

Der Hymnus ruft den Heiligen Geist auch als hospes animae an, ein Wort, das wir heute nicht mehr übersetzen können. Hospes bezeichnet die Freundschaft, die entsteht, wenn einer beim andern zu Gast ist. Seit im Mittelalter die Gastfreundschaft zur Gastwirtschaft professionalisiert wurde, werden wir dem ursprünglichen Doppelsinn des Wortes nicht mehr gerecht. In Übersetzungen des Hymnus wird der Heilige Geist deshalb meistens zum „Wirt der Seele" und bleibt selten „Gast". Vom lateinischen hospes sind eine Reihe von Wörtern und Institutionen abgeleitet, von denen hier nur Hotel, Hospiz, Spital, genannt seien.

Die ältesten Spitäler Europas führen den Heiligen Geist in ihrem Namen, weil Gottes Geist sich den Menschen heilend, tröstend, wärmend, nährend naht. Diese Worte ordnen wir heute dem sozialen und caritativen Bereich zu, der häufig in Widerspruch zum Kulturellen, Künstlerischen gesehen wird. Viele heute in der Kirche meinen, Kultur und Kunst dürfen wir uns erst leisten, wenn alle sozialen Nöte behoben sind. Die alten Heilig-Geist-Spitäler zeigen das Gegenteil: Vom kunstvollen Bauen, von Musik und Malerei geht eine tröstende, heilende, aufbauende Kraft aus, auf die wir um der Menschen willen und um der Ehre Gottes willen nicht verzichten können. Farbige Wohlfühlkreise und Blumenfotos reichen dafür nicht. Nur Kunst höchsten Anspruchs hält der menschlichen Not stand und heiligt Gottes Namen.

So wie die Heilig-Geist-Kirche in Landshut (Bild). Der Bau wurde 1407 von Hans von Burghausen (gestorben 1432) begonnen und 1461 durch Hans Stethaimer vollendet. Der Sakralbau steht dem Heilig-Geist-Spital direkt gegenüber, schließt den großen Straßenraum der Altstadt von Landshut monumental ab und gehört zu den qualitätvollsten Bauten der Spätgotik in Süddeutschland. Die Hallenkirche ist ein dreischiffiges Glashaus mit schlanken runden Pfeilern, die sich, weiß gekalkt, leicht und luftig in die Höhe recken. Die Seitenschiffe sind als Umgang im Osten um das Mittelschiff gelegt, das mit einem zentralen Pfeiler abgeschlossen wird. Dieser war ursprünglich unten durchbrochen, ein transparentes Sakramentshaus war eingebaut, das im Gegenlicht das Allerheiligste zeigte.

Das Licht aus den riesigen Fenstern mit klarem Glas umspielt die runden Pfeiler. Licht und Schatten zehren sie auf. Über ihnen spannt sich im Gold-

glanz eines lichten Ockers das Netzgewölbe wie ein Himmel. Der Bau ist asketisch, rein und klar, von lichtvoller Spiritualität für „das selige Licht, das die Herzen der Gläubigen im Innersten erfüllt", wie es in der vierten Strophe des Pfingsthymnus heißt. Er lädt dazu ein, sich selbst ganz leer zu machen, damit wir vom Heiligen Geist erfüllt werden können (Johannes Tauler).

Das Wort „Geist" wurde von Missionaren aus Frankreich oder England im 8. Jahrhundert erfunden, um den Germanen den Heiligen Geist nahezubringen. Es ist von der Wurzel gei, heftig bewegen, abgeleitet. In „Gischt", „Geysir" und „Geifer" haben wir noch Reste dieses Wortstamms. Geist – eine aufregende, brodelnde Sache. Diese Heilig-Geist-Kirche dagegen atmet Ruhe. Sie hängt eher mit dem lateinischen spiritus, dem griechischen pneuma, dem Hebräischen ruah, zusammen, die alle Atem oder Hauch bedeuten.

71 Das Bild des dreifaltigen Gottes

„Danach schaute ich, und siehe, eine Tür war aufgetan im Himmel ..., ein Thron stand im Himmel ..., und ein farbenreicher Strahlenbogen war rings um den Thron ... Vor dem Thron ist es wie ein gläsernes Meer, gleich einem Kristall, und rings um den Thron sind vier Wesen, voller Augen vorne und hinten. Das erste Wesen ist gleich einem Löwen, das zweite gleich einem Stier, das dritte Wesen hat ein Gesicht wie das eines Menschen, und das vierte Wesen ist gleich einem fliegenden Adler. Und von den vier Wesen hat jedes sechs Flügel, und ringsum sind sie voller Augen. Ohne Aufhören rufen sie Tag und Nacht: Heilig, heilig, heilig ist der Herr, Gott, der Allherrscher, der war und der ist und der kommt" (Offb 4,1–8). „Ich bin die Tür. Wenn einer durch mich hineingeht, wird er Heil erfahren ... Ich bin gekommen, damit sie Leben haben und es in Fülle haben" (Joh 10,9.10).

Über dem Hauptportal im Westen der Kathedrale von Chartres (Bild) ist seit 1145 ein Christusbild angebracht. Es wird in der Fachsprache der Kunsthistoriker „Majestas Domini" (Herrlichkeit des Herrn) genannt. Es erscheint auch an zahlreichen anderen Portalen des 12. Jahrhunderts sowie gemalt oder als Mosaik in Büchern und Apsiden. Am Portal verbindet es sich mit dem Türwort Jesu aus dem Johannesevangelium. In der Geschichte der Christusbilder hat es das Gleichnis vom Guten Hirten abgelöst.

Die „Majestas Domini" ist nicht als Porträt des Jesus von Nazareth zu verstehen, sondern als Gottesbild. Jesus hat dem Vater im Himmel, der gefordert hat, „Du sollst dir kein Bildnis machen", sein Gesicht geliehen. Aufgrund seines Wortes „Wer mich sieht, sieht den Vater" und „Ich und der Vater sind eins" haben die Künstler im Auftrag der Kirche sein Bild eingesetzt, wo sie ein Gottesbild gestalten wollten – am eindrucksvollsten in den Wortillustrationen der Psalter, zum Beispiel im Utrechtpsalter (9. Jh.).

Immer, wo im lateinischen Text „Dominus" (Herr) oder „Deus" (Gott) steht, erscheint ein Christusbild mit Kreuznimbus und Kreuzstab, der auf dem Thron sitzt, den Verfolgten zu Hilfe eilt oder sich vom Schlaf erhebt. Seit dem 4. Jahrhundert beendet die Kirche jeden Psalm im liturgischen Gebet mit der Anrufung „Ehre sei dem Vater und dem Sohn und dem Heiligen Geist" und macht damit deutlich, daß für sie der in den Psalmen angerufene Herr und Gott der dreifaltig-dreieine Gott ist. Und von Ihm gibt es bis ins 12. Jahrhundert nur ein Bild: Jesus Christus.

Die Entstehung eines durch die Bartlänge vom Sohn unterschiedenen Vaterbilds müssen wir heute für einen Irrtum halten, der auch im Widerspruch zur Heiligen Schrift steht. Dieser Irrtum hat allerdings – von Michelangelo über Rubens bis Asam – großartige Kunstwerke hervorgebracht. Er trennt die lateinische von der griechischen Kirche und behindert unser Verständnis älterer Gottesbilder. Wir sind immer versucht, sie in Personen aufzuspalten, wo es doch um den ganzen Gott geht, der in der Person Jesu für die Menschen sichtbar geworden ist.

Die vier Lebewesen Löwe, Stier, Mensch, Adler gehören nach den Visionen der Apokalypse und des Propheten Ezechiel (1,5–10) zum Thron Gottes im Himmel. Sie zeigen und verkünden seine Heiligkeit. Wegen der Klarheit der Form ist auf zwei Merkmale verzichtet: die sechs Flügel und die vielen Augen. Der mandelförmige Bogen um den Thron war vermutlich ursprünglich farbig. Den vier Lebewesen sind Bücher zugeordnet, deutlich erkennbar zwischen den Vorderbeinen von Löwe und Stier.

Irenäus von Lyon (gestorben 202) hat als erster die Wesen vom Thron Gottes auf die vier Evangelien bezogen. Hieronymus (347–420) wiederum hat diese Deutung aufgegriffen, aber die Zuordnung der Wesen zu den Büchern verändert: Matthäus-Mensch, Markus-Löwe, Lukas-Stier, Johannes-Adler. Das Gottesbild der „Majestas Domini" erscheint als Erfüllung des Evangeliums.

72 Keine esoterische Lichterscheinung

Ein Leser hat mich gebeten, zu dem Herz-Jesu-Bild der polnischen Ordens-frau *Faustina Kowalska* (1905–1938) Stellung zu nehmen. Es geht auf eine Vision zurück. Visionen und Privatoffenbarungen hat es in der Geschichte unseres Glaubens immer gegeben. Sie sind aber für niemanden verbindlich und können das Glaubensleben gleichermaßen vertiefen oder gefährden. Die genaue bildliche Umsetzung von Visionen führt jedoch oft zum Kitsch. Kitsch aber gefährdet das religiöse Leben, wie der Münchener Moraltheologe *Richard Egenter* gezeigt hat. Dies gilt für die Herz-Jesu-Visionen der *Margaretha Maria Alacoque* im 17. Jahrhundert genauso wie für die Marienvisionen des 19. und 20. Jahrhunderts. Nicht die Vision ist Kitsch. Sie ist ein inneres Erleben. Aber die Umsetzung der Vision als Bild, als äußerlich wahrnehmbares, gemaltes, gedrucktes, geformtes Bildwerk ist oft kitschig. Dies muß nicht so sein. Von der Vision des heiligen Franziskus gibt es ergreifende Bilder. *Giovanni Lorenzo Bernini* hat aus einer Vision der Teresa von Avila ein Kunstwerk gestaltet, das zu den Meisterwerken barocker Marmorskulptur gehört, ja diese geradezu zur Vollendung führt. Die Vision bedarf der künstlerischen Umsetzung. Wo diese fehlt, bleibt das Bild im Trivialen stecken.

Die Schwächen des vorliegenden Bildes fallen ins Auge, wenn wir es direkt neben ein Kunstwerk halten. Die teppichartig-wollige Wolke zum Beispiel wird neben der Wolke unter der Sixtinischen Madonna von *Raffael* zum Bettvorleger. Dabei stellt sich unwillkürlich der Gedanke eines „Schlafzimmerblicks" ein – ein Ausdruck, mit dem man früher den sinnlich verlockenden Blick des *Latin lovers*, des feurigen Liebhabers bezeichnet hat, für den der Filmschauspieler Rudolfo Valentino (1895–1926) berühmt war. Filmplakate oder Aufnahmen von ihm in Illustrierten könnten Faustina Kowalska zu dieser Darstellung angeregt haben.

Daß sie keine Künstlerin war, sieht man auch an den beiden Spielbeinen. Beide Schenkel zeichnen sich gleich unter dem langen Gewand ab, obwohl die Füße verschieden weit vom Wolkenrand stehen. Die wesentliche Artikulation menschlicher Gestalt, die Hüftpartie, wird ohnehin durch den Strahlenerguß in den polnischen Nationalfarben rot und weiß verschleiert. Die segnend erhobene rechte Hand der Jesusfigur kommt aus einem weiten Ärmel, dessen Tuch schlaff, fad herunterhängt. Es wird einem übel, wenn man sich erinnert, mit welcher Kraft dieses Motiv der segnenden Hand, die Spannung zwischen Hand und Ärmel in der byzantinischen, romanischen, gotischen und barocken Kunst dargestellt wurde: wie das Gewand Anteil hatte an einer energischen, geisterfüllten Bewegung.

Aber es sind nicht die formalen Schwächen, die das Bild gefährlich machen. Es ist vielmehr die Verengung des Bildes von Jesus von Nazareth, dem Christus unseres Glaubens, auf eine gefällige Lichtgestalt. Das Bild verleugnet den historischen Jesus und verkündet stattdessen eine esoterische Geistererscheinung von sinnlicher Glut. Wer als junger Theologe ein solches

Jesus, ich vertraue auf Dich

Christusbild verinnerlicht und verbreitet, ist als Seelsorger nicht geeignet. Wie aber können wir jungen Menschen, die kein anderes Christusbild haben, helfen?

Erstens, indem wir daran erinnern, daß für das Erstellen von Bildern Künstler zuständig sind, so wie Theologen für Theologie. Es bedarf einer professionellen Ausbildung, um Theologie zu verbreiten. Das gleiche gilt für Bilder. Zweitens, indem wir die jungen Menschen nach Chartres, Cefalu oder Monreale führen, indem wir ihnen das Christusbild des Naumburger Meisters, des Rubens und des Rembrandt, des Lovis Corinth und des Alexej Jawlensky nahebringen und sie über die Chancen und Möglichkeiten der Kunst der Gegenwart aufklären. Wer diese Christusbilder erlebt hat, ist gefeit gegen jeden dünnblütigen und gefährlichen Kitsch.

73 Heilige leuchten nicht

Der Heiligenschein, fachlich korrekt Nimbus, entstand in der Bildsprache der Spätantike. Er wurde als farbiges Quadrat, als Kreis oder Strahlenkranz um den Kopf von göttlichen oder vergötterten Personen gelegt. Er hat keine Entsprechung in der Realität. Weder vergötterte Kaiser, noch Heilige, noch Jesus von Nazareth haben geleuchtet. Nur in der Verklärung auf dem Berg Tabor ist von einer Licht-Erscheinung um die Person Jesu die Rede: „Da wurde er vor ihnen verwandelt; sein Angesicht glänzte wie die Sonne, seine Kleider wurden leuchtend hell wie das Licht" (Mt 17,2).

Wenn man Bilder für Abbildungen von Wirklichkeit hält, führt der Nimbus in die Irre. Im konzeptuellen Weltbild, dem Bild der Welt, wie man sie sich vorstellt, ist der Heiligenschein ein wichtiger Akzent. Im visuellen Weltbild, dem Bild der Welt, wie wir sie sehen, ist er ein Störfaktor.

Der Wechsel vom konzeptuellen Weltbild des Mittelalters zum visuellen der Neuzeit vollzog sich, wie der Kunsthistoriker Otto Pächt (1902–1988) festgestellt hat, im 15. Jahrhundert. Linearperspektive, Farbperspektive und Oberflächenrealismus waren die malerischen Mittel dieses Wandels. In dieser Zeit wurde der Nimbus von einem Lichtzeichen zu einer Goldscheibe oder einem Goldreifen, der sich mit den Köpfen im Raum bewegt. Malerei, die sich auf Realität einläßt, muß auf dieses antike Zeichen verzichten.

Peter Paul Rubens ersetzte den Nimbus durch helle Hintergründe und/oder eine scharfe seitliche Beleuchtung. Rembrandt wiederum verzichtete konsequent auf dieses Zeichen.

Wilhelm Busch (1832–1908), der sein Leben zwischen evangelischen Pfarrhäusern in Westfalen und München verbrachte, kannte den Nimbus aus katholischen Kirchen in Süddeutschland und Italien. Er mokierte sich mehrfach über katholisches Brauchtum, Legenden und Heiligenverehrung, am ausführlichsten in seiner Bildgeschichte „Der heilige Antonius von Padua" (1870). Busch zeichnete den Heiligenschein als Kreis, Strahlenkranz und Lichtquelle. Der Vierzeiler zu unserer Abbildung lautet: „Der heilige Antonius von Padua / Saß oftmals ganz alleinig da / Und las bei seinem Heiligenschein / Meistens bis tief in die Nacht hinein. –"

Es ist leicht, sich über unglaubwürdig gewordene Konventionen anderer lustig zu machen. Schwieriger ist es, mit ihnen umzugehen, wenn einem der Glaube etwas bedeutet. Zwei Gefahren sollen hier angedeutet werden: Wenn man Kindern einen leuchtenden Jesus in Bildern inmitten einer unerleuchteten Menge zeigt, kann ein Überlegenheitsgefühl mit Tendenz zum Antisemitismus erzeugt werden, ausgehend von der Überlegung, warum haben die dummen Juden ihn denn nicht erkannt. Man sieht doch, daß er heilig ist. Nein. Jesus hat nicht geleuchtet. Er war ein Mensch, ein Jude unter Juden. Gerade bei Kreuzwegstationen, die Ereignisse eindringlich vor Augen stellen, ist es gefährlich, Jesus durch ein Leuchten von den übrigen Handlungsträgern zu isolieren.

Wenn man aber ein neuzeitliches Menschenbild mit Strahlen umgibt, wie im Herz-Jesu-Bild der polnischen Ordensfrau Faustina Kowalska (vgl. Beitrag 72), entsteht aus dem Widerspruch der künstlerischen Mittel zwangsläufig Kitsch. Kitsch, der auf eine religiöse Fehlhaltung hinweist, nämlich das Nicht-zur-Kenntnis-Nehmen der Menschheit Jesu. Er wird so zur esoterischen Erscheinung.

Nimbus und Strahlenkranz sind bildliche Merkmale des Andersseins, Alteritätsmerkmale. Sie können nur angebracht werden, wenn das Bild kein Abbild sein will, auf realistische Anmutungen wie Räumlichkeit, Perspektive, korrekte Anatomie und einen der Schwerkraft unterworfenen Fall verzichtet. Im Leben (und in der Geschichte) ist das Heilige unscheinbar.

74 „Nur" ein Bild?

„Herr, du mein Fels, meine Burg, mein Retter, mein Gott, meine Feste, in der ich mich berge" (Ps 18,3). Nur Bilder sind die Anrufungen Gottes als Fels, als Hirte, als Licht, als Vater. Nur Bilder? Nach Meinung vieler Theologen sind Bilder etwas Geringeres als Begriffe. Dabei ist das Wort „Begriff" selbst ein Bild, vom spürbaren Begreifen mit der Hand übertragen in die Blässe des Gedankens. Paul Klee behauptete 1924: „Der Künstler spielt mit den letzten Dingen ein unwissend Spiel. Und erreicht sie doch." Dieses Wort stammt von einem der Erfinder der gegenstandslosen Kunst, einem der Revolutionäre, die seit 1912 das Kunstverständnis des Aristoteles umgestoßen haben. Nein, Kunst ahmt nicht die Natur nach: „Sie gibt nicht das Sichtbare wieder, sondern macht sichtbar." Man kann sein Wort abwandeln: Bilder umstellen die letzten Dinge ohne Begriff – und erreichen sie doch.

„Gottheit", „summum bonum" („höchstes Gut") oder „das, worüber hinaus nichts Größeres gedacht werden kann" (Anselm von Canterbury) sind Begriffe. „Vater unser im Himmel" ist ein Bild. Was aber ist mehr wert? Der Begriff von Gott oder sein Bild?

Die deutsche Sprache faßt mit dem Wort „Bild" das griechische eikon und parabole, das lateinische imago und similitudo oder das englische picture und image zusammen. Ein Bild kann aus Worten („Ich bin der gute Hirte") oder aus Farben auf Leinwand (wie ein Porträt) gebildet sein. Bilder enthalten Wahrheit, aber nie die ganze (vgl. Beitrag 54). Das Wort Gottes in unserer Heiligen Schrift enthält deshalb auch Gegenbilder. Jesus nennt sich selbst Hirte, Tür und Weg. Er nennt das Himmelreich ein Gastmahl, eine Hochzeit, einen Weinberg, einen Acker. Dieser bilderreichen Rede ist mit Begriffen nur schwer beizukommen. Seit der Zeit der Kirchenväter bemühen sich Christen unter dem Einfluß der griechischen Philosophie, die Bilder in Begriffe zu fassen. Doch dabei werden diese blaß, unanschaulich, leblos. Sie beschäftigen nur unsere Gedanken, nicht unsere Gefühle. Dabei sind wir aufgerufen, „Gott mit ganzem Herzen, mit ganzer Seele und mit aller Kraft zu lieben". Bilder erreichen unser Herz weit eher als Begriffe. Sie sind liebenswerter.

Die Übersetzung vom hörbaren Sprachbild zum sichtbaren Kunstwerk verführt leicht zu falschen Bildern, etwa das vom „Vater im Himmel" zum Bild eines Mannes, der mit langem Bart auf Wolken sitzt, obwohl „Mann und Frau Ebenbild Gottes sind" (Gen 10,27), und nicht der Mann allein; obwohl wir uns kein Bild von ihm machen sollen (Ex 20,4; 34,17; Dtn 4,16) und obwohl Jesus gesagt hat: „Wer mich sieht, sieht den Vater" (Joh 14,9).

Weil wir uns von Gott, dem Vater, kein Bild machen sollen, darum haben wir seine Macht und Größe in Bauten dargestellt. Romanische Kirchen sind Gottesburgen. Sie stellen bergend seine Ruhe und seine unerschütterliche Kraft dar, die in der Heiligen Schrift immer wieder beschworen wird. Beson-

ders wehrhaft-unerschütterlich wirkende stehen in Westfalen, wie die abgebildete Kirche in Freckenhorst.

Nach 1120 löste im westeuropäischen Kirchenbau langsam ein anderes
Gottesbild Fels und Burg ab. Es ist ebenso wertvoll: „Der Herr ist mein Licht
und mein Heil" (Ps 27,1). Er „hüllt sich in Licht wie in ein Kleid" (Ps 10,2).
Mit Hilfe neuer Baustoffe und Bautechniken wandelte sich die romanische
Burg zum gotischen Glashaus. Romanische und gotische Kirchen sind ge-
baute Gottesbilder, so verschieden wie schattenwerfende Felsen und das
Licht der Sonne: gebaute Bilder als Orte der Erfahrung Gottes.

Wer im Zusammenhang unseres Glaubens sagt, die Worte der Annähe-
rung Hirte, Vater, Fels, Licht seien nur Bilder (oder die Osterkerze nur ein
Symbol), verdient, daß man ihn/sie einen Esel, wahlweise eine Gans nennt,
ohne daß er oder sie beleidigt sein dürfte. Denn das sind auch „nur Bilder".
Wer sich aber verletzt fühlt, erkennt, daß Bilder unser Herz bewegen – mehr
als Begriffe.

75 Beton

Beton besteht aus zermahlenen Steinen, die mit Zement und Wasser zu einem Brei verrührt werden, der beim Trocknen steinhart wird. Er ist seit dem Altertum bekannt. Die Kuppel des Pantheon in Rom wurde zwischen 118 und 128 aus einem Betonring gebaut, der auf dem mit Marmorplatten verkleideten Ziegelmauerwerk aufliegt. Im Mittelalter wurde ein betonähnlicher Kunststein – mit einem Zusatz von Quark – wegen seiner leichten Formbarkeit für Kapitelle, Säulen und Statuen verwendet.

Zum wichtigsten Baumaterial des 20. Jahrhunderts wurde Beton, nachdem der französische Gärtner Joseph Monier (1823–1906) entdeckt hatte, daß man das Material mit Stahlstangen verbinden könne. Damit wurde dieses auch auf Zug belastbar und verband die Vorteile des Holzbaus mit der Stabilität und Brandsicherheit des Steinbaus.

Der Architekt Auguste Perret (1874–1954) war einer der Pioniere des Bauens mit Stahlbeton. Wir zeigen einen Pfeiler seiner Kirche Saint Joseph in Le Havre, nach seinem Tod 1959 errichtet, als krönender Abschluß des Wiederaufbaus der im Krieg zerstörten Hafenstadt. Vier dieser Pfeiler bilden ein Quadrat, über dem sich ein 109 Meter hoher Turm erhebt. Er ist innen offen und reißt den Blick des Besuchers bis zur Turmspitze empor. Die Seitenwände sind mit Beton-Elementen ausgefacht, in die vielfarbige Glasscheiben eingelassen sind. Bei Tage gleiten farbige Lichter über den hellgrauen, schalungsrauhen Beton, bei nächtlicher Innenbeleuchtung strahlt der Turm wie ein Leuchtfeuer über der Stadt und dem Hafen.

Die Kirche zeigt beispielhaft die Vorzüge des Stahlbetons. Er ist leicht formbar, stabil; ermöglicht Konstruktionen von nie gesehenen Formen, Weiten und Höhen. Und er ist berechenbar. Eine Architektur, die man sich am Schreibtisch ausdenken, in ihrer Statik und in ihren Kosten berechnen und in bis dahin unvorstellbar kurzen Zeiträumen ausführen lassen kann.

Der Kirchenbaumeister Emil Steffann (1899–1968) hatte seine Zweifel an diesem Baustoff: „Sollte es ein Zufall sein, daß das Mittelalter seine Kathedralen nicht aus Beton goß, sondern vorzog, sie aus einzelnen Bausteinen zu errichten? Daß die Römer den Beton zuerst anwandten, die Neuzeit ihn mit Eisen verband, und diesen eisenarmierten Stoff für ihre Bauten wählte, die einzelnen Steine also nicht mehr beschlug, um sie dann als selbständige Teile des Einen dem Anderen zuzufügen, sondern sie zerkleinert, zermahlt, sie ihrer Eigennatur entkleidet, um sie dann mit Bindemittel und Eisen zu einem in sich starren künstlichen Monolithen zu vereinigen? Deutet diese veränderte Bauweise auf geschichtliche Strukturveränderungen in der Menschheit? Sollte sie ihr Abbild sein? ... Ob sich allerdings jeder Baustoff gleich gut für einen Kirchenbau eignet, ist die Frage. Warum können unsere mit technischen Mitteln errichteten Bauten – auch die guten – nicht recht altern?"

Die Alterung von Beton ist ein Problem, das uns bei vielen Kirchen der Baujahre zwischen 1950 und 1980 zu schaffen macht. Der Kölner Diöze-

sanbaumeister Martin Struck hat (in „Das Münster", 3/2006) auf einige Schwierigkeiten beim Erhalt von Beton-Kirchen aufmerksam gemacht. Deren Haltbarkeit wurde seinerzeit überschätzt. Nur theoretisch ist Stahlbeton unvergänglich. In der Praxis dringt immer wieder Wasser durch Haarrisse ein und bringt die innenliegenden Stahlverstrebungen zum Rosten. Am Kölner Dom werden seit seiner Erbauung Steine ausgewechselt. Dies ist bei Beton nicht möglich. Und Flecken sind ebenso „unvergänglich" wie der Beton selbst. Denn jeder Anstrich zerstört die optische Anmutung einer Betonoberfläche mit ihren offenen Poren und ihrer spezifischen Farbigkeit. Der „Wunderbaustoff der Moderne" macht Probleme, mit denen wir zu kämpfen haben, weil gerade die architektonisch und liturgisch besten Kirchen des 20. Jahrhunderts mit ihm gestaltet wurden.

76 Glas: Von der Perle zum Wolkenkratzer

Neben Stahl und Beton ist Glas der wichtigste Baustoff der Gegenwart. Erfunden wurde es wohl zufällig beim Brennen von Tongefäßen im Alten Ägypten und dort als Schmuckelement gebraucht. Es ersetzte Edelsteine und übertraf sie in der Vielfalt seiner möglichen Farben. Diese entstehen durch den Zusatz von Metalloxyden (Kupfergrün, Manganbraun, Kobaltblau). Kleine Gefäße dienten seit dem 2. Jahrtausend v. Chr. als Parfümfläschchen und Behälter für Gewürze und Salböle. Als lichtdurchlässiger Verschluß von Fenstern tauchte flaches weißes Glas neben dünn geschliffenen Steinsorten bei den Römern auf. Beispiele sind aus Pompeji und aus Weißenburg überliefert. Farbloses, durchsichtiges Glas wurde in Venedig um 1200 beim Versuch, Bergkristall nachzumachen, erfunden.

Glas wurde früher dort geschmolzen, wo seine Bestandteile Quarzsand, Soda, Pottasche und kohlensaurer Kalk gefunden wurden, also in der Nähe von Wäldern, an Fluß- und Meeresufern. Die industrielle Herstellung von Soda machte ab 1791 die Glasproduktion überall möglich.

Im Kirchenbau spielt Glas seit dem 12. Jahrhundert eine entscheidende Rolle. Es erzählt in Fenstern, zusammengesetzt aus roten, blauen, gelben und grünen Glasscherben, die Heilsgeschichte. Die frühesten erhaltenen Glasmalereien sind vier Prophetenfenster im Augsburger Dom um 1100. Vor allem Abt Suger von Saint-Denis, der Bauherr der ersten gotischen Kirche (begonnen 1124), hat den Einsatz von farbigen Gläsern als Abglanz des Himmels, als Lichtweg zum Gotteslicht, gedeutet und gefördert. Die burgartigen Kirchen der Romanik verwandelten sich in der Folge in die Glashäuser der Gotik, die zunächst vor allem in tiefem Rot-Blau, später auch in helleren Farben strahlten.

In der Bibel kommt Glas selten vor: Einmal im Buch Ijob, wo es mit Gold zusammen der Weisheit untergeordnet wird (28,17); zweimal in der Offenbarung des Johannes: „Die Stadt ist aus reinem Gold gebaut, wie aus reinem Glas" (21,18). Für Suger war Glas das Zeichen für die „Herrlichkeit Gottes", lateinisch: claritas Dei.

Klares Tafelglas, wie es seit 1900 in Vorhangfassaden oder aufgehängten Glaswänden verwendet wird, hat auch mit Klarheit zu tun. Es vermittelt Helligkeit, bedeutet Verstandesklarheit. Vor allem in der Architektur des Bauhauses, bei Walter Gropius und Ludwig Mies van der Rohe, wurde das Material zum bestimmenden Element der Außenhaut ihrer Fabriken, Bürogebäude, Museen.

Als Beispiel für Glaswände im Kirchenbau zeigen wir die Studentenkapelle im finnischen Espoo, 1953 von Heikki und Kaija Siren gebaut. Ein steiles Pultdach in sichtbarer Holzkonstruktion fällt von einer hohen Glaswand über dem Eingang zur Glaswand hinter dem Altar – einem einfachen

Tisch – ab. Er wird durch ein Edelstahlkreuz, das im Freien hinter der Glaswand steht, überragt. Das Kreuz steht vor Büschen und Bäumen, ein Zeichen für den Zusammenhang von Religion und Natur.

Religion deutet Natur, zum Beispiel, wenn wir den Sonnenlauf als Kirchenjahr feiern; aber auch in der bildenden Kunst: Die Palmen und Blütengehänge im Tempel von Jerusalem, die Ranken der gotischen Kirchen und die Stuckblüten des Barock weisen auf die Natur als Schöpfung Gottes. Aber erst die durchsichtige Glaswand moderner Technik erlaubte es, den christlichen Innenraumkult mit der umgebenden Natur in Sichtbeziehung zu setzen.

Neben dem Klarglas gibt es im modernen Kirchenbau auch die gotische Tradition des farbigen, wie Edelstein leuchtenden Glases. Die Josephskirche in Le Havre von Auguste Perret (Beitrag 75) ist ein Beispiel für die Verbindung von Farbverglasung und Beton. Glas kann Kirchenräume klar erleuchten und in eine geheimnisvolle dunkle Farbigkeit hüllen. Gerade weil es so vielseitig verwendbar ist, birgt es die Gefahr der Beliebigkeit. In den neuen Glasmalereien der gotischen Kirchen von Kalkar und Rosenheim wird dies erschreckend deutlich.

77 Christliche Kunst?

„Christliche Kunst" ist ein Begriff der Restauration. Er tauchte 1828 erstmals auf, in der Zeit, als Europa nach den Wirren der Französischen Revolution und dem kriegerischen Imperium Napoleons wieder an ältere Traditionen anknüpfen wollte: also die Monarchie von Gottes Gnaden – jetzt bürokratisch-juristisch unterfüttert –, die Allianz von Thron und Altar. Das war kein Bündnis gleicher Partner. Vielmehr wurde der Altar soweit nur möglich als „Staatskirche" in den Dienst des Throns gezogen. Das Dei Gratia (von Gottes Gnaden) der alten Herrschertitel wurde meist durch eine vage Berufung auf die „Vorsehung" ersetzt, zuletzt von Adolf Hitler. Die Bischöfe wurden durch die Könige ernannt und vom Papst lediglich bestätigt.

In dieser Zeit, als der Heilige Stuhl durch staatsrechtliche Verträge – beschönigend Konkordate genannt, also „Mit-Herzigkeiten" – versuchte, die Rechte der Kirchen abzusichern, wurde zuerst in Frankreich, dann auch in Deutschland und England versucht, für die Kunst im Dienst der Kirche einen Sonderweg zu bahnen, weitab von den zentralen Institutionen der Kunstwelt, damals Akademie und Salon. Für die neu einzurichtenden Kirchen brauchte man Werke, die keinen Anstoß erregten.

In Deutschland entstanden nach 1848 die Diözesanvereine für christliche Kunst, welche die „altdeutsche" Kunst, heute neugotisch genannt, als einzigen christlichen Stil gelten lassen wollten. Diese Neugotiker schufen sich auch eine Geschichte, indem sie „christliche Kunst" in die Vergangenheit zurückverlegten und Teile des Werks von Riemenschneider, Rubens, Rembrandt als „christliche Kunst" in Anspruch nahmen. Daran, daß diese Künstler Christen waren, gibt es keine Zweifel. Aber den ihnen nachträglich übergestülpten Begriff hätten sie wohl abgelehnt, weil er von ihren Werken ausschließlich die kirchentauglichen erfaßte und alle anderen nicht gelten ließ.

Der Bildhauer Georg Petel (1602–1634) hat ergreifende religiöse Werke geschaffen. Seine Elfenbeinkruzifixe dienten als Vorbild für Tausende von Altarkreuzen. Aber er hat, angeregt durch Rubens, auch Fabelwesen der antiken Mythologie – Kentauren, Satyrn und Nymphen – geschnitzt, wie auf dem Pokal der Augsburger Kunstsammlungen, von dem wir eine Seite abbilden. Sie zeigt, wie zwei Nymphen, bedrängt von einem Satyr, einen Kentauren mit Wein in die Knie zwingen. Eine Warnung vor der sitten- und gliederlösenden Kraft des Alkohols. Das ist sicher kein christliches Thema, doch das Werk eines begabten Christen, stilistisch eng verwandt mit einem heiligen Sebastian im Bayerischen Nationalmuseum. Das Werk dieses Bildhauers zu spalten in eine christliche und eine heidnische (?) Hälfte, ist unsinnig, genauso wie bei Rubens, Rembrandt, Michelangelo. Nein, „christliche Kunst" als Sonderbereich der Kunst gibt es nicht. Wohl aber „christliche Ikonographie", die Bilder und Zeichen für Glauben, Andacht und Kult der Christen umschreibt.

Auch in der Gegenwart ist die Teilung in eine „christliche" und eine „andere" (unchristliche?) Kunst falsch. Der Versuch, allein kirchentreue Künstler zu beschäftigen, die, wie Ikonenmaler im Kloster, hauptsächlich für die Kirche arbeiten, mißlang noch im 19. Jahrhundert. Dieser Weg führte ins Getto: konkret ein abgesondertes Stadtviertel in Venedig, dessen Tore abends zugesperrt wurden. Das Zweite Vatikanische Konzil hat dieses Abschließen, das vom Kirchenhistoriker Hubert Jedin die „defensive Kräftekonzentration" genannt wurde, beendet. Schon vorher hatte die Kirche in Frankreich dank der Initiative zweier Dominikaner diese Enge aufgebrochen und Künstler von Weltruf wie Henri Matisse, Fernand Leger oder Le Corbusier zu Arbeiten für Kirchen eingeladen. Aber es gibt immer noch Versuche, auf allen Ebenen der Kirche Kunst nach der christlichen Gesinnung zu bewerten. Doch die Kirche braucht keine Gesinnungskunst, sondern Qualitätskunst. Sie braucht keine gut gemeinte, sondern gute Kunst, so gut wie die Pokale und Kruzifixe von Georg Petel.

78 Deine Verheißung ist süßer als Honig

Das Süßeste, das wir als Kinder kannten, war Türkischer Honig, den es nur auf Jahrmärkten gab. Orientalische Süßigkeiten wie Rad Lukum und Baklava sind noch süßer. Sie sind wohl zum Vergleich heranzuziehen, wenn die Psalmen, unsere Gebete, die im Orient entstanden sind, die Verheißung Gottes preisen, wie der Lobpsalm 119. Der Abschnitt Mem (Verse 97–104), an dessen Ende das Wort vom „süßen Honig" (Vers 103) steht, beginnt so: „Wie habe ich dein Gesetz so lieb!" Beide Sätze werden in unseren Barockkirchen gedeutet. Denn sie sind Bauten der Verheißung, die in Licht- und Farbenfülle und mächtigen Bildern die verheißene Heimat im Himmel ausmalen. Und sie werben um die Liebe der Gläubigen, mit allen Mitteln.

Weil die Kirche im 19. Jahrhundert das Werben um die Liebe weitgehend aufgegeben hatte, werden ältere Sakralbauten nicht mehr verstanden, werden Englein mit dem Kunsthandelsausdruck „Putten" benannt, weil sie sich ohne religiöse Bedeutung besser verkaufen lassen. Der weltbekannte Honigschlecker in der Wallfahrtskirche Birnau am nördlichen Bodensee (Bild) ist aber kein Putto, sondern ein Engel der Verheißung. Er wurde 1748 vom Bildhauer Joseph Anton Feuchtmayer (1696–1770) in Stuck modelliert und am Seitenaltar des heiligen Bernhard aufgestellt. Dieser Mönch, wegen seiner Redegabe doctor mellifluus (honigfließender Lehrer) genannt, wird von den Zisterziensern als ihr Ordensgründer verehrt. Sein Altar flankiert mit dem Altar des heiligen Benedikt den Altarraum mit dem Gnadenbild.

Der Engelknabe mit dem Bienenstock steht so neben dem Seitenaltarbild, daß er darauf verweist, sich auf die gemalten Engel im Bild bezieht, aus dem er sozusagen herausgestiegen ist, um durch seine Drehung zum Gnadenaltar überzuleiten. Man sollte ihn eigentlich nicht im Ausschnitt photographieren, weil er als Scharnier zur ganzen Bilderwelt der Wallfahrtskirche über dem Bodensee gehört. Aber gerade weil er so oft photographiert und reproduziert wird, ist daran zu erinnern, daß er nicht süß ist, um Touristen zu animieren, sondern um an die „süße Verheißung Gottes" zu erinnern.

Die Rede von der Dulcedo Dei, der Süßigkeit Gottes, fällt heute nicht leicht. Sie ist in der Bibel verankert und spielt in der Literatur der Kirchenväter und des Barock eine große Rolle. Wir müssen uns ihrer wieder erinnern, wenn wir Barockkirchen verstehen wollen.

Barock ist eine Kunst der vielfältigen Beziehungen und Bedeutungen. Der Honigschlecker ist ein Kind, weil Engel als Geistwesen nicht altern. Aber er ist auch deswegen ein Kind, weil er geliebt werden will. Die Merkmale des Kindlichen – Babyspeck an Armen und Beinen, Stupsnase – sind deshalb übermodelliert. Der Haarwuchs und die Haltung gehören eigentlich schon zu einem größeren Kind. Die Größe aber ist von der Stellung im Raum, als Statue am Altar, gefordert. Er ist nackt dargestellt, weil Geister keine Kleider

brauchen. Aber natürlich auch, weil ein nackter Körper sinnlich reizender ist. Und er trägt ein Tuch um die Hüften, das seinem marmorweißen Körper Farbe und Schwere verleiht, aber zugleich sein Geschlecht verdeckt. Denn Engel haben kein Geschlecht. Der Engel nascht am Bienenstock. Er verhält sich kindgemäß. Aber Naschen ist eigentlich nicht erlaubt. Darum wendet er sich vom Ziel seiner Begierde ab, verdeckt den Korb mit seinem Körper. Dieses Naschen bringt ein Element des Heiteren und Spielerischen in das Gotteshaus. (Gerade an diesem Element der süddeutschen und der sizilianischen Barockkirchen nahm das 19. Jahrhundert am meisten Anstoß.) Die Drehbewegung des verstohlenen Naschens ist im Raum für die Überleitung zum Chorraum, als Scharnier zwischen den Räumen abgestufter Heiligkeit, wichtig.

Geistige Zusammenhänge mit so sinnlichen Mitteln darzustellen, scheint gewagt, vielen übertrieben oder falsch. Aber es ist nicht gewagter, als die Verheißung Gottes mit Honig zu vergleichen.

79 Gottesbild und Legende: Christophorus

Zu den – korrigierbaren – Fehlern der Liturgiereform des Zweiten Vatikanischen Konzils gehört ihr Umgang mit Heiligenlegenden. Sie wurden als historisch unzuverlässige Nachrichten aus Meßbuch und Stundenbuch gestrichen. Ihr poetischer und religiöser Wert wurde nicht anerkannt. Legenden gehören neben der Bibel, dem visuellen Erbe der griechischen Kunst, dem Ritus und der Poesie der Hymnen zu den Quellen christlicher Gottesbilder. Gottesbild ist dabei nicht nur als Gesicht, sozusagen als Paßfoto, zu verstehen, sondern auch als anschauliche Form für die Eigenschaften Gottes. Der Fels zum Beispiel steht in den Psalmen für die Treue Gottes. Kirchen wie Felsen vermitteln diese Erfahrung (vgl. Beitrag 74).

In der Ferienzeit begegnen unsere Leserinnen und Leser in vielen Kirchen Heiligenfiguren, die früher religiös verehrt wurden und oft hohen Kunstwert haben. An vier Beispielen – Christophorus, Georg, der Bär des Korbinian sowie Maria Magdalena – soll versucht werden, den Wert von Legenden für Gestalt und Gefühl unseres Glaubens aufzuzeigen.

Das sympathischste Gottesbild des Münchner Doms ist nicht mehr sichtbar. Es wurde 1994 vom Haupteingang weg in eine Kapelle gesetzt, die immer versperrt ist. Es ist ein kleines lebhaftes Kind, in Lindenholz, farbig gefaßt. Es sitzt auf der Schulter eines Riesen und spielt mit dessen Bart. Traditionsverwurzelte oder historisch Gebildete erinnert es an die Legende vom heiligen Christophorus.

Die Skulptur wurde im Auftrag der bayerischen Herzöge *Wilhelm IV.* und *Ludwig X.* (um 1520) von dem Landshuter Bildhauer *Hans Leinberger* geschnitzt. Die Form ist zeichnerisch und vermutlich in einem Tonmodell entwickelt und dann in Holz übertragen worden. Denn das Material besteht aus mehr als vierzig verleimten Weiden- und Lindenholzteilen, die zu der großen raumgreifenden Geste komponiert wurden. Der Heilige klammert sich an den Baumstamm, der ihm als Stock dient. Sein Mantel flattert weit im Wind. Er spreizt die Beine und hebt verwundert den Kopf zu dem Kind auf seiner Schulter. Dessen kleiner Körper mit dem flatternden Mäntelchen und seiner ausholenden Gebärde treibt die Riesenkraft des Heiligen im Sturm an.

Die Verehrung des heiligen Christophorus ist seit dem 5. Jahrhundert am Bosporus überliefert. Die älteste Legende schildert ihn als Bewohner des Erdrands mit einem Hundekopf, wie der antike Dichter *Herodot* die Menschen jenseits des Nordwinds beschrieben hatte. In der Taufe soll er einen Menschenkopf und den Namen *Christophorus* (= Christusträger) erhalten haben. Als Märtyrer für den christlichen Glauben sei er nach langer Mission gestorben. Im 13. Jahrhundert wurde von ihm folgendes erzählt: Er war ein überaus kräftiger Riese, der dem höchsten Herrn dienen wollte. Da der

König den Kaiser fürchtete und dieser den Teufel, der aber vor einem Kreuz
floh, stellte er sich auf den Rat eines Einsiedlers in den Dienst am Nächsten.
Er trug Menschen über einen reißenden Fluß. Eines Tages, als er ein kleines
Kind trug, das ihm zu schwer wurde, offenbarte ihm dieses: „Du trägst den,
der die ganze Welt geschaffen hat."

Hinter den Märchenmotiven stehen Glaubenswahrheiten, die anschaulich vermittelt werden: Dienst am Nächsten ist Gottesdienst. Gott ist
Mensch geworden, der Schöpfer des Weltalls ein kleines Kind. Kleine Kinder
aber sind bisweilen unerträglich. Sie dann auszuhalten, ist Gottesdienst.
Kleine Kinder sind auch rührend. Ihnen zu helfen, mit ihnen zu spielen,
macht glücklich. Es ist schier unglaublich, wie viel vom Stoff unseres Lebens und Glaubens große Kunstwerke enthalten, die in Legenden wurzeln.
Und es ist ebenfalls unglaublich, welch umfassende Aussagen in märchenhaften Legenden versteckt sein können. Jede(r) von uns hat die Chance,
durch den Dienst am Nächsten zum Christusträger zu werden.

80 Legendäres Gottvertrauen: Georg

Seit Martin Luther 1537 die Legende als „Lügende" denunziert hat, kämpfen die christlichen Konfessionen um den richtigen Umgang mit diesem volkstümlichen, poetischen Erbe. Die katholische Kirche versuchte im Gegenzug mit den Acta Sanctorum, den Taten der Heiligen, historisch zuverlässige Daten zum Leben der Heiligen vorzulegen. Die Tendenz zur Entmythologisierung, zur Befreiung der christlichen Botschaft von mythischen, sagenhaften, märchenhaften Elementen, setzte sich im 20. Jahrhundert durch. Erst in jüngster Zeit wird die Legende wieder als theologische Sprachform in ihrem Wert gesehen. Am Beispiel von Sankt Georg, dem Ritter mit dem Drachen, soll dies gezeigt werden.

Das älteste Element der Legende ist das Kunstwesen Drache, zusammengesetzt aus Vogel, Schlange, Krokodil und Löwe. Später gab es den Kentaur (Pferd und Mann), die Sphinx (Frau und Löwe), die Nixe (Frau und Fisch), den Minotaurus (Stier und Mann) und andere. Aber während bei diesen Wesen heute allgemein bekannt ist, daß sie Fabel- oder Kunstwesen sind, meinen aufgrund einer vagen Ähnlichkeit mit Dinosauriern immer noch viele, Drachen habe es einmal wirklich gegeben. Nein. Sie sind erfunden worden, vor gut 4700 Jahren im Land der zwei Ströme, dem heutigen Irak. Sie stellten dort übermenschliche gefährliche Kräfte dar, Flut oder Hitze, später auch angriffslustige fremde Völker. Die Überwindung (oder das nackte Überleben) dieser Gefahren wurde im Bild des Kampfes gegen den Drachen auf Siegeln festgehalten, später auch in Mythen beschrieben.

Der heilige Georg wird seit dem 4. Jahrhundert im östlichen Mittelmeerraum verehrt. Aus dieser Zeit stammt die Urlegende von einem Offizier, der Wunder wirkt und sich für den christlichen Glauben geißeln, rädern, zersägen und enthaupten läßt. Die älteste deutsche Fassung seiner Geschichte, das Georgslied, entstand um 900 in der Eifel und preist Gorio als mächtigen Grafen, der viele Martern übersteht und die Königin bekehrt. Mit dem alten Bild des Drachen brachte ihn in Westeuropa als erstes das Siegel des Bamberger Domkapitels aus dem 11. Jahrhundert zusammen. Seither gilt Georgs Kampf gegen einen Drachen, der eine Stadt bedroht und von ihr alle Kinder und schließlich die Königstochter zum Fraß fordert, als die wichtigste, die bildbestimmende Tat. Georg tötet den Drachen, befreit die Tochter und die Stadt und tauft deren Bewohner.

Die älteste Version der Legende handelt vom Vertrauen auf Gott, der den Menschen nie verläßt, selbst wenn man zerstückelt wird. Wer auf diesen Gott vertraut, kann wieder heil werden. Dies beruht auf biblischen Gottesbildern, hier märchenhaft-drastisch erzählt. Das deutsche Georgslied handelt davon, daß auch Adelige – Ritter und Grafen – heilig werden können, nicht nur Mönche und Nonnen. Daher die Georgsverehrung zuerst durch den Adel, seine Bilder in Burgkapellen und seine mit Mode und Waffentechnik wechselnden Rüstungen.

Die Drachenkampflegende schließlich, das dem Motiv nach älteste, in der Lebensbeschreibung Georgs aber jüngste Element, erzählt von Beistand, Befreiung und der heilbringenden Kraft der Taufe. „Legenden sind kreativ zu lesen. Vielleicht erschließen sie dann in ihrer Bildsprache den Kern der christlichen Religion jenen neu, die im neuen ‚Bild-Denken' der Medien zu Hause sind", schreibt der Theologe Ludwig Mödl.

Unsere Abbildung zeigt den Heiligen als Patron des ältesten deutschen Klosters, Weltenburg an der Donau, gegründet um 600. Es ist eine versilberte Stuckplastik im Gegenlicht, auf dem Hochaltar gestaltet von Egid Quirin Asam (nach 1721), zusammen mit dem Drachen und der befreiten Königstochter.

81 Gottesbild und Legende: Magdalena

Maria von Magdala, genannt Magdalena, ist eine biblische Gestalt. Sie wird in allen vier Evangelien erwähnt: als erste Zeugin der Auferstehung. Weil sie die Apostel davon unterrichtete, wurde sie von den Kirchenvätern „Apostolin der Apostel" genannt. Papst Gregor der Große (gestorben 604) hat sie mit der Büßerin, die Jesus beim Gastmahl in Bethanien die Füße gesalbt hat (Lk 70,37ff) und mit Maria, der Schwester der Marta und des Lazarus im Johannesevangelium, identifiziert.

Ihr Leben wurde von Legenden reich ausgeschmückt. Sie soll mit ihren Geschwistern nach Frankreich gesegelt sein, wo ihr Bruder Bischof von Marseille wurde und Marta die Stadt Aix-en-Provence von einem Drachen befreite. Magdalena soll als Einsiedlerin dreißig Jahre lang in der Camargue gelebt haben.

Aus diesen Legenden entstanden Bilder. Zum Beispiel von Tilman Riemenschneider: Magdalena, von Engeln in den Himmel erhoben. Aber Bilder haben auch Legenden beeinflußt – ähnlich wie beim heiligen Georg (vgl. Beitrag 80): Die ekstatische Kreuzverehrung des heiligen Franziskus von Assisi wurde im 13. Jahrhundert in Gemälden dargestellt, die den Heiligen zeigen, wie er das Kreuz Jesu kniend umarmt. Dieser Bildtyp wurde dann auf jene Heilige übertragen, die Jesus die Füße gewaschen hat und bei der Kreuzigung anwesend war. Magdalena kniet am Kreuz, umarmt das Kreuz, beweint den Gekreuzigten. Im 16. Jahrhundert wurde dieses legendäre Bildmotiv zum Ausdruck von Reue, Liebe und Hingabe. Unsere Abbildung zeigt die lebensgroße Bronzefigur der Magdalena, die der Bildhauer Georg Petel um 1630 für das Frauenkloster Niedermünster in Regensburg geschaffen hat. Ursprünglich wie auch in Sankt Michael in München (vgl. Beitrag 67) und in Sankt Ulrich und Afra in Augsburg in der Mitte der Kirche aufgestellt, war die Gestalt der Heiligen ein Vorbild christlicher Frömmigkeit. Sie wurde in zahlreichen Andachtsbildern, in Gemälden und in plastischen Gruppen vorgestellt, bis im 18. und 19. Jahrhundert die Schmerzensmutter den Platz unter dem Kreuz einnahm.

Wie Magdalena sollten sich die Gläubigen zu Jesus drängen, ihre Sünden beweinen, voller Liebe zu ihm aufblicken. Die Liebe zum göttlichen Erlöser mit „ganzem Herzen, mit ganzer Seele und mit ganzer Kraft" ist nie mehr so innig und so monumental dargestellt worden. Magdalena wirkt in diesen Kreuzgruppen nicht als legendäre Gestalt, sondern als Vorbild der christlichen Seele und der Kirche – und dies als schier unerträglich schöne Frau voller erotischer Zärtlichkeit. Das lange Haar, von dem das Lukasevangelium spricht, fällt in weichen Kurven über Schultern, Arm und Rücken bis zur Hüfte. Das Gewand deutet die runde Fülle des Körpers, der auf die Knie sinkt, an, verhüllt und begleitet ihn, steht am Boden auf und bereitet so die breite Basis für ein bewegtes Aufrichten. Denn Oberkörper und Kopf der Heiligen streben nach oben und zum Holz, so daß die Wange am Kreuzes-

stamm anliegt. Die rechte Hand umklammert verhüllt den Stamm. Die linke ist nach oben geöffnet: klagend, verlangend, empfangend. Das Kreuz, der Gekreuzigte und die Heilige bilden ein Bild der Erlösung in Fülle, das Leben und Tod, Mann und Frau, Nacktheit und Kleidung in wechselseitiger Hingabe zusammenführt.

Ohne die Legende und ohne die (Franziskus-)Bilder hätte dieser Bildtyp nicht entstehen können. Wir dürfen ihn nicht als unhistorisch abwerten, und wir sollten die Magdalena nicht den Hollywood-Regisseuren und den Bestsellerautoren überlassen. Vielmehr sollten wir im Gegenteil diese Lebensfülle für unseren Glauben, für unsere Frömmigkeit wiederentdecken und diese Bildwerke in die Mitte der Kirche zurückholen.

82 Der Bär als Gepäckträger

Papst Benedikt XVI. hat für sein Wappen drei Bilder ausgewählt. Eines davon ist ein historisches Zeichen: Der gekrönte Mohr, die Wappenfigur der Fürstbischöfe von Freising, in deren Nachfolge Joseph Ratzinger von 1977 bis 1982 stand. Dieses Wappen tauchte um 1300 in Freising auf. Es hieß signum aethiopum und bezeichnete die Reichsstandschaft des Bischofs, der sein kleines Herrschaftsgebiet damals vom Herzogtum Bayern löste. Für den äthiopischen Kopf mit der Krone gibt es viele Deutungen: Wahrscheinlich war er als Bild kraftvoller Herrschaft gedacht. Im Wappen des Papstes bezeichnet er seine Herkunft und seinen weltkirchlichen Auftrag.

Die Muschel im Papstwappen ist Zeichen der theologischen Wissenschaft. Sie stammt aus einem Gedanken des heiligen Augustinus. Dieser verglich die Versuche, das Geheimnis des dreifaltigen Gottes zu ergründen, mit den Bemühungen eines Kindes, mit einer Muschel das Meer auszuschöpfen.

Der Bär mit dem Gepäck schließlich ist ein Legendenmotiv. Es taucht im 10. Jahrhundert auf, in einer überarbeiteten Abschrift des Lebens vom heiligen Korbinian, verfaßt von Bischof Arbeo, 764 bis 783 dritter Nachfolger dieses Heiligen in Freising. Die Überschrift des zehnten Kapitels dieser Handschrift faßt zusammen: „Wie er dem Bären, der das Saumpferd gerissen, das Gepäck nach Rom zu tragen befahl". Dementsprechend wird der Bär im Papstwappen meistens als Illustration des Lebenswegs von Joseph Ratzinger nach Rom aufgefaßt.

Aber die Legende und die zahlreichen Bilder von ihr in Freising – im Dom und im Dommuseum – (unser Bild stammt vom Meister der Pollinger Tafeln) meinen mehr. Der Bär, der das vermutlich angebundene Pferd angefallen und gefressen hat, handelte nach seiner Natur als Raubtier. Aber Gott steht über der Natur. Gott kann auch „Kuh und Bärin zu Freunden machen: Ihre Jungen liegen zusammen. Der Löwe frißt Stroh wie das Rind." So schildert der Prophet Jesaja (11,7) das Wirken des von Gottes Geist erfüllten Friedenskönigs.

In deutlicher Anspielung auf diese Stelle hat Cosmas Damian Asam im Freisinger Dom den Bären und ein Pferd friedlich nebeneinanderliegend gemalt. Der Gottesmann, so wird Korbinian in der Biographie genannt, hat Anteil an der friedensstiftenden Kraft Gottes. Der Bär mit dem Gepäck ist ein Bild der friedensstiftenden Kirche. Dies entspricht der zivilisierenden, kultivierenden Aufgabe, welche die Kirche besonders in der Merowinger-Zeit nach den Jahrhunderten der Völkerwanderung hatte, aber auch heute noch hat. Die Wiederherstellung einer Schriftkultur, eines Rechtssystems, von Verkehrswegen und Unterkünften war damals Aufgabe der Kirche und der Klöster. Darum kommt der dienende Bär auch in anderen Legenden von kultivierenden Heiligen dieser Zeit vor, zum Beispiel bei den Heiligen Gallus in der Schweiz und Romedius in Tirol.

Zugleich aber steht der Bär für das Tier in uns selbst: für Zorn, Neid, Haß, Mordlust, Rachegedanken; für alle gefährlichen Triebe, die wir in der Nachfolge Jesu überwinden sollen und können.

Zivilisatorische Leistung und Triebsublimierung – so können wir mit Begriffen des 20. Jahrhunderts die Bedeutung des Bären bestimmen. Aber die Geschichten vom Raubtier als Gepäckträger bei Korbinian, als Bauarbeiter bei Gallus, als Reittier bei Romedius sind anschaulicher, lebendiger, bildmächtiger. Sie sollten im Zeitalter der visuellen Medien nicht vergessen, sondern wieder entdeckt und neu für uns gedeutet werden. „Die Legende setzt sich über unseren engen Begriff von Wirklichkeit hinweg. Ihre Wahrheit liegt in der Schilderung des erfüllten Augenblicks ... Sie hat nur ein Thema: nämlich den Glauben, der die Welt verändert", schreibt E. Joos. Darum sollten wir Legenden ernst nehmen.

83 „Grün wie eine dicke Kuh"

In seiner Farbenlehre in der Schrift „Über das Geistige in der Kunst" (München 1912) schreibt der Maler Wassily Kandinsky: Das absolute Grün, in dem die geistige Wärme des Gelb in der Mischung mit kühlem Blau aufgehoben ist, wirkt „nur langweilend ... Dieses Grün ist wie eine dicke, sehr gesunde, unbewegliche Kuh, die nur zum Wiederkauen fähig mit blöden stumpfen Augen die Welt betrachtet".

Kandinsky brachte in diesem Büchlein die sichtbaren Farben mit hörbaren Klängen und seelischen Regungen in Verbindung. Er sprach dem Gelb, der Farbe der Zitrone und der Trompete, die Wirkung zu, in den Menschen scharf und hitzig einzudringen. Im Blau sah er eine Bewegung vom Menschen fort, eine Farbe der Sehnsucht. Grün als Farbe des Ausgleichs ist für ihn Bewegung nirgendwohin, „fette Selbstzufriedenheit".

Die liturgischen Farben der Kirche entsprechen der Färbetechnik und Farbwahrnehmung des hohen Mittelalters. Sie wurden von Papst Innozenz III. 1212 festgelegt und durch die Meßbücher von 1570 und 1970 im wesentlichen bestätigt. Wir sollten heute mit diesen Farben sensibel umgehen, zum Beispiel mit Grün, der liturgischen Farbe für die Sonntage im Jahreskreis.

Grün begegnet uns in der Natur oft, aber nie monochrom (einfarbig). Jeder Grashalm, jedes Blatt unterscheidet sich in seinen Grüntönen vom Rand zur Mitte und in Licht und Schatten. Von den Blättern eines Baumes stehen auch an windstillen Tagen keine zwei im selben Winkel zum Licht, die Mehrzahl aller Blätter liegt im Schatten, der sich dem Stamm zu und nach unten immer mehr verdichtet (vgl. Bild).

In der Malerei hat als erster Albrecht Altdorfer nach 1500 versucht, die Licht- und Schattenwirkung von Laubmassen in Baumkronen darzustellen. Er legte Flächen von dunklem und hellerem Grün an und zeichnete mit spitzem Pinsel in Gelb unzählige Blattränder in die grüne Masse. Heute ist unser Farbsinn durch schlechte Wiedergabe in den visuellen Medien und die Allgegenwart von Chemiefarben so abgestumpft, daß viele Menschen den Unterschied zwischen einer Rasenfläche und grün gestrichenem Asphalt nicht erkennen. Diesem abgestumpften Farbsinn entspricht es, Ministrantenscharen in deutschen Kirchen in gleichmäßig grün gefärbte Talare zu kleiden. Jede Frau weiß (und viele Männer wissen), daß Grün als Kleiderfarbe schwierig ist. Es läßt den Träger leicht blaß und krank erscheinen.

Wir sollten dagegen das Grün in seiner Vielfalt wiederentdecken. Dazu genügt es, sich Bäume oder Wiesen aufmerksam anzuschauen. In alten Textilien kommt Grün vor allem bei Samt und Seide vor, zwei Stoffarten, die besonders auf Licht reagieren: In den Flor von Samt dringt Licht ein, läßt das Ende der Borsten hell wirken, fast silbrig, während es in Faltentiefen dunkle Mulden bildet. Seide dagegen reflektiert das Licht. Faltenstege er-

scheinen fast weiß, laufen bei Bewegung wie Blitze über den Grund oder wie Lichtreflexe über die bewegte Oberfläche des Meeres; in den Tiefen leuchtet die Farbe dann dunkel. Pflegeleichte Stoffe haben diese Lichtwirkung und Farbqualität nicht. Bei ihnen breitet sich das Grün eher wie auf gestrichenem Asphalt aus und nicht wie im Grün der Auen, auf die Gott seine Herde führt (Psalm 23). Darum sollten wir unsere Ministranten entweder verschwenderisch in Samt und Seide kleiden oder in Weiß und die liturgische Farbe Grün, wenn überhaupt (vorgeschrieben ist sie nur für Stola und Kasel des Zelebranten), nur durch ein kleines Stoffstück, zum Beispiel einen Gürtel, andeuten. Wir brauchen auch nicht für Kirchen, in denen gelegentlich konzelebriert wird, mehrere in Stoff, Schnitt und Farbton gleiche Kaseln vorzuhalten. Wer sich zu kleiden versteht, weiß, daß die Andeutung einer Farbe stärker wirkt als ihre Ausbreitung. Unseren Kirchenverwaltungen ist zu raten, weniger an liturgischer Massen-Kleidung einzukaufen (vor allem Ministrantenröcke) und mehr auf Farbqualität zu achten. Nur die schönste Farbe ist für den Gottesdienst gut genug.

84 „Rot wie Fanfare mit Tuba"

In den liturgischen Farben des Kirchenjahres ist Rot für Pfingsten und für die Feste von Märtyrern vorgeschrieben. Es steht damit für Feuer („es erschienen Zungen von Feuer ..., und alle wurden erfüllt von Heiligem Geist" vgl. Apg 2,3) und Blut. Beides erregt unsere höchste Aufmerksamkeit, seit die Menschen das Feuer und ihre eigene Verletzlichkeit entdeckt haben. Aber Blut und Feuer sind sehr verschieden rot und ändern ihre Röte ununterbrochen im Züngeln der Flammen und im Rinnen und Stocken des Blutes. Eine Textilfarbe kann diese lebendige Wirkung nur andeuten.

In ihrer jahrtausendealten Erfahrung von seelischen Wirkungen und von Menschenführung hat die Kirche das Rot ihren höchsten Würdenträgern, den Kardinälen, vorbehalten und zwar mit einem schreienden Scharlachton in mit Wasser behandelter Seide (Moiréseide), ein Farbton, der nur noch durch das reine Seidenweiß der päpstlichen Kleidung zu übertreffen ist.

In der Heiligen Schrift kommen, wie in allen alten Texten, Farbangaben nur selten vor. Im Neuen Testament wird vom roten Kleid erzählt, das die Soldaten Jesus übergezogen haben, um ihn nach der Geißelung zu verspotten (Joh 19,2), und vom feuerroten Drachen (Apk 12,3). Rot erscheint als Farbe des Schreckens und der (verspotteten) Würde. In unserer Blumensprache steht Rot dagegen für das flammende Herz und die brennende Liebe.

Wassily Kandinsky gesteht in seiner Farblehre (vgl. Beitrag 83) dem Rot eine innere Bewegung zu, erfüllt von Brausen und Glühen, eine Fülle von Möglichkeiten, kalt und warm zu wirken. Helles warmes Rot „erweckt das Gefühl von Kraft, Energie, Streben, Entschlossenheit, Freude, Triumph ... Es erinnert musikalisch an den Klang von Fanfaren, wobei die Tuba beiklingt ... Kaltes Rot vermittelt den Eindruck eines tieferen Glühens ... Es erinnert doch an ein Element von Leidenschaften tragenden mittleren und tieferen Tönen des Cellos. Helles kaltes Rot klingt wie jugendliche, reine Freude, wie eine frische, junge, ganz reine Mädchengestalt. Dieses Bild ist leicht durch höhere klare, singende Töne der Geige zu musikalischem Ausdruck zu bringen."

In der Malerei von heute ist *Rupprecht Geiger* (*1908) der Maler des Rot. Für ihn bedeutet und vermittelt Rot Feuer, Energie, Liebe, Wärme. Das Werkverzeichnis seiner druckgraphischen Arbeiten erscheint zur Zeit unter dem Titel „Rot macht high". Er wandelt Rot seit 1960 in Tagesfluoreszenzfarben auf Acrylbasis immer wieder ab in weichen und jähen Übergängen von Karmin bis Pink. Geiger hat die St. Ludwig-Kirche in Ibbenbüren mit seinem Rot gefüllt und das dortige Caritas-Altenheim mit einem riesigen roten Tuch lebendig gemacht. Hier kann man die belebende Wirkung des Rot für Liturgie und Sozialarbeit fruchtbar erleben. Leider hatte nur ein Auftraggeber, Pfarrer *Bernhard Honsel,* dafür den Mut.

In der europäischen Malerei und farbig gefaßten Skulptur bezeichnet Rot den Höhepunkt. Es kommt dem Ziel der Aufmerksamkeit zu, dem Bild Christi als Auferstandener und dem Bild der Menschwerdung, dem Muttergottesbild. Blau wird als Marienfarbe erst seit dem 15. Jahrhundert langsam eingeführt.

In alten liturgischen Gewändern kommen viele Rot-Töne vor, aber eigentlich immer in Mischung mit anderen Farben (häufig Gold und Silber), die entweder in den Stoff eingewebt oder aufgestickt sind. Als Farbe für den Chordienst (Ministrantenröcke) ist Rot nicht so schwierig wie Grün oder Violett, es gibt der Versammlung den Charakter freudiger Feierlichkeit. Als Farbe der Kasel kann es in reiner Seide auch monochrom verwendet werden. Weiße Baumwolle oder Leinen kann auch rot bedruckt werden. Ein schönes Beispiel hat der Bildhauer *Klaus Simon* als Holzdruck auf Weiß für die Kapelle der Katholischen Akademie in München geschaffen.

85 Weiß wie das Licht der Welt

Farben sind, nach Goethe, „Taten und Leiden des Lichts". Das Licht der Sonne enthält im strahlenden Weiß alle Farben. Die Sonne selbst erscheint uns, wenn wir kurz die Augen zu ihr erheben, gelb. In den Evangelien werden Sonne und Blitz sowie Schnee bei den Erzählungen von Verklärung (Mt 17,2) und Auferstehung (Mt 28,3) als Annäherungen an das Licht des Himmels genannt. Unser Bild zeigt eine unberührte „verklärte" Schneelandschaft in den Alpen (Foto: KNA). In den liturgischen Farben der Kirche sind Weiß, Gelb und Gold gleichbedeutend und für die höchsten Feste reserviert: für Weihnachten, Ostern und andere Herrenfeste

In der Malerei dagegen werden Weiß und Gelb deutlich unterschieden. Gold ist, wie Blau, keine liturgische Farbe, muß aber hier besprochen werden, weil es in Kunst und Ritus der Kirche eine große Rolle spielt. Wenn wir wiederum die Farbenlehre Kandinskys (in: „Über das Geistige in der Kunst", München 1912) als Einstiegshilfe benützen, lesen wir dort: „Weiß (ist) wie ein Symbol einer Welt, wo alle Farben, als materielle Eigenschaften und Substanzen, verschwunden sind. Diese Welt ist so hoch über uns, daß wir keinen Klang von dort hören können ... Deswegen wirkt auch das Weiß auf unsere Psyche als ein großes Schweigen ... ein Schweigen voll Möglichkeiten ... Ein Nichts, welches vor dem Anfang, vor der Geburt ist ... Weiß (ist das) Gewand reiner Freude und unbefleckter Reinheit."

Als Zeichen der Reinheit sind die liturgischen Untergewänder weiß, das Schultertuch, die Albe (wörtlich: die Weiße), der Chorrock, aber auch das Taufkleid. Ihr traditioneller Stoff ist gebleichtes Leinen oder Baumwolle. Im israelitischen Kult war es der Byssus, aus dem die Leibröcke der Priester genäht waren (vgl. Ex 39,27). Das reine Weiß bezeichnet auch Würde und Rang: Wer in Weiß gekleidet ist, braucht oder darf keine schmutzige Arbeit verrichten, wie etwa die Senatoren im Alten Rom. Der oder die Weißgekleidete ist für etwas Höheres bestimmt. Von der Zeit des Kaisers Konstantin an (306–337) übernahmen Bischöfe, Priester und Diakone zunehmend die römische Beamtenkleidung mit ihrem vorherrschenden, unpraktischen Weiß.

Zwar erweckt eine geordnete Schar weißgekleideter Männer oder Frauen auch den Eindruck des Feierlichen. Doch das Weiß der Feier und Festesfreude ist von dem der Reinheit noch einmal zu unterscheiden. Um über den Eindruck des Reinen hinaus auch den des Festlichen zu erwecken, versuchte man, die Helligkeit der weißen Farbe durch Glanz zu steigern. Dies konnte mit glänzender Seide geschehen oder durch eingewebte oder aufgestickte Metallfäden von Gold oder Silber sowie natürlich auch durch Perlen und Schmuckstücke: Broschen, Schließen, Halsketten, Ringe, Brustkreuze, deren liturgischer und außerliturgischer Gebrauch zunehmend genauer geregelt wurde.

Einem unsichtbaren Gott, der „in Licht wie in ein Gewand" gekleidet ist (vgl. Ps 104,2), der uns aus erbarmender Liebe Christus, das Licht der Welt,

gesandt hat (vgl. Lk 1,79, Joh 1,9), können wir uns im reinen strahlenden Weiß nähern, ihn in dieser Farbe anschaulich überzeugend feiern.

Wir sollten daher in der Kirche mehr Weiß wagen: nicht nur als Erscheinung des Sauberen, Reinen für den liturgischen Dienst, sondern auch für die Kaseln: weiße Meßgewänder mit einem Streifen Grün für die Sonntage im Jahreskreis, mit einem Streifen Violett für Advent und Fastenzeit, mit einem Streifen Schwarz für Totengottesdienste, mit einem Streifen Gold, Silber oder weißer Seide für die Herrenfeste. Die Meßgewänder beim Weltjugendtag in Köln 2005 (vgl. Beitrag 16) haben gezeigt, wie feierlich und heutig solche Gewänder sein können.

86 Schwarz wie der Tod

Schwarz ist in diesem Jahr Modefarbe. Seit 1970 sind „Künstler einem uniformen Schwarz verfallen ... (eine Entwicklung vom Clown zum Geistlichen)", schreibt Arnold Stadler. Und ihnen folgen viele, die sich als Künstler verstehen: Kameraleute und Kabelträger des Fernsehens etwa. Seit einigen Jahren sind auch etliche Banklehrlinge und die Verkäufer(innen) bei Karstadt schwarz gekleidet. Die Kirche sollte ihren Umgang mit dieser Farbe ebenfalls überprüfen. Schwarz ist seit dem 12. Jahrhundert in der lateinischen Kirche die Farbe der Totenliturgie, die heute meistens durch Violett ersetzt ist.

Stoffe wurden im Altertum schwarz gefärbt, indem man sie immer wieder mit dem Saft der Purpurschnecke aus dem Libanon färbte. Beim ersten Färbevorgang entstand auf hellem Leinen ein blasses Rosa, beim zweiten ein Lila, danach ein Violett, wie es die Bischöfe heute noch tragen. Schließlich, wenn der Stoff ganz gesättigt war, kam es zu einem tiefen Schwarz. Es war die aufwendigste Tuchfarbe und deshalb für höchste Würdenträger und besondere Gelegenheiten reserviert. Als Farbe der höchsten Feierlichkeit lebt dies im schwarzen Anzug oder Frack bis heute fort. Im 15. Jahrhundert haben die Herzöge von Burgund Schwarz zur Modefarbe erklärt. Ihnen folgten das habsburgische und das spanische Zeremoniell, durch welche Schwarz zur Farbe des Hofes wurde. Schwarze Kleidung zeichnete jene Gruppe von Höflingen aus, die sich als Günstlinge des Fürsten erhaben über das Volk dünkten.

Das Schwarz der Gelehrten, Priester und Mönche sollte ähnlich elitär wirken. Darum scheint dem Autor Schwarz als Alltagskleidung für Seelsorger nicht angemessen (vgl. Beitrag 37). Aber als Farbe höchster Feierlichkeit hat es in der Kirche seinen Platz, wenn ein Leben vollendet wird.

Im Design bezeichnet Schwarz die Stufe höchster Professionalität: Die Kamera des Berufsfotografen ist schwarz, die des Amateurs silbern oder bunt. In der Malerei gehört Schwarz, gewonnen aus Ruß, zu den ältesten Farben überhaupt. Mit verkohltem Holz wurden die Umrisse der Bisons und Mammuts in den Kulthöhlen der Eiszeitmenschen gezeichnet. Als Fläche fordert Schwarz dagegen einen höheren Aufwand: entweder viele Striche nebeneinander oder durch anspruchsvolle Bindemittel. Darum kommt es in der älteren Malerei vor allem als Linie und im Kontrast zu hellen, bunten Farben vor. Erst 1912 entstand mit dem „Schwarzen Quadrat" von Kasimir Malewitsch das erste schwarze Bild.

Wassily Kandinsky schrieb 1912 in seiner Farblehre: „Schwarz ist wie ein Nichts nach dem Erlöschen der Sonne. Es ist musikalisch dargestellt wie eine vollständig abschließende Pause, nach welcher eine Fortsetzung kommt wie der Beginn einer anderen Welt ... Es ist wie das Schweigen des Körpers nach dem Tode ... Es ist die klangloseste Farbe, auf welcher jede andere Farbe stärker und präziser klingt."

Schon lange bevor Kandinsky dies schrieb, wußten Maler und Paramentenschneider, daß Schwarz andere Farben zum Klingen bringt. Darum sind unsere alten liturgischen Gewänder nie einfarbig schwarz, sondern mit Gold- und Silberborten geschmückt, mit Gold- oder Silberfäden bestickt, sind in Trauerornate Blumen eingewebt. Aus ihnen leuchtet immer etwas jenseits der größten Trauer hervor.

Die Kultur des Schwarz in der Totenliturgie wiederzuentdecken, hieße den Tod in höchster Feierlichkeit ernst nehmen und Hoffnung über den dunklen Abgrund hinweg erwecken. Weder das diskrete Mittelgrau heutiger Bestatterlimousinen noch das Violett bei den meisten kirchlichen Totenfeiern kann das leisten, was das Schwarz vermittelt: Alle Farben des Lebens sind aufgesaugt im Dunkel der Todesnacht. Und nur wenn wir diese ernst nehmen, leuchtet die Hoffnung der Auferstehung.

87 Raum Kunst Liturgie

Der weiße Lichthof des Diözesanmuseums in Freising war bis zum 30. September 2007 mit roten Tafeln verstellt, zwischen denen die sonst dominierenden überlebensgroßen Barockfiguren wie Überraschungsgäste wirken. Auf den Tafeln und vor ihnen auf Modellsockeln werden zwanzig Altarräume vorgestellt, die seit 1997 im Erzbistum München und Freising neu gestaltet wurden. Der Katalog zur Ausstellung „Raum Kunst Liturgie" enthält Beiträge von Norbert Jocher, Winfried Haunerland, Scarlet Munding, Peter B. Steiner, Otto Mittermeier und Alexander Heisig sowie Gesamt- und Detailaufnahmen der Altarräume mit ihren Prinzipalstücken. Bei zwei Kirchen (Freising, Rott) sind auch die vorausgegangenen Wettbewerbe mit Modellaufnahmen dokumentiert.

Die Grundfragen der Glaubensästhetik – Wie sieht unser Glaube, unsere Feier aus? Wie sehen unsere Räume aus? – werden hier an anschaulichen Beispielen neu gestellt. Dabei wird immer deutlicher, daß jeder Kirchenbau seine eigenen ästhetischen Bedingungen hat, sein eigenes Gottesbild verwirklicht.

Den formal elegantesten Altar hat Alf Lechner für die ehemalige Benediktinerklosterkirche von Rott am Inn (erbaut 1759 von Johann Michael Fischer, eine der anspruchsvollsten Rokokokirchen in Süddeutschland) aus dunklem Stahl entworfen. Er fügt sich in einem Kreissegment dem dynamischen Rund des Zentralraums ein und steht durch Material und Farbe dem vielfarbigen Raum mit Ernst und Gewicht gegenüber. Leider ist dieses notwendige Gleichgewicht zwischen Einfügung und Akzentsetzung beim Ambo verfehlt.

Die feierlichste Lösung wurde in der neuromanischen Münchner Vorstadtkathedrale von Sankt Benno (erbaut 1888–1895 von Leonhard Romeis) 2006 verwirklicht: ein Altarwürfel aus rötlichem Kunststein, ein Ambo aus schwarzem Stahl (Entwurf Kurt Sigrist, Sarnen, Schweiz), eingebunden in ein Raumfarbkonzept (Anna Leonie, München) aus Goldocker und Blau, das die Vielfarbigkeit der historischen Ausstattung aufnimmt. Da der Altarraum hier in Schwarzweiß nicht angemessen reproduziert werden kann, zeigen wir den Altarraum der spätgotischen Heilig-Kreuz-Kirche in Schaftlach (Landkreis Miesbach, Oberbayern), den der Münchener Bildhauer Werner Mally 2002 gestaltet hat. In der Aufnahme sind die Wände des Altarraums, der spätbarocke Hochaltar sowie der Priestersitz, Altar und Ambo aus Eichen- und Birkenholz zu erkennen. Sie bezeichnen den Weg von der Messe des (lateinisch flüsternden) Priesters für das Volk zur Feier der Gemeindemesse mit dem Volk.

Das Erzbistum München und Freising hat im 20. Jahrhundert nur unter Kardinal Joseph Wendel (1952–1960) bedeutendes auf dem Gebiet von Kirchenbau und Kirchenkunst geleistet. Kardinal Michael von Faulhaber (1917–1952) vertrat in seiner ganzen Amtszeit das Bauen der Kirche in hi-

storischen Formen. Die Kardinäle Julius Döpfner und Joseph Ratzinger setzten andere Schwerpunkte als Kunst und Architektur. 2007 legte das Bistum einen Katalog von Altarräumen der letzten zehn Jahre vor, der eine neue Freiheit des Gestaltens in neuer Rücksichtnahme auf die bestehenden Räume erkennen läßt. Es wäre zu wünschen, daß mehr deutsche und österreichische Diözesen ähnliche Übersichten (und Ausstellungen) zeitnah veröffentlichten, damit Bistümer und Pfarrgemeinden voneinander lernen könnten. Denn die ideale Raumform für den christlichen Gottesdienst ist noch nicht gefunden. Und die ideale Anpassung historischer Architektur an die lebendige Liturgie der Kirche bleibt eine unendliche Aufgabe, die unser ganzes Bemühen erfordert.

88 Gold wie das ewige Licht

Im Alten Orient, in Altamerika und in China wurden goldene Schmuckstücke, Geräte, Masken und Schilde den Toten ins Grab mitgegeben. Diejenigen Goldgegenstände, die den späteren Grabräubern entgangen sind, gehören heute zu unseren ältesten Belegen für die Faszination des Goldes. Da
der Mensch die Sonne gelbleuchtend sieht und die Sonne als Ursprung von
Licht und Leben überall in sehr verschiedenen Formen verehrt wurde, kann
man Gold als Zeichen für Sonne und Tageslicht verstehen sowie Silber für
den Mond und das Licht der Nacht.

In den Hochkulturen des Alten Iran und Ägyptens entstand ein Sonnenkult, den die Großkönige und Pharaonen förderten. In Ägypten versuchte
der Pharao Echnaton (Sohn der Sonne) den Sonnenkult als Staatsreligion
einzuführen, im Iran war es der Religionsstifter Zarathustra (Zoroaster). Von
ihm übernahmen die Parther und ihre Hauptfeinde, die Römer, den Sonnenkult. Seit dem 3. Jahrhundert ließen sich die römischen Kaiser bis hin zu
Konstantin mit einem Strahlenkranz als Sonnengötter darstellen.

Schon im Altertum erkannte man die Möglichkeit, Gold zu gießen, zu
treiben und ganz fein auszuhämmern – bis zu einem zehntausendstel Milli-
meter Stärke – und damit andere Materialien wie Holz, Silber oder Kupfer
zu verkleiden. Weil Gold in jeder Materialstärke seine Farbe und seinen
Glanz bewahrt, eignet es sich, unvergänglichen Glanz darzustellen. Das Gesicht des Tut Ench Amun bewahrt strahlend in der Goldmaske seine Züge,
während die kunstvoll bereitete Mumie darunter längst unansehnlich ge-
schrumpft und verbräunt ist.

Wegen der engen Verbindung mit dem Sonnenkult hätte Gold für die
Christen anstößig wirken können. Auch wegen der neutestamentlichen
Warnungen vor „den Schätzen dieser Welt" (Mt 6,19). Aber sein unvergäng-
licher Glanz war auch auf den zu deuten, der die Sonne „als Leuchte des
Tages" geschaffen hat, der ihr „die Bahn gewiesen" hat und „sich in Licht
hüllt wie in einen Mantel".

In der Geheimen Offenbarung wird der Himmel als „Stadt aus Gold"
beschrieben (Offb 21,18). Dieses poetische Bild führte zu den mit Gold-
mosaiken – zusammengesetzt aus Glasstückchen mit Goldauflage – verkleideten Wänden und Wölbungen frühchristlicher und byzantinischer Kirchen, wie etwa in San Marco in Venedig. Oder auch zu den vergoldeten
Gefäßen für die Reliquien der Heiligen und zu den Stuckvergoldungen des
Barock. Aus den ägyptischen Mumienporträts übernahmen die Christen der
Spätantike den Heiligenschein (Nimbus; vgl. Beitrag 73), den in Gold oder
Gelb angelegten Kreis um den Kopf der Heiligen auf den ersten Ikonen und
aus antikem Zeremonialgerät in Tempeln (Ex 31,4) und Palästen die vergol-
deten Gefäße. Für den Gebrauch goldener und vergoldeter Kelche lassen
sich auch hygienische Gründe anführen. Abgebildet ist ein fränkischer
Kelch aus dem Würzburger Domschatz, der um 1500 entstand.

Gold wird im Gegensatz zu anderen Metallen weder von der Säure im Wein noch an der menschlichen Haut angegriffen. Vor allem aber bewahrt ein Metallgefäß mit intakter Innenvergoldung das kostbare Blut Christi ohne Verlust und Veränderung des Geschmacks.

Über die vergoldeten Bronzetüren der Abteikirche von Saint Denis hat ihr Auftraggeber, Abt Suger (1102–1152), geschrieben, daß ihr Glanz unsere Sinne erleuchten solle, damit sie uns Pforten zum ewigen Leben werden. Ganz kraß wird die Bedeutung des Goldes als Bild des Himmelslichts in den Reliquiaren des Mittelalters und den „Heiligen Leibern" des Barock. Organischer Abfall – Knochen – ist in Goldgefäße oder mit Golddraht eingefaßt, um anzudeuten, daß die Person, von der dieser Knochen stammt, im Himmel, im ewigen Licht ist und dort für uns Fürsprache einlegen kann.

Gold in der Kirche bedeutet also nicht den Materialwert, den Reichtum, sondern den Lichtwert, den unvergänglichen Glanz des Ewigen. Das sollten wir als Hoffnungszeichen verstehen und es Andersdenkenden immer wieder erklären.

89 Blau wie der Himmel

Weiß (Herrenfeste), Rot (Pfingsten, Märtyrerfeste), Grün (Jahreskreis), Violett (Advent, Fastenzeit) und Schwarz (Totenliturgie) sind die liturgischen Farben der katholischen Kirche seit Papst Innozenz III. (1198–1216). Nur im katholischen Süden des Heiligen Römischen Reichs kam Blau im 17. und 18. Jahrhundert als liturgische Farbe für Marienfeste vor.

Als Malfarbe wiederum war Blau lange Zeit nur sehr schwierig herzustellen und zu verarbeiten. Das tiefste Blau (Ultramarin) wurde aus gemahlenem Lapislazuli gewonnen, der über das Meer (lat.: ultra mare) aus Afghanistan nach Europa eingeführt wurde. Mit dem Material hat man auch das arabische Wort lazarward nach Europa gebracht; es ist als azur (französisch), azzuro (italienisch) und azul (spanisch) in die Sprachen des Mittelmeerraums eingegangen.

Für Gläser, Emails und Keramik gewann man Blau aus Kobaltoxyd. Gemahlenes blaues Glas wurde auch als Malfarbe verwendet. Seit dem 15. Jahrhundert wurde in der Tafelmalerei – zuerst der Niederlande – die Farbperspektive angewandt. Die Buntfarben des Vordergrunds werden mit zunehmender Entfernung blasser und schließlich am Horizont blau. Darüber wölbt sich der Himmel, hellblau am Horizont und tiefblau im Zenit. Da gleichzeitig in Florenz die Linearperspektive entwickelt wurde, konnten die Maler Robert Campin, Hubert und Jan van Eyck, Rogier von der Weyden nunmehr in ihren Altartafeln und Porträts malerisch tiefe Räume aufbauen. Die Linearperspektive macht die Welt nach Maß und Entfernung berechenbar. Sie wurde zu Recht als „symbolische Form" für eine neue Weise, die Welt zu verstehen, bezeichnet. Dies gilt auch für die Farbperspektive. Als das Blau des Firmaments in den Bildern den Goldgrund der Transzendenz ablöste, wurde die Welt weltlicher.

Über die Bedeutung des Blaus der Ferne, des Horizonts und des Himmels hat Wassily Kandinsky 1912 folgendes vermerkt: „Blau ist die typisch himmlische Farbe. Sehr tiefgehend entwickelt das Blau ein Element der Ruhe ... Musikalisch dargestellt ist helles Blau einer Flöte ähnlich, das dunkle dem Cello, immer tiefergehend den wunderbaren Klängen der Baßgeige; in tiefer, feierlicher Form ist der Klang des Blau dem der tiefen Orgel vergleichbar ... Je tiefer das Blau wird, desto mehr ruft es den Menschen in das Unendliche, weckt in ihm die Sehnsucht nach Reinem und schließlich Übersinnlichem."

In der Kunst der Kirche taucht Blau zuerst als Himmelsfarbe auf: kobaltblaue Mosaik-Glassteine an der Wölbung im Grabmal der Galla Placidia (Ravenna, 5. Jh.), als Freskofarbe in der Wölbung der Sainte Chapelle in Paris (um 1250), in der Folge in vielen gotischen (und neugotischen) Kirchen. Als Farbe für den Mantel der Muttergottes setzte es sich im 15. Jahrhundert durch, zunächst als kräftiges Ultramarin. Im Barock wurde dieses Marienblau, dem ein rotes Kleid die Waage hielt, heller: in den Darstellun-

gen der Unbefleckten Empfängnis (Immaculata) im 17. Jahrhundert hell-blau (mit weißem Kleid), so auch in den Marienbildern von Lourdes und Fatima.

In der Klosterkirche von Altomünster (zwischen Augsburg und München) ist 2005 das Laiengestühl nach dem Befund des Originals hellblau wieder-hergestellt worden. Der Gläubige, der dort Platz nimmt, wird gleichsam in den blauen Heiligenhimmel im Deckenbild darüber aufgenommen. Ob es wohl mehr blaue Gestühle gab, die später braun überstrichen wurden? Die Künstlerin Anna Leonie gestaltete einen ganzen Kirchenraum monochrom blau: in der Wallfahrtskirche Maria Rast bei Langenbach (zwischen Mün-chen und Landshut). Zuvor hat sie in Übereinstimmung mit Kandinskys Auf-fassung das Orgelgehäuse der Münchener Herz-Jesu-Kirche in tiefem Blau gefaßt. Die Kirche kann und sollte der seelischen Wirkung des himmlischen Blaus, auch wenn es nicht zu den liturgischen Farben gehört, wieder mehr vertrauen. (Unsere Abbildung erinnert an das Blau des Himmels, der fernen Berge und des Wassers am Tegernsee.)

90 An der Spitze des Fortschritts

1506 ließ Papst Julius II. die von seinem Vorgänger abgebrochene Peterskirche in Rom durch einen Neubau ersetzen. Die Arbeiten zogen sich über ein Jahrhundert hin, bis zur Vollendung unter Papst Pau IV. 1614. Dieser Sakralbau wurde zur *ersten* Kirche der Welt. Als das von Rom abgefallene Vereinigte Königreich von England und Schottland zur ersten Seemacht der Welt herangewachsen war, baute es die anglikanische Kathedrale Sankt Paul in London zum Gegenstück von Sankt Peter mit einer riesigen von Säulen umkreisten Kuppel auf. Ebenso Frankreich: Nachdem schon mehrere Kirchen der Hauptstadt im 17. Jahrhundert die Bauidee von Sankt Peter aufgegriffen hatten, entstand „Le Panthéon", die Ruhmeshalle einer aufgeklärten, von der Kirche in der Revolution entfremdeten Nation, ebenfalls in der Absicht, die stolze Kuppel von Sankt Peter zu überbieten. Und schließlich statteten die Vereinigten Staaten von Amerika ihr demokratisches Hauptgebäude, das Capitol in Washington, mit einer hohen Kuppel nach dem Vorbild der Peterskirche aus. Die Absichten von Adolf Hitler und Albert Speer, Sankt Peter endgültig zu überbieten, blieben Papier und Sperrholz.

Woher kommt die Kraft dieser Bauform, die ganze Welt herauszufordern? Aus ihrer Ästhetik. Der Vorgängerbau war Ausdruck desselben Glaubens. Ungezählte katholische Kirchen auf der ganzen Welt sind es ebenso. Die Finanzierung des Baus durch Ablässe rief zu Recht die Kritik Martin Luthers und anderer hervor. Die sittliche Lebensführung von Bauherren und Baumeistern der Kirche war auch nicht über jeden Tadel erhoben. Aber die Baugestalt ist es.

Man stelle sich vor, der Papst wäre bei der Einnahme Roms durch die italienischen Truppen 1870 in ein Vorstadtkloster abgeschoben worden. Welches Medium würde dann heute von seinen Gottesdiensten, Segnungen und Ansprachen Kenntnis nehmen? Nein, die Kirche und besonders die Kuppel von Sankt Peter (Bild) verleihen jeder päpstlichen Verlautbarung, jeder zentralkirchlichen Amtshandlung eine Weltresonanz, die man nur einmalig nennen kann.

Seit 500 Jahren verkündet dieser Bau mächtiger als jedes Wort, als jedes Dogma oder jede Enzyklika den christlichen Glauben. Und dies allein, weil der Papst und seine Nachfolger sich für die fortschrittlichsten und besten Künstler ihrer Zeit entschieden und sie aus Mailand, Urbino und Florenz nach Rom gerufen hatten. Die Päpste vertrauten deren Sachverstand, wenn auch mit vielen Zweifeln, letztlich aber doch grundlegend.

Die Idee des ersten Architekten, Bramante, war keine besonders fromme, sondern eine baukünstlerische: „Ich will das Pantheon auf Säulen stellen." Das heißt: Er wollte das architektonische Weltwunder des Altertums übertreffen, indem er diese ungeheure, weltbedeutende Masse aus Stein in die Höhe hob. Für die damals übliche Liturgie, die auf einen fernen Altar ausgerichtet war, war der Kuppelbau eigentlich nicht geeignet. Darum sind in der Nachfolge von Sankt Peter alle katholischen Zentralbaukirchen nur im Au-

ßenbau und im Grundriß aus Kreis und Kugel komponiert. Im Innenraum aber sind alle in der Länge ausgerichtet auf einen fernen Hochaltar an der Wand, dem Eingang gegenüber.

Doch es ist nicht nur die Zentralbauidee Bramantes, sondern ebenso die Form, welche die Kuppel in der Bauausführung durch die folgenden Architekten Raffael (1514–1520), Sangallo, Michelangelo (seit 1546) und schließlich Giacomo della Porta erhielt. Michelangelo brachte einen im Kern gotischen Baugedanken vom Florentiner Dom nach Rom: die Überhöhung der Kuppel, die im Querschnitt keinen Halbkreis wie beim Pantheon darstellt, sondern einen Spitzbogen. Er gruppierte als Bildhauer die den Kuppeltambour begleitenden Säulen zu vorkragenden Paaren, von denen wie bei der Florentiner Domkuppel plastische Grate nach oben zur Laterne steigen. Das harmonische Himmelsrund der Bramante-Kuppel wurde von Michelangelo kraftvoll modelliert. Wie kraftvoll, das zeigt der Vergleich mit den oben genannten Nachfolgekuppeln in London, Paris und Washington. Mit dem Bau von Sankt Peter stellte sich das Papsttum an die Spitze der Weltkunst, zum Segen der Kirche – bis heute.

91 Mit großer Verspätung

Der Vatikan, das Viertel der – im wörtlichen Sinne – Wahrsager (lat. vates), gehörte im Altertum zu den weniger angesehenen Außenbezirken Roms. Zwischen den Ausfallstraßen wurden dort Friedhöfe angelegt. Seit 160 ist das Grab des Apostels Petrus durch eine Ädikula (Grabhäuschen) hervorgehoben. Nach 319 ließ Kaiser Konstantin den Friedhof zuschütten und auf dem Gelände eine riesige Gedächtniskirche (219 Meter lang) errichten. Diese Kirche, Alt-Sankt Peter genannt, wurde im 16. Jahrhundert durch einen Neubau (vgl. Beitrag 90) ersetzt. In der Lücke zwischen der Altstadt links des Tiber und der Peterskirche auf der anderen Flußseite entstanden im Mittelalter Einrichtungen für die Pilger, die das Petrusgrab besuchten: Herbergen, Spitäler und einfache Wohnquartiere an vier schmalen Straßen, die das Tiberufer und die Engelsbrücke mit Sankt Peter verbanden.

Im 17. Jahrhundert wurde nach Plänen des Bildhauers Gian Lorenzo Bernini vor der Kirchenfassade der Petersplatz angelegt. Er hat die Form einer Ellipse, die auf drei Seiten von Doppelreihen dorischer Säulen, den berühmten Kolonnaden, begrenzt sein sollte. Sie hätte einen allseitig umschlossenen Platzraum als Vorhof der Kirche gebildet. Aber das erhöhte Mittelstück der Kirchenfassade gegenüber wurde nie ausgeführt. Dort schob sich das mittelalterliche Wohnquartier Borgo della Spina bis an den Platzrand.

Der Papst hatte seine Wohnung und seinen Hofstaat zunächst am Lateran, später auch auf dem Quirinal. Der Vatikan wurde in der Neuzeit zur gelegentlichen Residenz und 1870, als die Truppen des Königs von Italien Rom besetzten, zum „Gefängnis des Papstes". So bezeichnete es Pius IX. Er hat den Kirchenstaat, der Mittelitalien zwischen Bologna und Capua umfaßte, gegen die italienische Einheitsbewegung mit allen Mitteln verteidigt. Erst als das Königreich Italien unter Mussolini als „Duce" zum faschistischen Staat wurde (1926), kam es zur Versöhnung (ital.: conciliazione) zwischen dem Nationalstaat und dem Kirchenstaat. Der Papst verzichtete auf die Herrschaft über Mittelitalien und die Stadt Rom. Der Vatikanstaat wurde in den Lateranverträgen als souveränes Staatswesen anerkannt (1929).

Zur Feier dieser Versöhnung – und zur Behebung von Verkehrsproblemen – entstand 1936–1950 die „Straße der Versöhnung" (Via della Conciliazione), die den Petersplatz vollendete – aber nun nicht als monumentaler Abschluß, sondern als riesige Öffnung. Für die Auffahrtsstraße wurde das Wohnquartier des Borgo della Spina abgerissen. Die Straße ist gesäumt von mächtigen Steinpfeilern und rechtwinkligen Baublöcken im neoklassizistischen Stil, den Mussolini, Hitler und Stalin gleichermaßen schätzten.

Die Verfremdung des barocken Platzes durch die überbreite Auffahrtsstraße wird von den meisten Touristen nicht bemerkt. Aber wer ein Gespür für Formqualität hat und die plastische Form der barocken Platzwand mit der linearen Brutalität der faschistischen Architektur vergleicht, spürt den Verlust, ahnt, wie viel diese Art zu bauen mit militärischen und paramilitä-

rischen Aufmarschplänen zu tun hat, und versteht, woher Hitler die Ideen für seine gigantischen Umbaupläne von Berlin, München und Linz hatte.

Der nicht vollendete Petersplatz spiegelt eine Kirche, die auf der Höhe kultureller Entwicklung des Barock stehengeblieben ist. Sie wollte die epochalen Veränderungen des 18. und 19. Jahrhunderts, Aufklärung, Revolution, den italienischen Staat, Demokratie, Industrialisierung nicht wahrhaben. Sie stellte sich nicht den geistigen, politischen und sozialen Fragen ihrer Zeit, sondern igelte sich in der Verteidigung traditioneller Werte gegen die Moderne ein, bis zum Zweiten Vatikanischen Konzil. Eine Verspätung, welche der Kirche Millionen von Arbeitern, Intellektuellen, Frauen ... entfremdete.

92 Nochmals: Faustina

Nur zu dem Beitrag „Blumenverbot auf dem Altar" (Beitrag 25) gab es in dieser Reihe so viele Briefe an Redaktion und Autor wie zu „Keine esoterische Lichtgestalt" (Beitrag 72), der sich kritisch mit dem Jesusbild der Faustina Kowalska auseinandersetzte. Offenbar werden Kopien des Beitrags weitergegeben, damit auch die Personen daran Anstoß nehmen, welche „Christ in der Gegenwart" nicht lesen und die Intention der Reihe „Wie sieht unser Glaube aus?" nicht kennen. Da weder alle zum Teil sehr ausführlichen Einwände persönlich beantwortet, noch alle Leserbriefe abgedruckt werden können, hier einige zusammengefaßte Gedanken:

Die Barmherzigkeit Gottes ist Hoffnung und Glaube. Mit keiner Zeile sollte daran gezweifelt werden. Aber diese Barmherzigkeit ist im Alten Testament überliefert (und deshalb auch Teil des israelitischen und des islamischen Gottesbildes) und wesentlicher Kern der Botschaft des Evangeliums. Am eindrucksvollsten drückt sie der Lobgesang des Zacharias aus: „Durch die barmherzige Liebe unseres Gottes hat uns besucht das Licht aus der Höhe, um denen zu leuchten, die in Finsternis sitzen und im Schatten des Todes und unsere Füße zu leiten auf den Weg des Friedens" (Lk 1,78–79). Im griechischen Urtext steht wörtlich: „Durch die Eingeweide des Erbarmens unseres Gottes." Daß diese durch viele Gleichnisse und das Leiden Jesu bestätigte Botschaft vom barmherzigen Gott im 20. Jahrhundert durch eine Vision der heiligen Faustina erneut bestätigt wurde, ist schön, darf aber als ihre Privatoffenbarung nicht die Offenbarung des Evangeliums ersetzen. Die Hierarchie der Wahrheiten sollte auch in den Bildwerken, die öffentlich zur Verehrung ausgesetzt werden, gewahrt werden.

Der Inhalt der Vision wurde nicht kritisiert, wohl aber die Qualität der daraus abgeleiteten Bilder. Wie in vielen Beiträgen dieser Reihe wiederholt wurde, gilt das Gebot der Gottesliebe – Du sollst deinen Gott lieben aus ganzem Herzen, mit ganzer Seele, mit ganzer Kraft (Dtn 6,4; Mk 12,30) – auch für die Ästhetik, für die sichtbare Seite unseres Glaubens. Die Kraft unserer Augen ist eine der vorzüglichen Kräfte, mit denen der Schöpfer uns ausgestattet hat. Wir können zwar mit schlichten, aber nicht mit schlechten Bildern unsere Liebe zu Gott ausdrücken. Die meisten Leserbriefe bestätigten, daß die verbreiteten Bilder nach der Vision der heiligen Mystikerin keine Kunstwerke seien, hielten dies aber für unwesentlich. Hier ist Einspruch nötig: Die Bilder sind schlecht, weil sie keinen künstlerischen Anspruch haben, das Gegenteil von Kunst aber ist der Kitsch. Und Kitsch im Religiösen ist Lüge, „bequeme, schleimige Lüge" wie der Moraltheologe *Richard Egenter* zu recht festgestellt hat (vgl. Beitrag 6). Ohne den Kitsch in dem vorgestellten Bild noch einmal ausführlich zu würdigen: Solange es keine künstlerisch wertvollen und das heißt wahrhaftigen Bilder von der Vision gibt, sollte sie nicht durch Bilder propagiert werden.

Ein besonderes Problem ist die Aufstellung der Visionsbilder in Kirchen. Denn diese enthalten oft schon Christusbilder, vielfach künstlerisch wertvolle. Stellen wir nun ein künstlerisch wertloses hinzu, korrigieren wir die alten. Wir machen deutlich, daß die alten Bilder nicht genügen, daß wir neue brauchen. Wenn die neuen aber keinen Kunstwert haben, wertlos, trivial oder kitschig sind, dokumentieren wir, daß unser Glaube kulturell heruntergekommen ist. Es entsteht der Eindruck, der christliche Glaube sei früher einmal – zur Zeit, als die Kirchen gebaut und mit Kunstwerken geschmückt wurden – kulturell hochstehend gewesen, heute aber unterscheide er sich nicht mehr von esoterischen Heilslehren, die ebenfalls Bilder von strahlenden Gurus veröffentlichen. Der Glaube gehört dann zur Subkultur. Gegen diese Botschaft kämpfe ich. Christliche Kultur muß Höchstkultur sein.

Besonders widersprochen wurde der Aussage, daß junge Theologen, die dieses Christusbild verinnerlichen und verbreiten, nicht als Seelsorger geeignet sind. Der Autor ist als Kunsthistoriker im kirchlichen Dienst mit theologischer Aus- und Fortbildung befaßt, und weiß, daß ästhetische Erziehung in der Ausbildung an theologischen Fakultäten des deutschen Sprachraums fast nicht vorkommt (Ausnahme Münster, Wien). Wer als Seelsorger mit Menschen arbeiten möchte, muß die Wirkungen ästhetischer Botschaften, die Wirkung von Bildern, abschätzen können.

Gott schreibt gerade auch auf krummen Zeilen. Das enthebt uns aber nicht der Pflicht, uns um gerade Zeilen – also um wahrhaftige Kunst – zu bemühen, weil wir mit ganzem Herzen, mit ganzer Seele und mit ganzer Kraft Gott lieben sollen, und das heißt auch mit offenen Augen ihn im Geist und in der Wahrheit anbeten dürfen.

93 Kein Stein auf dem andern

Wer heute durch Köln geht, kann den Fotografien von 1945, wie sie zum Beispiel im Buch von *Albert Verbeek* („Kölner Kirchen", 1959) enthalten sind, kaum glauben. Unsere Abbildung zeigt die zerstörte Kirche Sankt Maria im Kapitol. Die großen romanischen Kirchen stehen heute in neuer Pracht in Straßen von 1950 und späteren Jahrgängen.

Im Sonntagsevangelium, das am 18. November gelesen wird, spricht Jesus von den Zeichen der Zeit: „Es wird eine Zeit kommen, da wird von allem, was ihr hier seht (den Tempel und seine Weihegaben), kein Stein auf dem andern bleiben." 1945 sahen viele deutsche Städte und Kirchen aus wie der Tempel von Jerusalem nach seiner Zerstörung. Wie sie heute aussehen, darüber ist kein Urteil quer durch Köln oder die Bundesrepublik möglich. Aber eine Tendenz läßt sich fast überall feststellen: Zerstörung soll ungeschehen gemacht, der Zweite Weltkrieg wegdekoriert werden, in Dresden und in Berlin wie in Köln und in München. Die Projekte in Berlin und den neuen Bundesländern sind nur später dran als beispielsweise das Wiederaufstellen eines „Alten" Rathausturms in München (1972) oder der Neubau des „Goethehauses" in Frankfurt (1949) oder eben die „Romanischen" Kirchen Kölns seit 1945.

Wer sich über die wiedergewonnenen Stadtbilder freut, sollte sich dankbar erinnern, daß der Wiederaufbau in historischen Formen nach 1945 zuerst eine Leistung Polens war. Die geschundene, mehrfach umgesiedelte polnische Nation vergewisserte sich ihrer Identität, indem sie das völlig zerstörte Schloß der Könige von Polen in Warschau oder die Straßenzüge von Danzig wieder-her-stellte im wörtlichen Sinn. Dabei entdeckte die polnische Denkmalpflege untergegangene Handwerkspraktiken neu und gewann einen Vorsprung in Restaurierungstechnik, während man in Westdeutschland noch lange daran festhielt, daß Rekonstruktion kein Weg der Denkmalpflege sein könne, sondern nur der Erhalt der Ruinen und ihre Anpassung an neue Zwecke und Formen. Die Kapelle „Madonna in den Trümmern" von *Gottfried Böhm* 1949 anstelle der Kolumbakirche in Köln ist ein bis heute eindrucksvolles Beispiel dieser Gesinnung und der von ihr geprägten Gestaltung.

In der deutschen Denkmalpflege war man sich lange darüber einig, daß rekonstruierte Gebäude keine historischen Denkmäler seien oder sie ersetzen könnten, sondern eben Neubauten. Die Auffassung, daß man Architektur „wiederaufführen" könne, so wie man eine Symphonie wiederaufführt, geht auf den Philosophen *Schelling* und nach ihm *Goethe* zurück, die beide der Meinung waren, „Baukunst sei erstarrte Musik bzw. verstummte Tonkunst". Man könne sie nach Plan wiederaufführen wie ein Musikstück nach der Partitur.

Inzwischen werden Gebäude auch nach Fotografien, Lithographien oder Kupferstichen „wiederaufgeführt". Diese Praxis wird dann oft „Rekonstruk-

tion" genannt und erhebt mit diesem Wort den Anspruch auf wissenschaftliche Genauigkeit. Dabei handelt es sich doch nur um Kulissen für Heimatgefühle. Das Bauhandwerk, das Werk der Steinmetze, Maurer, Stuckateure, Maler und Kupferschmiede, wird dabei einfach der Baukunst zugerechnet, so als ob diese Handwerker keine Handschrift gehabt hätten und als ob die Materialien, Pigmente, Putzsorten, Steinarten der zerstörten Bauten noch zur Verfügung stünden.

Für den Moraltheologen *Richard Egenter* war Imitation Kitsch und damit sündhafte Unwahrheit (vgl. „Kitsch und Christenleben", 1950). Eine ähnliche Gesinnung bewegte den Baumeister *Rudolf Schwarz*, der nach eigenen Worten die Paulskirche in Frankfurt so ehrlich und in „mönchischer Strenge" wiederherstellte, daß „kein unwahres Wort in diesem Raum mehr möglich" werde. In vielen Kirchen und in vielen wiederaufgeführten Seitenaltären überwiegen die „unwahren Worte".

Die Weisung von *Joseph Beuys* „Zeige deine Wunde", zugleich Titel eines seiner Hauptwerke, gilt als Imperativ auch für die Kirche. Der Künstler hatte sie vom Wunden zeigenden Christus abgeleitet.

94 Christkönig – (k)ein Thema für unsere Zeit?

Die Einführung des Festes Christkönig war von Papst Pius XI. als feierlicher Abschluss des Heiligen Jahres 1925 gedacht und sollte „die Welt an die unveräußerlichen Königsrechte erinnern, die dem Heiland als Gottessohn und Erlöser zustehen" (Schott, Meßbuch, 1951). Europas Könige und Kaiser hatten nach dem Ende des Ersten Weltkriegs reihenweise abgedankt oder waren wortlos davongelaufen, um dem Schicksal des Zaren zu entgehen, der mit seiner Familie 1918 hingerichtet wurde. 1924 war das Amt eines Nachfolgers „des Propheten" Mohammed, das Kalifat, abgeschafft worden, im selben Jahr besetzte der wahhabitische religiöse Eiferer Ibn Saud Mekka und machte sich zum König von Arabien. Mussolini hatte sich mit seinem Marsch auf Rom 1922 zum Duce, zum Führer Italiens, aufgeworfen. In diesem Zeithorizont schien die Einführung eines Christkönigsfestes politisch problematisch, kaum geeignet, den Gedanken einer Demokratie im Kirchenvolk zu fördern. Beim Deutschen Katholikentag in München 1924 waren die Gegensätze zwischen einem monarchisch gesinnten Erzbischof, Kardinal Michael von Faulhaber, und einem demokratischen Zentralkomitee unter Führung von Konrad Adenauer offen aufgebrochen. Die gekrönten Christusbilder in den Kirchen dieser Jahre sind nicht nur ästhetisch reaktionär.

Ganz anders konzipierte der Maler Johannes Molzahn in der Einsamkeit seines New Yorker Exils 1953 sein Gottesbild. Es hat den Titel „Christ in majesty IV" und ist eigentlich ein Herz-Jesu-Bild. Ein geometrisch konstruiertes Herz in Rosa bildet die Mitte. Von ihm gehen pulsierende Strahlen aus. Sie sind hinterlegt mit konzentrischen Ellipsen in den Farben des Regenbogens. In gelben Konturen erscheint davor eine Thronarchitektur mit großer perspektivischer Tiefe. Zwei kniende Engel mit gefalteten Händen rahmen den Thron, auf dem die durchscheinende Gestalt Christi, zu erkennen an den Wundmalen der Hände und Füße, Platz genommen hat. Die Gesetzestafeln rechts oben und die Gestalt einer Taube links weiten das Bildthema zum komplexen Gottesbild. Der Bildtitel „Christ in majesty" ist die englische Übersetzung des Begriffs „Majestas Domini", mit dem die Bilder des thronenden Christus an den Portalen der Kathedralen und in den liturgischen Handschriften des hohen Mittelalters bezeichnet werden. Noch weiter in der Tradition zurück weisen die Engel. Sie erinnern an den, der auf den Cherubim thront, in den Psalmen und prophetischen Büchern des Alten Testaments. Aus der Tradition des Barock stammt das Herz Jesu, das hier als pulsierende Mitte eines bodenlosen, sich ausdehnenden, von Strahlen erfüllten Raumes erscheint.

Johannes Molzahn hat hier versucht, das Weltbild der modernen Physik mit den Überlieferungen der christlichen Bildwelt zu versöhnen. Er hat die Abgründe, in welche jener schaut, „der auf den Cherubim thront" (Dan

3,54), als Weltraum angedeutet. Das Gesicht und das Herz des Thronenden sind geometrisch konstruiert, so wie die Strahlen und Ellipsen.

Die geometrische Konstruktion war seit dem Mittelalter ein Versuch bildender Künstler, Vollkommenes unter Ausschaltung des Subjektiven zu erreichen. Die „Verzerrungen", die gelängten Proportionen, von Gesicht und Hand sind nach den Regeln der Anamorphose konstruiert. Diese Änderung des Abbildungsmaßstabs durch spezielle Linsen ist seit 1500 bekannt und wird seit 1926 in der Filmtechnik benützt.

Johannes Molzahn war 1917 an der Revolution der modernen Kunst beteiligt, „Christ in majesty IV" war sein Versuch, religiöse Tradition, die damals aktuelle Theologie des Teilhard de Chardin und das physikalische Weltbild nach Max Planck und Albert Einstein künstlerisch zu versöhnen. Heute, 55 Jahre später, ist diese Art künstlerischer Arbeit nicht mehr aktuell. Ihr Anspruch wird nicht mehr eingelöst. Kann man Christkönig nicht mehr malen? Ist es kein Thema mehr für unsere Zeit? Oder war es schon 1925 ein falsches Thema?

95 Nikolaus – vom Weltraum aus gesehen

Über die Verfälschung der Gestalt des heiligen Nikolaus von Myra zum Weihnachtsmann ist schon genug geschrieben, wenn auch nicht genug getan. Nikolaus ist eine historische Gestalt, deren Leben (270–342) mit zahlreichen Legenden ausgeschmückt wurde, die in den Zivilisationen Europas und der ganzen christlichen – besonders der orthodoxen – Welt geschichtlich gewirkt hat. Die Kirche sollte jene Legenden als poetische Theologie wahrnehmen und als solche weitervermitteln, das heißt auswählen, werten und weitererzählen. Für die Glaubensästhetik spielt die Gestalt des heiligen Wundertäters und Gabenbringers eine große Rolle, weil sein Bild in so vielen Kirchen, Kapellen, Museen und Privatsammlungen erhalten ist. Das traditionelle Bild eines Bischofs mit Rauchmantel, Barockmitra, einem Buch und drei Goldkugeln darauf sollten wir, soweit vorhanden, erhalten und erklären, aber keinesfalls neu schaffen.

Wer heute noch einen Bischof der frühen Kirche, ganz gleich ob Nikolaus, Augustinus, Bonifatius, Severin, mit einer Barockmitra darstellen läßt, hat die Aufklärung nicht mitbekommen. Gehen wir mit unserer Geschichte nicht kritisch um, werden wir vor allen Zeitgenossen lächerlich und unglaubwürdig. Die Mitra setzte sich im 12. Jahrhundert als Bischofsmütze, als Teil der bischöflichen Amtstracht, durch. Aber noch lange nicht in jener lächerlichen Höhe, die sie im Barock durch eingenähte Pappendeckel erreichte.

Man könnte die Kleidung eines anatolischen Bischofs im 4. Jahrhundert rekonstruieren. Aber wen würde das interessieren, außer Experten der Liturgiegeschichte und der Textilforschung? Und auch die drei eingepökelten Knaben, die Nikolaus nach der sogenannten Schülerlegende wieder zum Leben erweckte, sind keine rechte Anregung für ein Nikolausbild heute.

Für die Sankt-Nikolaus-Kirche in München-Neuried hat der Künstler Roland Fischer vorgeschlagen, eine Satellitenaufnahme des antiken Myra an der anatolischen Westküste so auf eine Betonwand zu übertragen, daß die Helligkeitswerte im Relief erscheinen. Der geschichtliche Lebensraum des Heiligen wird so in moderner Technik vergegenwärtigt und damit zugleich erinnert, daß dieser Heilige, um den sich soviel heimatliches Brauchtum rankt, ein Zuwanderer aus dem Osten ist und auch in der Ostkirche verehrt wird. Ein Schriftzug Sankt Nikolaus von Myra und eine Legendenwand sowie eine nach außen sichtbare Videoarbeit von Christine Oswald sollen das Betonrelief erläuternd ergänzen.

Den Lebensraum eines Heiligen mit Mitteln der Satellitenphotographie hervorzurufen, ist eine neue Weise, die Weltkirche und ihre geschichtliche Rückbindung zu repräsentieren. In Sankt Paul in Salzburg hat Hubert Schmalix 1996 auf der Altarwand die Reisen des Apostels Paulus kartogra-

phisch angedeutet, verbunden mit zwei Bildern des Apostels. Bei Fischers Entwurf erscheint der Heilige nicht im Bild. Ebenso ist auf der Darstellung des Rosenwunders in Sankt Elisabeth in Nürnberg (2007) von Kiki Smith die Heilige nicht abgebildet, sondern nur ein Gespinst aus silbernen Rosen. Hier wird das schöne märchenhafte Legendenmotiv im Kunstwerk verklärt und nicht die Geschichte. Auch dies ist eine Möglichkeit, heute mit Heiligenlegenden in der bildenden Kunst umzugehen. Erinnert sei auch an den heiligen Bischof Burkard von Stefan Huber (vgl. Beitrag 35) im Allianzgebäude in Frankfurt am Main: der Bischof als lesender Zeitgenosse. Roland Fischer, Kiki Smith und Stefan Huber zeigen, wie man heute schöpferisch mit den Heiligen, ihrer Legende und ihren Bildern umgehen kann.

Wenn kirchlichen Auftraggebern aber zum Thema Bischof nichts anderes einfällt als die hohe Bischofsmütze, brauchen sie sich nicht wundern, wenn sie zur Zipfelmütze des Weihnachtsmanns verkommt.

96 Kehrt um – denkt um

In der Eucharistiefeier zum zweiten Adventssonntag wird in diesem Jahr aus dem Matthäusevangelium von der Predigt Johannes des Täufers gelesen. Sie beginnt mit den Worten „Kehrt um!" So hat es jedenfalls die Einheitsübersetzung aus dem griechischen Urtext übersetzt. Früher wurde aus dem Lateinischen übersetzt: „Tut Buße." Im Griechischen aber heißt es metanoeite, wörtlich: Denkt um, ändert die Richtung eures Sinns.

Dieser Ruf ist heute der Beruf der Künstlerin und des Künstlers: Werke zu schaffen, die unser Denken verändern, unser Denken umkehren. Der Satz: „Du mußt dein Leben ändern" wurde von Rainer Maria Rilke ausgerufen angesichts eines Kunstwerks, von Wassily Kandinsky aufgegriffen in seiner Schrift „Über das Geistige in der Kunst" und von Franz Marc im Almanach des „Blauen Reiters" 1912 umgesetzt. Die künstlerischen Bewegungen der „Arte Povera" von Giuseppe Pennone und Jannis Kounellis, der „Spurensicherer" von Anne und Patrick Poirier und Christian Boltanski sowie viele andere arbeiten an diesem Aufruf zum Umdenken.

Wer sich in der bildenden Kunst umsieht, wird viele Werke finden, die sich heute danach ausrichten. Er wird aber auch viele entdecken, die reine Routine sind, die das nicht mehr leisten – auch wenn die Handschrift eines berühmten Künstlers erkennbar ist. Wer sich in unseren Kirchen umsieht, wird ebenfalls Altäre, Ambonen, Mitren und Kaseln finden, die dies nicht leisten. Sie sind Wiederholungen von längst Bekanntem. Damit langweilen sie, weil kein Umdenken davon ausgeht.

Als älteres Beispiel für die prophetische Gabe der Kunst, für ihre Rolle als Vorauskundschafter, erwähne ich die Entdeckung der Alpen – und in der Folge auch anderer Gebirge – als schönes Ziel. Bis ins 18. Jahrhundert hatte man Gebirge und insbesondere die Alpen vor allem als Verkehrshindernisse gesehen, als gefährliche und häßliche Steinhaufen auf dem Weg nach Italien. Die Dichter Jean Jacques Rousseau, Albrecht Haller, später Friedrich Schiller, die Maler Josef Anton Koch für die Alpen und Caspar David Friedrich für das Erzgebirge haben den Menschen die Augen geöffnet für die Schönheit des Gebirges, mit demographischen, ökonomischen und ökologischen Folgen bis heute.

Unsere Abbildung zeigt den „Flaschentrockner", den Marcel Duchamp 1914 in einem Pariser Warenhaus erworben, in seinem Atelier aufgehängt und als Kunstwerk signiert hat. Wegen des großen Erfolgs hat er ab 1921 fünf weitere Exemplare erworben und signiert und schließlich 1964 eine Serie von acht signierten Exemplaren in einer Mailänder Galerie aufgelegt. Er hat mit diesem und vergleichbaren Werken (Schneeschaufel, Vorderrad eines Fahrrads, Kamm ...) einen neuen Typus von Kunstwerk erfunden, das Readymade (Fertiggemachtes). Für viele hat er damit nur etwas Absurdes getan, aber niemand kann die Folgen leugnen. Seither stimmen die traditionellen Definitionen von Kunst nicht mehr. Seither „ist Kunst nicht das, was

man sieht; sie ist in den Lücken". Der Betrachter muß sie füllen. Seine Fragen geben dem Werk Sinn.

Das von anderen „Fertig-gemachte", das „Readymade", zum Kunstwerk erklärt und als solches ausgestellt und gehandelt, hat seit 1914 nicht nur die bildende Kunst verändert sondern das kulturelle Klima, zunächst in Westeuropa und in den USA. Die Grenzen zwischen Kunst und Welt haben sich verwischt. Die Kunstwelt ist unabgeschlossen, unübersichtlich geworden. Dies muß man feststellen, selbst wenn man es beklagen möchte.

Auch die Rufe der Propheten Amos, Hosea, Jesaja und Johannes des Täufers waren zu ihrer Zeit unerwünscht und, als ihre Prophezeiungen wahr wurden, schmerzlich. Künstler(innen) sind Propheten. Sie rufen zur Umkehr, weil sie lebenslänglich ihre Empfindlichkeit schulen, mehr spüren als andere und lernen, dies auszudrücken, dort wo andere sich eine dicke Haut oder einen Panzer zulegen. Die Kirche braucht diese Empfindsamkeit. Sie muß von den Künstlern lernen, auch dort, wo es schmerzt.

97 Weniger ist mehr

Ein grüner Baum, Fichte oder Tanne, mit Äpfeln und Kerzen geschmückt und in einer winterlichen Kirche aufgestellt, ist ein Zeichen für das Licht der Welt, für das verlorene, wiederzugewinnende Paradies. Zehn Christbäume auf einer Stelle sind ein Symptom nimmersatten Konsums. Er bedrängt, ja bedroht uns in den Dezemberwochen, die einmal eine stille Zeit waren. Er sollte nicht über die Schwellen unserer Kirchen gelangen.

In der Geschichte unserer Kultur sind überbordende Schmuckfreude und asketische Zurückhaltung immer wieder gegeneinandergestanden. Aus der Askese des Mönchtums wuchsen der luxuriöse Reichtum der Klöster und die Armutsbewegungen der Zisterzienser um 1100, der Bettelorden nach 1200, der Kapuziner und Karmeliter nach 1500 mit Folgen für Architektur, Bildkünste, Musik und Dichtung Europas. Askese beruhigt, vertieft, verinnerlicht.

Die Weihnachtsmärkte, die Fernsehprogramme, die Speisekarten der Restaurants, die Angebote der Mediamärkte, der Möbel- und Geschenkartikel-Industrie und des Tourismus wollen Besinnung verhindern. Niemand soll auf den Gedanken kommen, er oder sie brauche das alles nicht. Wir taumeln zwischen viel und mehr. Aber weniger ist mehr.

Die Revolution der modernen Kunst um 1910 begann als spiritueller Widerstand gegen den Materialismus und Luxus der bürgerlichen Gesellschaft, wie er sich in den Operetten von *Jacques Offenbach*, in der Walzer- und Champagnertrunkenheit und in den prächtigen Opernhäusern in Paris und Wien präsentierte. Wesentlichen Anteil an dieser Revolution hatten Russen wie *Wassily Kandinskij*, *Alexeij Jawlensky* in München und *Kasimir Malewitsch* (1878–1935) in Moskau. Von ihm zeigen wir das „Schwarze Quadrat auf weißem Grund" (Fassung St. Petersburg, nach 1920). Das Gemälde wurde 1915 in einer ersten Version in Sankt Petersburg zum erstenmal gezeigt, und zwar erhöht in einer Ecke des Ausstellungsraums, so wie nach russischer Tradition Ikonen gehängt werden. Die „schöne" (Andachts-)„Ecke" der russischen Tradition entspricht dem sogenannten „Herrgottswinkel", wie er vor dem Siegeszug des Fernsehers in mitteleuropäischen Wohnungen üblich war. Malewitsch schrieb dazu: „In ihm, dem Quadrat, sehe ich das, was die Menschen einstmals im Angesicht Gottes sahen."

Christen und Juden suchen das Angesicht Gottes (Ps 24,6; 1 Kor 13,12; Offb 22,4). Die Ostkirche hat wie die Juden daran festgehalten, daß man das Angesicht Gottes nicht malen dürfe, einzig das des Menschen Jesus Christus. Das Angesicht Gottes zu schauen, ist eine eschatologische Verheißung. Das wollte Kasimir Malewitsch mit dem „Schwarzen Quadrat auf weißem Grund" nicht leisten. Sein Bild ist eine agnostische Ikone.

In ihrer äußersten Reduktion auf Schwarz und Weiß und auf das Viereck im Viereck lädt sie ein, über die Grundlagen von Malerei nachzudenken:

Farbe auf Fläche. In einen flächigen Malgrund wird eine Figur eingetragen. Das Weiß des Grundes verweigert Ort, Grenze und Tiefe. Das Schwarz scheint vor, auf oder hinter der weißen Ebene zu schweben. Ortlos und ge-genstandslos bezeichnet das „Schwarze Quadrat auf weißem Grund" einen Nullpunkt in der Entwicklung der bildenden Kunst und verweist auf die re-volutionäre Situation in der russischen Gesellschaft.

Christen kann das Werk daran erinnern, daß sie sich keinen Gott malen oder sonstwie bilden dürfen, daß Gott alle Vorstellungen übersteigt, daß alle Bilder vom Hirten, Weinberg, Bräutigam, Richter und Vater unzuläng-lich bleiben. Das Quadrat an der Stelle von „Gottes Angesicht" muß ihnen keine Leugnung Gottes sein, sondern Zeugnis einer tiefen Sehnsucht und der Achtung vor dem Mysterium.

98 Heilsgeschichte spielen

Täler im Gebirge, in denen kein Weizen wächst und kein Silber gefunden wurde, waren vor der Erfindung des Alpinismus im 19. Jahrhundert arm. Ihre Bewohner mußten sich als Dienstboten in der Fremde verdingen, als Wanderhandwerker spezialisieren oder versuchen, eine Heim-Industrie aufzubauen und ihre Produkte über wandernde Händler zu verkaufen. Für die Bewohner des Thüringer Waldes, des Berchtesgadener Tals, einiger Täler in Tirol und des oberen Ammertals war die Holzschnitzerei der notwendige Lebensunterhalt. Jedes Tal entwickelte einen eigenen Stil.

Für die Holzschnitzer in Oberammergau war seit dem 18. Jahrhundert neben Wandkreuzen die Weihnachtskrippe ein Produkt, das in vielen Variationen und großen Auflagen hergestellt wurde. Unsere Abbildung zeigt eine Gruppe der Flucht nach Ägypten mit Josef, einer Palme und Maria mit dem Kind auf einem Esel (Fichtenholz, farbig gefaßt, 19cm hoch; Dommuseum Freising). Flucht war im Zeitalter der Revolutionskriege zwischen 1789 und 1814 in Europa etwas ganz Aktuelles.

Das Werkstück war für den Rand einer Weihnachtskrippe bestimmt, welche die Anbetung der Hirten (Lk 2,8–20), die Anbetung der Magier, die Flucht nach Ägypten und die Ermordung der Kinder in Betlehem (Mt 2,1–18) darstellte.

Der Kindermord von Betlehem war ein wichtiges, in vielen grausamen Stationen dargestelltes Schnitzer-Thema, nicht nur am Festtag der Unschuldigen Kinder (28. Dezember), sondern im ganzen Weihnachtsfestkreis. Es machte erschreckend deutlich, daß die Geburt Jesu kein Stille-Nacht-Idyll war. Was heute isoliert als romantische Wanderung erscheint, war zu sehen vor dem Hintergrund des „Weinens und Klagens untröstlicher Mütter".

Die Krippe mit beweglichen Figuren, die jedes Jahr neu aufgestellt wurde, ist eine Erfindung des 16. Jahrhunderts. Sie wurde zuerst von den Jesuiten als Medium religiöser Verkündigung verbreitet. Es wurde sehr rasch populär, weil es zum Spielen mit einer ganzen frommen Welt im Kleinen einlädt. Eben dieses spielerische Element erweckte das Mißtrauen der Reformatoren und Aufklärer. Im Raum der evangelischen Kirche verbreitete sich Krippenfrömmigkeit im Lied, etwa bei Paul Gerhard: „Ich steh an deiner Krippen hier, /o Jesu, du mein Leben ...". Aber das geschah erst spät im „Figurentheater", wie Rudolf Berliner 1954 zu Recht die Weihnachtskrippe nannte. Die Aufklärer haben um 1800 das „kindische Spiel", das dem „Ernst der Religion" widerspricht, durch kirchliche Gebote und staatliche Verbote bekämpft. Heute wäre es wichtig, den Ernst der Religion hinter dem kommerziellen Kitsch wiederzuentdecken.

Genauso wichtig ist es, den heiligen Ernst des Spiels mit der Heilsgeschichte wiederzuentdecken. Erzieher, Lehrer, Eltern, Großeltern sollten Kindern die Geschichte anschaulich erzählen und sie einladen, sie zu zeich-

nen und zu bauen. Figuren können auch fertig gekauft werden: in Wachs, Holz, Plastik, Porzellan. Selbstgemachte sind allerdings liebenswerter. Sie werden in vielen Materialien und Größen angeboten. Doch Fertigbau-Krippenkästen langweilen schnell. Stall, Krippe und Landschaft sollten selber gestaltet, Moos und Wurzeln dafür im Wald geholt werden. Kinder sollten für Weihnachten etwas machen dürfen, nicht nur von Weihnachten etwas erwarten.

Für Kirchenkrippen wiederum gilt: Sie dürfen professionell sein. Aber sie müssen das Weihnachtsevangelium des Lukas, des Matthäus darstellen und nicht irgendwelche Legenden oder Weihnachtsspiele. Und sie sollten jede Spur von Antisemitismus vermeiden. Heimatkrippen mit blonden Trachtenfiguren, wie sie in den dreißiger Jahren üblich wurden, sind heute – meist unbewußt – antisemitisch.

99 Der Tisch in der Mitte der Welt II

„Glaubensästhetik" in dem Sinn, wie Aloys Goergen (1911–2005) den Begriff entwickelt hat, war das Ziel dieser Reihe. Deshalb steht es gut an, sie mit einem Kirchenbau abzuschließen, der auf einen für diesen Philosophen und Seelsorger wichtigen Satz verweist: „Christus hat den Tisch in die Mitte der Welt gesetzt."

Wir entnehmen unsere Abbildung dem Buch von Thomas Frings: „Gestaltete Umbrüche. Kirchen im Bistum Münster zwischen Neugestaltung und Umnutzung" (Dialogverlag, Münster 2007). Es umreißt knapp und erfahrungsgesättigt Ziele und Wege verantwortungsbewußten Umgangs mit unseren Kirchen und stellt vierzehn Beispiele aus den letzten zehn Jahren vor. Der Autor, Pfarrer und Vorsitzender der Kunstkommission im Bistum Münster, erläutert, warum seine Kommission in der Regel das „Circumstantes-Modell" empfiehlt, also daß die Gläubigen um den Altar stehen. Es befindet sich oft in Widerspruch zu den üblichen Langräumen mit hohem Chorraum, so auch in der Heilig-Kreuz-Kirche in Dülmen. Dominikus Böhm hatte sie zwischen 1936 und 1938 als Langbau mit einem über einer Krypta um vierzehn Stufen erhöhten Hochchor erbaut. An den Chor schließt sich ein hoher, heller Raum an, den der Architekt als Grablege für Anna Katharina Emmerick (stigmatisierte Visionärin, 1774–1824) vorgesehen hatte. Der Ursprungsbau zeugt wie die Fronleichnamskirche in Aachen für eine Architekturbewegung zu elementaren Grundvorstellungen von Bau und Raumgestalt und für ein neues Gemeindebewußtsein im Leben der Kirche, die sich um Christus sammelt (Herbert Muck). Diese Baugedanken von 1936 sind in der Erneuerung durch die Architekten Feja und Kemper (Recklinghausen) 2005 wieder gewonnen und in der neuen liturgischen Mitte verstärkt.

Als Anna Katharina Emmerick vor drei Jahren seliggesprochen wurde, entschloß sich der Kirchenvorstand, das Grab der Seligen wieder in den Lichtraum am Schluß der Kirche zu verlegen. Es steht zu ebener Erde und ist durch die Krypta zugänglich. Für die Feier der Gemeindemesse entwarfen die Architekten ein neues liturgisches Zentrum aus Holzelementen. Der Altar steht nun in der Mitte der Gemeinde, auf drei Seiten von Bänken umgeben.

Die große Stufenanlage dahinter wirkt als Schwelle zum Licht, das durch raumhohe Fenster auf beiden Seiten fällt und von der weißen Schlußwand reflektiert wird. Davor steht in der Mitte ein Kreuz. Es hat eine auffällige Proportion, der Querbalken sitzt höher als gewohnt. Dadurch scheint sich das Kreuz nach oben zu strecken. Das so oft „abschreckende Hauptsymbol des Christentums" (Henriette Kaiser) wirkt hier als Zeichen zur Höhe, ins Licht.

Nichts Menschliches ist vollkommen: Der Tabernakel von Hanns Rheindorf (1938) steht so auf der Seite, daß er kaum Ziel eucharistischer Andacht

werden, aber auch so weit in der Höhe, daß er nicht als Gefäß der Wegzeh-
rung wirken kann. Doch zwischen sakramentaler Gegenwart und transzen-
dierenden Raum- und Lichtwirkungen besteht ein kaum aufhebbarer Widerspruch.

Die Stufen ins Licht und das Kreuz als Wegzeichen in die Höhe erinnern
daran, daß die Feier des Gottesdienstes keine endliche Veranstaltung ist,
sondern ein Tun zum Gedächtnis, bis Er wiederkommt. Das Zeichen für diese
Wiederkunft (Mt 24,30) wurde im christlichen Kirchenbau immer wieder
gemalt und gebildet. Hier steht es im Licht als Ziel des Raumes und als Ver-
sprechen, auf Gedächtnis und Ewigkeit ausgerichtet.

Christen und Juden sind aufgefordert, Gott zu lieben mit ganzer Seele
und mit aller Kraft. Das Schauen ist die größte Sinneskraft des Menschen.
Unsere Liebe zu Gott muß deshalb anschaulich werden in der Ästhetik unseres Glaubens. Die Heilig-Kreuz-Kirche in Dülmen mit ihrem Altar in der
Mitte und ihrer großen Schwelle zum Licht ist dafür ein Beispiel.

Bildnachweis

Beiträge 1, 11, 21, 68, 69, 83, 88, 89: KNA
Beiträge 2, 15: Klaus Kinold
Beiträge 3, 94: Diözesanmuseum Freising
Beitrag 14: Toni Ott
Beitrag 52: Thomas Geist
Beitrag 54: picture-alliance
Beitrag 55: Seminar Blaubeuren
Beitrag 70: Museen der Stadt Landshut / H. Zdera
Beitrag 99: Andreas Lechtape

Alle weiteren Abbildungen aus dem Archiv des Autors